땅의 역사

땅의 역사 2
치욕의 역사, 명예의 역사

초판 1쇄 | 2018년 11월 15일
4쇄 | 2022년 1월 15일

글과 사진 | 박종인

발행인 | 유철상
편집장 | 정은영
편집 | 정유진, 박다정
디자인 | 노세희, Mia Design
마케팅 | 조종삼, 윤소담
콘텐츠 | 강한나

펴낸곳 | 상상출판
출판등록 | 2009년 9월 22일(제305-2010-02호)
주소 | 서울특별시 성동구 뚝섬로17가길 48, 성수에이원센터 1205호(성수동2가)
전화 | 02-963-9891
팩스 | 02-963-9892
전자우편 | sangsang9892@gmail.com
홈페이지 | www.esangsang.co.kr
블로그 | blog.naver.com/sangsang_pub
인쇄 | 다라니
종이 | ㈜월드페이퍼

ISBN 979-11-87795-98-8 (04910)
ISBN 979-11-87795-96-4 (세트)

땅의 역사

2

치욕의 역사, 명예의 역사

글과 사진 박종인

상상출판

일러두기

1. 본문에 등장하는 인물 나이는 2018년 기준입니다.
2. 본문에 나오는 연도와 날짜는 음력 기준입니다. 단, 필요할 경우 양력임을 밝히고 양력으로 표시한 부분도 있습니다. '음력 12월'은 해를 넘기는 경우가 많습니다. 별도 표기가 없는 한, 예컨대 '1675년 12월'은 양력으로 1676년 1월입니다. 학계에 두루 사용되는 날짜 인용 방식을 따랐습니다.
3. 인용된 1차 사료 출처는 모두 문장 뒤편 괄호 속에 표기했습니다. 단 문맥에 맞게 의역한 부분도 있음을 알려드립니다.
4. 보편적으로 알려진 역사적 사실은 따로 인용 출처를 표시하지 않았습니다.
5. 몇몇 인명과 지명, 특히 중국 인명과 지명은 외래어 표기법을 따르지 않고 독자들에게 낯익은 발음대로 표기했습니다. 예컨대 '北京'은 '베이징'이 아니라 '북경', '南京'은 '난징'이 아니라 '남경', '孫文'은 '쑨원' 대신 '손문' 등.

작가의 말

이 책을 읽는 법

읽기 전에 심호흡이 필요하다. 이 책에는 우리 역사 속에 우리가 몰랐던 소인배(小人輩)가 많았다는 사실이 적혀 있다. 지도자 무리 속에 민망할 정도로 그릇 작은 자들이 많았다는 사실이 적혀 있다. 많은 순간 이 땅이 그 소인배로 인해 엉망진창이 돼 버렸다는 사실이 적혀 있다. 그런데 지금 우리가 번듯하게 살아 있다. 기적이다.

전국을 떠돌면서 역사 흔적을 보았다. 의문이 생긴다. 왜 임진왜란 때 권력층은 백성을 팽개치고 자기 목숨 구걸에 매진했는가. 온 세상이 개방과 탐험과 선진 지식으로 무장하고 있을 때, 조선은 왜 공자를 외치고 멸망한 명나라를 숭배하며 나라 문을 걸어 잠갔는가. 왜 천재 과학자이자 기술자 장영실은 아무런 후학을 기르지 못하고 사라졌는가. 왜 15세기 과학대국 조선은 400년 만에 완전히 망가졌는가. 그리하여 왜 구한말 그 숱한 영웅들은 나라를 살리지 못했는가. 왜 일제 강점기 그 숱한 사람들은 나라를 팔아먹었는가. 해답은 주지 못해도, 그런 일들이 이 땅 역사에 중중 내·외상을 남겼다는 사실은 이 책에 기록했다. 소인배가 남긴 역사다. 그 소인배가 큰사람들을 핍박하고 공을 가로채고 스스로를 대인이라 우겼다는 사실 또한 적혀 있다. 한숨이 나오면, 심호흡을 한다.

소인배 사이사이에 대인(大人)들 또한 많이 숨어 있었다는 사실도 적혀 있다. 이순신이 그랬고 장영실이 그랬고 이징옥이 그랬고 이회영이 그랬고 남자현이 그랬다. 일찌감치 황무지에 폐허가 됐을 이 세상을 구원한 이들이 바로 그 큰사람들이라는 사실이 적혀 있다. 그래서 지금 우리가 멀쩡하게 살고 있는 게 기적이 아니라는 사실 또한 알게 되었다.

큰사람들을 잊지 않고 소인배 또한 기억하기 위해 이 책을 썼다. 소인배는 왜 기억해야 하는가. 두 번 다시 그런 자들이 태양 아래 나오지 못하게 하기 위해서다.

우리들은 대개 큰 악에 대해 비겁하고 작은 악에 대해 용감하다. 사실 그 사소한 비겁과 사소한 용기가 이 땅을 지탱하는 상식적인 힘이다. 우리는 상식적이다. 하루 살기 바쁜 우리네 인생이 어느 짬에 역사에 남을 만큼 소인배적 악을 저지르고, 대인다운 행동을 할 것인가. 다만 우리는 큰 악을 저지른 소인배에 대해 비난할 줄 알고, 큰 선을 행한 큰사람에게 박수를 보낼 줄 안다. 그런 비난과 갈채를 받을 대상들이 이 책 주인공이다.

찬란한 5000년 역사만 알고 있는 우리를 위해 책을 썼다. 역사는 입체적이어서, 찬란하지만도 않고 추잡하지만도 않다. 그 빛과 어둠이 합쳐서 만든 역사 위에 우리가 산다. 앞으로도 우리는 그런 역사를 만들 것이다.

미래 역사는 되도록 찬란함이 더 많았으면 좋겠다. 그러기 위해서는 옛날에 벌어진 추함을 알아야 한다. 그래야 비겁함과 무능, 실리 없는 명분으로 행했던 일들을 반복하지 않을 수 있다. 권력을 잡은 이들로 하여금 그런 추함을 저지르지 않도록 감시할 수 있다.

위대한 배달민족이 남긴 찬란한 역사만을 알고 있는 분들은 심호흡을 하고 페이지를 넘기기 바란다. 소인배의 행태에 분노하다가, 대인(大人)들이 행한 덕행에 위로받기 바란다. 역사는 우리가 우리 손으로 만든다. 이 땅에는 그 역사가 온전하게 남아 있다. 땅은 역사다. 부디 내 나라여 영원하라.

고마운 사람들

박영규. 내 아버지다. 하늘에 계신다. 김원한. 내 어머니다. 이주연, 박서우. 나랑 함께 사는 여자들이다. 그리고 함께 땀 흘리며 무덤과 비석과 돌덩이와 땅과 하늘을 돌아다니며 나에게 영감을 준 정석영, 신명선, 김수현, 박명우, 이송이, 김선숙, 이지원, 임혜영, 김유진, 이유나, 오세진, 임재욱, 임병훈, 서동현, 여의주, 문소영, 김경희, 김하나, 이상영, 신상민, 송가진, 권선, 박현제, 진석원, 조아라, 우상련, 장영삼, 서경석, 조현태, 김만구, 이창원, 권오경, 김용철, 백상우(생각나는 순서대로 적었다. 이름 없다고 섭섭해하지 말아라. 기억이 나지 않을 뿐 고마움은 똑같다) 등등 TV 〈땅의 역사〉 멤버들 고맙다. 그 많은 사료(史料)를 지켜내고 국역하고 해석해낸 수많은 학자들에게 진심으로 고맙다. 박종인, 너가 나여서 참 고맙다.

차례

차례

4장 왕조 스캔들
그들도 욕망에 불타는 사람이었다

5장 식민 시대
지우려 해도 지울 수 없는, 그 흔적

6장 민초, 우리들

그래도 사람이 살던 세상

1장

나쁜 놈들

사람이었으되 사람이 아니었다

거꾸로 서 있는 일본 공사 하야시 곤스케 동상 좌대. 서울 남산 통감 관저터에 있다.

01 농민 학살, 왕비 시해…
사내는 그 어디든 선봉에 섰다

오지랖 넓은 친일파 이두황의 행로

전라북도 전주 기린봉 초입에 무덤이 하나 있다. 호석護石을 제대로 두른 큰 무덤이다. 그 오른편에 비석이 서 있다. 높이가 2m가 넘는다. 비석에는 무덤 주인공이 한 행적이 가득하다. 몇 자 읽어본다.

'벼슬에 나아가서는 군사를 거느리고 적을 섬멸하며 야전에서는 더러운 것을 깨끗이 하고 조정에는 승전보를 전했다. 대인의 온화함을 지녔고 열사의 기개가 있었다. 네모와 동그라미에 모두 맞고 실천이 모두 마땅했다.' 모든 분야에 능한 대단한 사람임이 분명하다. 더 읽어본다.

'서호도순무영 우선봉을 겸하여 동학 비적들을 토벌하여 공을 세웠다. 일청전쟁에서 군사를 이끌고 일본군에 참여해 평양 들판에서 싸워 공을 세웠다. 병신년에 국사범으로 일본제국에 망명해 십여 년을 살면서 유람했다.' 일청전쟁? 일본제국? 조금 이상하다. 더 읽어본다.

'정미년 특사로 돌아와 중추원 부참의에 임명됐다. 무신년에 전라북도 관찰사를 제수받았다. 경술년 일한합방 이후 공의 명성과 공적으로 도장관을 맡았다.' 일한합방? 비석 머리에 이렇게 적혀 있다. '李斗璜碑(이두황비)'.

전북 전주 기린봉 초입에 있는 친일파 이두황 묘비. 조무래기이되 오지랖 넓은 친일파였다.

이 글씨를 쓴 사람은 데라우치 마사타케寺內正毅다. 조선총독부 초대 총독이다. 행적 글씨는 정병조가 썼다. 을미사변에 연루돼 종신형을 선고받은 이래 친일 행각으로 점철한 사람이다.

무덤에 묻힌 이두황은 누구인가. 나라가 망해가는 과정 하나하나에 끼지 않은 곳이 없는 오지랖 넓고 황당하기까지 한 친일파다. 전국 방방곡곡에 흩어져 있는 그 흔적을 찾아본다.

1894년 동학농민혁명과 조일맹약

1882년 7월 임오군란이 터졌다. 민비를 죽이겠다고 군사가 창덕궁에 난입했

이두황

다. 1년 넘게 밀린 월급을 참지 못하고 구식군대가 일으킨 반란이다. 민비는 홍계훈이라는 자가 들쳐 업고 달아나 목숨을 건졌다.

이두황은 그해에 군인으로 공무원 생활을 시작했다. 이두황은 서울 여경방餘慶坊에서 태어나 가난하게 살던 사내였다. 여경방은 지금 서울 종로구 신문로 부근이다. 1882년 2월 무과에 급제해 공무원 생활을 시작했다. 이듬해 집이 있던 여경방 수도방위군 소대장이 되었다. 광화문 수문장, 나주 군마 관리장 따위 한직에 있던 그에게 기회가 찾아왔다. 1894년 민란이 터진 것이다. 썩어빠진 나라를 견디다 못해 농민이 들고 일어난 동학혁명이다. 조정에서는 '이 모든 것이 탐관오리 탓'이라 인정하면서도 무력 진압을 택했다.(1권 1장 〈10. 1894년 청일전쟁과 무력한 권력자들〉 참조) 그해 3월 이두황은 동학군을 토벌하는 초토영군剿討營軍에 배속됐다. 사령관은 민비를 살려준 홍계훈이었다.

그런데 홍계훈이 이끄는 중앙군이 동학군에게 연전연패를 하는 것이다. 황토현에서 전주 지방군이 초토화되고 장성 황룡촌 전투에서 중앙군이 전멸했다. 이어 조선 왕실 성지인 전주성이 함락됐다. 조선 정부는 청나라군과 일본군을 불러들였다. 뜻밖의 상황에 당황한 농민군 지도자 전봉준은 '외세로부터 나라를 지킨다'는 명분으로 정부와 휴전협정을 맺었다. 그때 경복궁을 무력으로 점령했던 일본군은 고종을 윽박질러 '대일본대조선양국맹약大日本大朝鮮兩國盟約'을 맺었다. 맹약 2조 내용은 이렇다. '일본국은 청국에 대한 공수의 전쟁에 임하고, 조선국은 일병의 진퇴 및 식량 준비를 위해 필요한 편의를 제공한다.'

평양 전투와 이두황의 기회

조선에서 청과 일본이 전쟁을 벌였다. 인천 앞바다 풍도에서 청나라가 패하고 천안 성환 들판에서 또 일본에게 패했다. 일본군은 패퇴한 청군을 쫓아 평양으로 진군했다. 조일맹약에 따라 조선 중앙군인 장위영壯衛營 부대가 일본군 선봉에 섰다.

그 부대장이 이두황이었다. 8월 17일 평양 전투에서 이두황이 이끄는 조선 장위영과 평양감사 민병석 휘하 위수병은 일본군과 청국군 양편에 각기 참가해 전투를 전개했다.(『신편한국사』) 조선군끼리 싸웠다는 이야기다. 장위영은 고종 지휘를, 위수병은 대원군의 지시를 받고 있는 부대였다.

이두황이 맡은 임무는 '일본 장교가 훈련시킨 한국 병대 제2대대장으로 일본군과 함께 평양 산하 형세를 살피거나 적정 염탐'이었다.(국사편찬위원회, 『한국

근현대사인물자료』, 「인물평론」)

이때 혁혁한 공을 세운 이두황은 두 달 뒤인 10월 양호도순무영우선봉장兩湖都巡撫營右先鋒將에 발탁됐다. 양호도순무영은 동학농민혁명군 토벌을 맡은 부대다. 일본군이 주축이고 우선봉과 좌선봉으로 나뉜 양호도순무영은 조선군으로 구성됐다. 왕실에 크게 잘 보일 수 있는 기회가 찾아왔다.

동학 토벌과 이두황의 맹활약

척왜척양斥倭斥洋을 내걸고 농민군이 재봉기했다. 전주성을 함락시킨 자신감으로, 죽창과 화승총을 믿고 북상하던 농민군은 공주 우금치에서 전멸했다.

농민군을 궤멸시킨 정부군 선봉에 이두황이 있었다. 동학 기간 내내 이두황이 세밀하게 써내려간 일기를 본다.

'남은 적 1천여 명이 새벽하늘의 성긴 별과 같았으며, 가을바람의 낙엽과 같은 꼴이었다. 길가에는 총과 창이 버려지고 밭두둑에 쓰러진 시신과 머리는 처참하게도 눈에 걸리고 발길에 채였다. 서쪽 해가 산과 바다에 걸려 독기가 점점 일어나고 있었다.'(1894년 11월 17일 『우선봉일기』) 한 줄 더 있다. '창을 휘둘러 저 지는 해를 되돌리지 못함을 한탄스러워 했다.' 우금치에서 패퇴했던 차치구라는 동학 접주가 검거됐다. 이두황은 '유명한 거괴라고 하니 목을 베어 경계하라'며 즉결처형을 지시했다.

그때 일본군 소위 사이토齋藤溫가 주한 공사에 이렇게 보고했다. '이두황이 조선 병정을 인솔해 재물을 약탈해 원성이 답지하고 있다. 솥은 무거워서 빼앗아가지 못했고 옷, 돈, 곡식, 그릇과 철물이라고 하는 것은 남김없이 약탈해 빼앗은 소에 싣고 가버렸다. 조선 병정이 동비東匪(동학 비적) 다음으로 민民을 해치는 부류다.' 보고에 앞서 사이토의 언질을 받은 이두황이 이리 답했다. '어느 겨를에 온 경내를 두루 다니며 집집마다 약탈을 하겠습니까?'(『우선봉일기』)

그 무렵 전남 장흥성이 함락됐다. 성을 지키던 관군 96명이 장흥 동학 접주 이방언이 이끄는 농민군에 전멸했다. 우금치에서 패한 농민군은 바로 이 장흥에서 이방언 부대와 함께 일본군, 관군과 최후의 전투를 치렀다. 토벌군 주력부대는 일본군이었다. 석대들에서 벌어진 전투에서 농민군 2000명이 전사했다. 뿔뿔이 흩어진 농민군 지휘부 색출 작전이 벌어졌다.

그 작전 지휘관이 또 이두황이다.

장흥 일대에서 검거된 동학 지휘부는 대부분 재판 없이 처형됐다. 이소사李召史라고 기록된 한 여자 지도자는 '뼈가 드러날 정도로 허벅지 살을 도려내며 고문하다가' 나주로 압송됐다. 압송 후 기록은 남아 있지 않으니 죽었을 확률이 높다. 나주로 보내라는 일본군 명령에 대한 이두황의 기록이다. '며칠 못 살 것 같으나, 명령을 받을 때까지 어찌 늦출 수가 있겠습니까?'(1895년 1월 1일『우선봉일기』)

사령관인 이방언은 전봉준과 함께 재판을 받았으나 무죄 방면됐다. 대원군이 뒤에서 밀약을 맺었다는 정보가 있다. 이방언은 해를 넘기고 아들과 함께 다시 검거돼 전라 관찰사 이도재에 의해 화형을 당했다. 동학은 완전 토벌됐다. 이두황이 지나간 자리에는 아무 흔적이 남지 않았다.

을미사변 앞잡이 이두황

조선은 침몰하고 있었다. 유조선이 침몰하듯, 돌이킬 수 없는 침몰이었다. 1895년 일본은 조선의 왕비를 살해했다. 민비 혹은 명성황후라 부르는, 왕국의 왕비다. 10월 8일 새벽 광화문을 통해 경복궁에 난입한 일본인들은 궁궐 최북단 건청궁으로 들어가 왕비를 죽였다. 건청궁 옆 야트막한 녹산鹿山 언덕에 왕비, 궁녀들 시신을 모아놓고 불을 질렀다. 이른바 을미사변이다.

한 시간이 채 걸리지 않았다. 광화문을 열어주고, 건청궁까지 구중궁궐 동선을 안내하는 내부자가 있어야 가능한 일이었다. 그때 광화문 수비대가 근위부대인 훈련대 1대대였고, 대대장이 이두황이었다. 왕비 시신을 확인하고 불을 지른 사람은 2대대장 우범선이었다. 이 과정에서 광화문에서 교전이 벌어지고 훈련대장이 죽었다. 훈련대장 이름은 홍계훈이다. 바로 임오군란 때부터 왕비를 지키고 이두황 위에서 동학을 토벌한 사람이다. 을미사변 직후 범인들은 일본으로 도주했다. 이두황은 금강산으로 갔다가 걸어서 부산까지 간 뒤 머리를 깎고 변장해 배를 타고 일본 히로시마로 도망갔다.

이두황이 앞잡이를 서서 민비를 살해한 경복궁. 지금은 관광객 천지다.

이토 시치로(伊藤七郎)의 망명

이두황은 이름을 이토 시치로伊藤七郎로 바꿨다. '이토 아버지의 일곱째 아들'이라는 뜻이다. 망명 내내 이토 히로부미伊藤博文가 그를 지원했다. 기타노 잇페이北野一平로 살고 있던 우범선이 자객에게 죽었을 때, 이두황은 이렇게 읊었다. '하늘에서 달이 떨어지고 바다에서 물이 역류하도다(月落在天水流在海返)'(『고 설악 이두황옹 추회록』, 1928년)

기린봉에 있는 비문에는 그가 망명 생활 동안 '사방을 유람했다'고 적혀 있다. 일제 강점기 기록인 「인물평론」을 다시 본다. '젊어서 객기가 넘치고 서슴없이 바른말 하기를 즐김. 여색을 좋아하고 기생과의 관계도 많음. 누누이 도박으로 승

패를 다툼. 어복女福은 여전히 동료들에게 시샘을 사고 있음.' 이두황을 연구한 강창일은 '일본 지성인 후키자와 유키치가 "국모를 살해하고도 은인자중하지 않는다'라고 질책했다"고 했다.(강창일, 「이토 히로부미의 총애 받은 친일 무관」)

죽을 때까지 승승장구한 이두황

1907년 대한제국 황제 순종이 을미사변 관련범에 사면령을 내렸다. 아버지 고종이 살아 있을 때였다. '을미년 사건에 즈음하여 실제로 짐이 목격한 국모의 원수 우범선 1명에게 당시의 죄를 지게 하면 일체를 해결하기에 이를 것이오.'(1907년 8월 「이토 통감에게 보낸 통감부 경찰사무집행과 박영효 관련서류」) 우범선만 처형하면 자기 어미를 죽인 다른 이들은 불문에 부치겠다는 소리였다.

우범선은 죽었다. 고종이 보낸 자객에게 죽었다. 이두황은 위풍당당하게 귀국했다. 귀국 즉시 이두황은 이토 추천으로 중추원 부참의에 임명됐고 이어 전라북도 관찰사에 임명됐다. 1910년 경술국치와 함께 관제 개편으로 전북 도장관에 임명됐다. 1916년 3월 9일 이두황이 죽었다. 신장염이 악화된 탓이다. 데라우치 총독이 조문을 보냈다.(1916년 3월 10일 『매일신보』) 장례식에는 3000명이 참석했다. 운구 행렬은 1만 명이 넘었다.

실패한 부관참시

6·25전쟁이 한창이던 1951년 빨치산 토벌대장 차일혁이 기린봉에 있는 이두황 무덤을 파헤쳤다. 차일혁은 우금치 전투 때 이두황에 의해 무단 처형된 동학 접주 차치구의 손자이다. 관을 부수고 시체 목을 베는 부관참시剖棺斬屍가 목적이었다. 그러나 뜻은 이루지 못했다. 불교도였던 이두황이 화장火葬돼 있던 것이다. 그리고 2013년 차일혁의 아들 차길진이 잊혔던 무덤을 다시 찾아냈다. 2016년 시민단체가 기린봉 등산로 입구에 이두황 단죄비를 세웠다. 그가 죽은 지 100년 만

이었다. 1908년 「인물평론」은 그를 이렇게 기록했다. '그의 일대를 훑어볼 때 하늘이 내린 행운아라는 느낌.' 그 행운아 따위들이 팔아먹은 나라가, 지금 이리되었다. 대한민국은 참으로 기적이 아닌가. 땅의 역사

이두황 묘로 가는 길목에는 곳곳에 이런 이정표가 서 있다.

02 1907년 남대문, 누가 박승환 대대장을 죽였나

정미년 군대해산 : 육군 참령 박승환과 군부대신 이병무

1907년 8월 1일. 대한제국과 일본 정규군 사이에 격전이 벌어진 서울 남대문

1907년 8월 1일 대한제국 육군 참령 박승환朴昇煥이 서울 남대문 옆 시위대侍衛隊 1연대 1대대 사무실에서 권총으로 자살했다. 시위대는 황제 근위부대다. 참령은 현 계급으로 소령이다. 유서를 남겼다. '군인으로서 나라를 지키지 못하고 신하로서 충성을 다하지 못하였으니 만 번 죽은들 무엇이 아깝겠는가(軍不能守國 臣不能盡忠 萬死無惜).' 참위(소위)로 임관한 지 10년 된 장교였다. 서른여덟 먹은 젊은 장교로 하여금 스스로에게 총을 겨누게 만든 자가 있다. 군부대신이다. 참령 박승환은, 군부대신 이병무李秉武가 죽였다. 100여 년 전 서울 남대문으로 가본다.

헤이그 밀사 사건

1907년 4월 대한제국 황제 고종은 당시 네덜란드 헤이그 만국평화회의에 밀사를 파견했다. 간도 용정에 있던 이상설, 서울에서 출발한 이준과 러시아공사 이범진의 아들 이위종이다. 을사조약이 부당하고 불법하다는 내용을 담은 독립호소문은 무시당했다. 6월 말 평화회의에서 외면당한 이준은 비분강개하다가 자진自盡해 죽었다. 사인死因은 정확하게 알려지지 않았다. 훗날 이상설과 이위종은 간도와 연해주로 돌아와 독립운동에 매진했다.

7월 2일 밀사를 파견했다는 정보가 당시 조선 통감 이토 히로부미 귀에 들어왔다. 경악할 노릇이었지만, 이토는 노련했다. '(이 밀사 사건이 황제) 칙명에 기초한 것이라면 한국에 대해 국면 일변의 행동을 취할 좋은 시기라고 믿음. 즉 세권稅權, 병권 또는 재판권을 우리가 가질 수 있는 좋은 기회가 될 것으로 생각함.'(『통감부문서 4권』, 「1907년 7월 3일 오전 2시 이토 통감이 일본 외무대신에게 보낸 전보」)

만만한 줄 알았던 황제로부터 모든 권력을 박탈할 핑계가 생긴 것이다. 권력 박탈 작업은 직접 나서기도 했고, 이완용을 총리대신으로 한 내각을 통해 벌이기도 했다. 이날부터 8월 1일까지 조선 근세사에 가장 비극적이고 극적인 시간이 시작됐다.

황제 퇴위 전야(前夜)

새벽에 전보를 보낸 이토는 곧바로 인천에 입항한 일본 해군 장성들과 함께 경운궁으로 입궐해 고종을 만났다. 경운궁은 지금 덕수궁 옛 이름이다. 황제에게 이토는 "일본에 대항하려면 공공연한 방법으로 하라"고 했다. '공공연한 방법'은 전쟁이니, 전쟁할 능력이 없는 대한제국에 대한 협박 내지 조롱이었다. 7일 이토가 본국에 보낸 또 다른 전보에는 이렇게 적혀 있다. '일본에 대해 공공연히 적의를 발표하고 협약 위반임을 면치 못할 것이므로 일본은 한국에 대하여 선전포고의 권리가 있다는 것을 총리대신으로 하여금 말하게 했음.'(7월 7일 오전 1시 30분 「사이온지西園寺 일본 총리에게 보낸 전보」)

일본 기록에 따르면 그 전날인 6일 어전회의는 두 시간이 걸렸고 회의에서 총리대신은 선전포고 운운하며 황제를 협박했으며 농상공부대신은 궁궐 앞에서 사

1905년 을사조약이 체결된 덕수궁 중명전

과를 하라고 겁박했다.(이상 統監府政況報告竝雜報 등, 국사편찬위,『신편한국사』 재인용) 총리대신 이름은 이완용이다. 농상공부대신 이름은 송병준이다. 송병준이 고종에게 이렇게 요구했다. '스스로 일본 천황에게 가서 사과하든지 아니면 대한문 앞에서 (밀사 파견 행위를) 하세가와 조선주차군 사령관에게 사죄하라'고. 목표는 황제 퇴위였다. 이후 을사조약이 체결됐던 그 장소, 중명전에서 많은 일이 벌어졌다. 쓰기에도 열 받고 읽기에도 열 받는 일들이 끝이 없었다.

남대문 시위대 설치

임진왜란이 끝나고 10년 뒤, 1608년 광해군은 선혜청이라는 관청을 설립했다. 대동법을 시행하는 관청이다. 대동법은 지방 특산물로 받던 세금을 쌀로 통일시킨 법이다. 선혜청은 서울 남대문 성곽 내에 있었다. 상인들은 이곳에 있는 시장에서 지방 물건들을 쌀로 바꿔 대납하기도 했다. 기존 시장은 남대문시장으로 확대됐다. 선혜청에서 수납한 쌀 창고도 있었다. 창고 북쪽은 북창, 남쪽은 남창이라 불렀다. 지금 남창동과 북창동이다.

1895년 갑오개혁과 함께 선혜청은 폐지됐다. 2년 뒤 대한제국 선포와 함께 선혜청 자리에 군대가 들어섰다. 시위대侍衛隊다. 황제 궁궐인 경운궁을 경호하는 부대다. 포병 2개 대대와 보병 3개 대대, 기병대까지 갖춘 근대식 군대였다. 시위대 병력은 러시아공사관에 도망가 있던 고종이 경운궁으로 돌아올 때 경호를 맡았다. 대한제국 소멸 무렵 총병력은 4000명이 넘었다.

운명의 1907년 여름, 시위대는 하루아침에 무장 해제를 당하고 군대는 강제로 해산됐다.

황제가 물러나던 날

7월 16일 친일 내각은 황제를 만나 시국 타개책으로 을사조약에 서명하고, 일본 천황에게 사과하고 물러가라고 요구했다. 이보다 2년 전 친일 대신들이 맺은 을사조약에는 고종 서명이 없었다. 이번에도 고종은 거부했다. 7월 17일 종로 기타 곳곳에 '임진란을 보라! 을미지사乙未之事(왕비 민씨 시해 사건)는 여하?', '일본인의 포학은 저지할 바를 몰라 도탄이 목전에 있다' 따위 벽보가 나붙었다.(조선주차군사령부, 『조선폭도토벌지』) 내각은 황제에게 다시 퇴위를 요구했다. 분노한 고종이 재차 거부했다.

7월 18일 오후 2시 이완용 관저에서 두 시간 동안 내각회의가 열렸다. 의제는 황제 퇴위였다. 오후 8시 통감 이토로부터 지령을 받은 주구走狗들이 황제를 알현했다. 경운궁 바깥은 송병준이 불러 모은 친일단체 일진회가 에워싸고 있었다.(국사편찬위원회, 『신편 한국사』) 황제는 시일을 달라고(帝答之以思數日而下批) 요구했다. 밤 10시 끝난 회의는 새벽 1시 재개됐다. 대신들은 권총을 품에 숨기고 들어갔다. 법부대신 조중응은 외부로 나가는 전화선을 모두 절단했다.(朝鮮最近史附韓國併合誌, 『신편한국사』 재인용)

황현의 『매천야록』과 정교가 쓴 『대한계년사大韓季年史』(대한제국 말년 역사라는 뜻이다)에는 이 회의가 자세하게 기록돼 있다.

'완용 등 7명이 입궐했다. 황제가 (양위를) 불허했다. 완용과 (송)병준이 불손한 언사를 무수히 했다. 이병무가 칼을 휘둘러 협박했다(李秉武拔劍威嚇之).'(『대한계년사』) '이완용이 칼을 뽑아들고 거친 소리로 말하기를 "지금이 어떤 세상인지 폐하는 모르시오"하고 소리쳤다. 주위에 있던 시종들이 폐하 말만 떨어지면 이완용을 칼로 찔러 만 갈래를 내고자 하였으나 임금은 이윽고 이완용을 흘겨보며 "그렇다면 선위하는 쪽이 좋겠다"라고 하였다. 이완용 등은 물러나갔다.'(『매천야록』) 어전회의는 새벽 5시에 끝났다. 그 새벽, 고종은 아들에게 황제 자리를 물려준다고 선언했다.

황제 양위식은 바로 다음 날인 7월 20일에 열렸다. 날은 고종이 직접 정하고, 이렇게 덧붙였다. '권정례權停例로 하라.'(1907년 7월 19일 『고종실록』) 권정례는 임금이 임석臨席하지 않고 행하는 간이 의식이다. 제국 황제가 바뀌는 장엄한 의례에 고종과 순종은 참석하지 않았다. '아침 수천 명이 궁성 앞에 군집하였고, 상가는 문을 닫고 조의弔意를 표하였다.'(1907년 7월 19일 오후 2시 45분 전보, 『통감부문서』)

맹활약한 군부대신 이병무

통치권 박탈에 필수 요소는 무력 박탈이다. 고종에게 칼을 들이민 군부대신 이병무는 이토 지휘하에 군대 무력화 작업을 벌였다. 나흘 뒤 발표된 정미7조약이다. 대한제국 군대 해산이 골자였다. 조약 비밀각서에는 이런 조항이 있었다.

황궁수비대를 제외한 모든 병력은 해산한다. 해산된 병졸은 간도로 이주시켜 개간에 종사시킨다. 둔전법에 따라 황무지 개간에 종사시킨다.

군대 해산을 발표한 사람은 총리대신 이완용, 군부대신 그러니까 국방부장관 이병무다.(1907년 8월 2일 『대한매일신보』)

황제 고종을 겁박하던 7월 19일, 황실 근위부대인 시위대가 경운궁 진입을 시도했다. 이토가 보낸 비밀 전문에 따르면 '고종이 신료들을 적절한 기회에 살해하려고 병력을 궁중으로 부른 증거가 현저했다.' 그런데 이 거동을 30분 전에 감지하고 일본군이 미리 출동해 간신히 막았다. 어떻게?

그날 밤 '시위대 제1연대 3대대장 정위 임재덕에게 이병무가 궁궐 밖에 있는 헌병 70명을 입궐시키라 명했다. 임재덕이 불가하다고 버티자 헌병대장 이용한이 칼을 꺼내 군부대신에게 항명한다고 고함쳤다. 헌병들은 평복을 입고 육혈포를 들고 입궐했다.'(『대한계년사』)

이때 이병무는 일본인에게 부탁하기를, 임재덕이 끝까지 의심하면 그의 무기

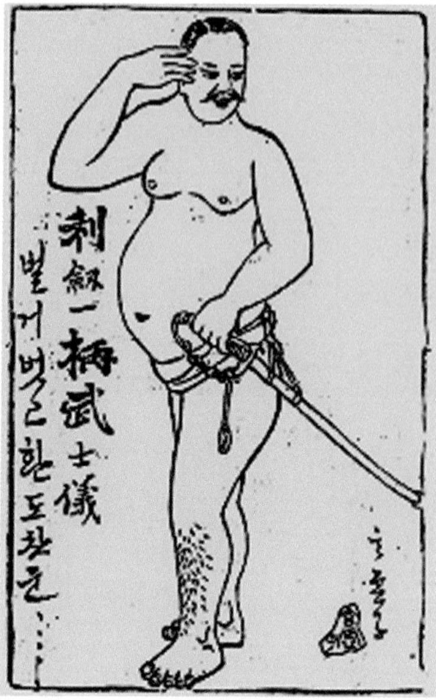

군부대신 이병무를 조롱하는 1909년 9월 2일 『대한민보』 만평(왼쪽)과 참령 박승환(오른쪽)

를 빼앗으라고 하였다.(『매천야록』)

바로 이병무다. 바로 군부대신 이병무가 본인을 포함한 정미칠적을 살해 위협으로부터 구원하고 나라를 죽였다. 이병무는 『대한민보』 1909년 9월 2일 만평에 발가벗고 칼을 찬 모습으로 등장했다.

박승환 참령과 남대문 전투

군대 해산은 8월 1일 전격 시행됐다. 이날 오전 7시 이병무는 대한제국군 장교들을 조선주차군 사령관저로 소집해 해산 조칙을 발표했다. 일본군은 용산 무기고를 점령하고 남대문에 기관포를 설치했다.

오전 10시 동대문에 있는 훈련원 연병장에서 대한제국 부대는 군복을 벗고 무기를 내려놓았다. 시위대 1연대 1대대장 박승환은 부하를 대리 출석시키고 남대문 병영 사무실에서 권총 자살했다. 자살 소식이 전 부대에 전파됐다.

그리하여 벌어진 전투가 남대문 전투였다. 임진왜란 이래 서울 시가지에서 벌어진 최초의 전투였다.

1연대 1대대에 이어 2연대 1대대가 가세해 전투를 벌였다. 남대문에 설치된 기관포는 시위대 병영(현 서울 중구 대한상공회의소 뒤편)을 향해 끝없이 사격을 했다. 전투는 시위대 탄약이 바닥나며 네 시간 만에 종료됐다. 68명이 전사하고 부상은 100명이 넘었다. 516명이 포로가 됐다. 서양 기자들도 전투를 목격했다. 프랑스 주간지『르 프티 주르날(Le Petit Journal)』1907년 8월 4일 자에는 이 장엄한 전투 풍경이 그림으로 보도됐다.

100년 전 격전을 치른 남대문 일대

프랑스 주간지『르 프티 주르날(Le Petit Journal)』에 실린 남대문 전투 삽화

부상병들은 미국인 의사 올리버 에비슨이 운영하는 세브란스병원 의료진이 치료했다. 전투가 종료되고 며칠 뒤 이토가 병원을 방문했다. 이어 일본군으로부터 연락이 왔다. 부상병을 일본 병원으로 이송한다는 통보였다. 에비슨은 '부상병도, 한국 간호사들도 모두 두려움에 울었다'고 했다.(올리버 에비슨, 『근대 한국 42년』) 해산당한 군인들은 만주로 올라가 독립군으로 변신했다. 지방에서는 지방군인 진위대가 의병으로 변신했다. 이를 정미의병이라 한다. 대한제국은 3년 뒤 사라졌다. 스스로 살기 위해 나라도 죽인 군부대신 이병무, 그가 모두를 죽였다. 땅의 역사

1907년 당시 시위대 병영이 있었던 부영빌딩 부근. 일본군은 남대문에서 이곳을 향해 기관총 사격을 퍼부었다.

03 은행나무는 보았다 남산에서 벌어진 경술년 치욕을

남산 통감 관저와 경성 도시 계획

100년 전 사진 한 장을 본다. 기모노를 입은 여자 셋이 앞에, 그 뒤로 사내 셋이 언덕을 오른다. 언덕 위 건물이 웅장하다. 왼편에 까치집이 있는 나목裸木은 은행나무다. 일제 강점기 조선 명소를 소개하는 관광엽서다. 가운데에 누군가가 이렇게 펜으로 적어 넣었다. '豊公(풍공)이 한국을 정벌할 때 淸正公(청정공)이 말을 묶었던 은행나무.' 풍공은 풍신수길豐臣秀吉, 도요토미 히데요시다. 청정공은 가등청정加籐淸正, 가토 기요마사다. 그러니까 임진왜란 때 한성에 입성한 가토 기요마사가 남산에 진을 치고 이 은행나무에 말을 쉬게 했다는 이야기다.

펜글씨 아래 영문과 일문으로 이렇게 인쇄돼 있다. '남산총독관저南山總督官邸', 'THE GOVERNOR GENERAL OFFICIAL RECIDENOE(RECIDENOE는 RESIDENCE의 오타다)'

서글픈 식민 시대이니 일본인들이야 자랑스럽게 엽서를 만들었겠지만, 그때나 지금이나 조선 사람에게 이 사진은 불쾌하기 짝이 없다. 바로 이 자리, 이 총독 관저에서 1910년 8월 22일 대한제국 총리대신 이완용과 일본국 3대 조선 통감 데라우치 마사타케寺內正毅가 조선을 일본에 넘기는 병탄 조약에 서명을 했다. 그러

경성 주요 시설을 소개한 일제 강점기 관광엽서. '남산총독관저'라 적혀 있고, '가토 기요마사가 말을 묶었던 은행나무'라고 적혀 있다. 서울 남산이다.

니까 경술국치庚戌國恥가 공식적으로 조인된 현장이다. 이러구러 사연 끝에 건물은 사라지고 21세기가 되었다. 은행나무는 더 커졌고 언덕길은 똑같다. 가족, 연인, 친구들이 손잡고 놀러가는 서울 남산에 숨은 서글픈 100년 전 이야기.

1910년 7월 통감 데라우치 부임

1909년 10월 26일 안중근이 이토 히로부미를 죽였다. 일본에서는 조선 병합을 주장하는 강경파가 득세했다. 조선에서 활동하는 친일 세력도 가만히 있지 않았다. 독립운동가들도 마찬가지였다.

그해 12월 4일 송병준이 만든 친일조직 일진회가 한일 합방 성명서를 발표했다. 친일 경쟁을 하고 있던 총리대신 이완용은 속이 달아올랐다. 18일 뒤 벨기에 황제 레오폴드2세 추도식이 서울 종현교회에서 열렸다. 열아홉 살 먹은 유학파 기독교도 이재명이 식에 참석한 이완용을 칼로 세 번 찔렀다. 이완용은 죽다 살아났고 이재명은 이듬해 9월 30일 사형당했다.(1910년 10월 4일『조선총독부 관보』) 이재명이 사형되기 석 달 전 일본 육군대신 데라우치 마사타케가 3대 조선 통감으로 부임했다. 1910년 7월 2일이다. 죽다 살아난 이완용에게는 게임을 뒤집을 절호의 기회였다.

1910년 8월 14일「혈의 누」이인직

데라우치가 부임한 뒤 8월 14일 밤 11시 이완용의 비서가 통감부 외무국장 고마쓰 미도리小松綠를 찾아갔다. 비서의 이름은 이인직이다. 우리나라 최초의 신소설「혈血의 누淚」를 쓴 그 이인직이다.「혈의 누」줄거리는 간략하게 이렇다. '청나라 군인에게 강간당할 위기에 처한 여자 옥련을 일본군이 구해줌.' 고마쓰 미도리는 1900년 나랏돈으로 일본 유학을 떠난 이인직의 동경정치학교 은사다.

두 차례에 걸친 심야회담에서 이인직은 이렇게 말했다. "지난해 이토 공이 한인 악한惡漢에 돌아가신 이래 급속하게 병합의 실행을 볼 것으로 생각되었기에 총리 이완용 각하는 여러 가지 고려를 짜고 계십니다."(1934년 11월 25일 『경성일보』·이덕일 『이회영과 젊은 그들』 재인용) 이완용은 이인직을 통해 '가급적 빨리 병합을 실행하자'는 뜻도 전했다. 자칫하다가는 일진회에 공功을 빼앗길 판이었다. 8월 16일 이완용이 말 두 마리가 끄는 마차를 타고 통감 관저를 방문했다. 농상무대신 조중응과 함께였다. 조중응 또한 고마쓰 미도리의 제자였다.

엿새 뒤인 8월 22일 오후 1시 창덕궁 흥복헌에서 순종이 주재하는 회의가 열렸다. 대한제국 마지막 어전회의였다. 실록은 이렇게 짤막하게 기록한다. '국무대신 외에 황족과 원로들이 모여 한일 합병 조약안을 토의하다. 한일 합병 조약을 맺도록 하다. 한일 합병 조약이 이루어지다.'(1910년 8월 22일 『순종실록』) 회의 직후 대한제국 전권위원 이완용은 다시 통감 관저를 찾아 일본 전권위원 데라우치와 함께 한일 병합 조약서에 도장을 찍었다. 조중응이 수행했다. 이완용은 일본어를 몰랐다. 그러니 일본 유학파 조중응과 이인직을 '시다바리(시타바타라키したばたらき)'로 쓴 것이다. 나라가 사라지는 건 순식간이었다.

경성시구 개수 계획

이후 일본은 말 그대로 자기 마음대로 대한제국 수도 한성을 재설계했다. 수도 한성은 경기도 도청소재지 경성부로 격하시켰다. 1912년 11월 6일 통감부 후신인 조선 총독부는 관보官報를 통해 '경성시구 개수예정계획'을 발표했다. 모두 29개에 걸쳐 경성 시내에 신작로를 내거나 도로 직선화 작업을 하겠다는 것이다.

대개는 기존 도로와 일치하는데, 눈에 띄는 신작로가 있다. 바로 창덕궁 돈화문에서 남산에 이르는 제9호 도로다. 게다가 지금 을지로인 황금정통黃金町通에는 방사상으로 로터리까지 설계돼 있었다.

한일 병합으로 황제는 오직 일왕 메이지明治밖에 없게 되었다. 고종 거처는 덕

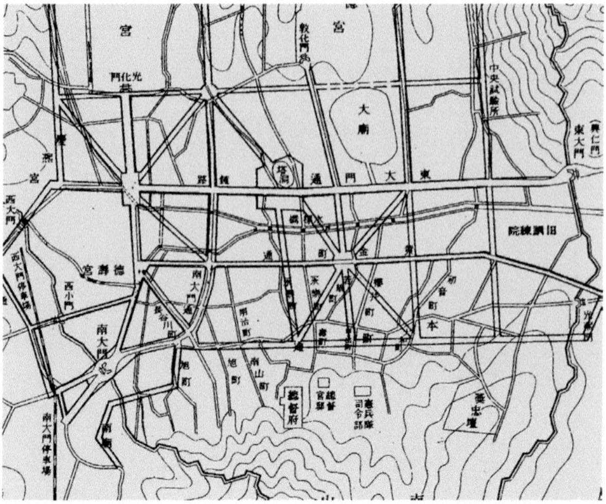

1912년 총독부가 발표한 '경성시구 개수예정계획'. 창덕궁 돈화문에서 통감 관저까지 신작로가 예정돼 있다.

수궁에 국한됐고 순종 거처는 창덕궁으로 결정됐다. 선왕 고종의 공식 명칭은 도쿠주노미야 이태왕德壽宮李太王(덕수궁 이태왕)이 되었다. 황제 순종은 쇼토쿠노미야 이왕昌德宮李王(창덕궁 이왕)으로 격하됐다. 바로 그 쇼토쿠노미야, 창덕궁 정문에서 통감 관저가 있는 남산까지 일직선으로 길을 내겠다는 계획이다. 방사상 로터리 계획은 무산됐지만 제9호 도로는 예정대로 건설됐다. 지금 그 길 이름은 돈화문길이다. 지금도 종묘 옆 종로3가 사거리에서 남쪽을 보면 남산이 훤히 올려다보인다.

왜성대와 일본헌병대

원래 일본 공사관은 서울 지하철 서대문역 2번 출구 근처에 있었다. 지금 금화초등학교 자리다. 그런데 1882년 임오군란 때 분노한 구식군대가 공사관을 불태웠다. 인사동 박영효 집으로 이전한 공사관은 1884년 갑신정변 때 또 불에 탔다. 이후 새로 자리를 잡은 곳이 남산이었고, 을사조약 이후 통감부가 설치되면서 통감 관저로 사용됐다. 관저가 있는 남산 주변은 옛날부터 '왜성대倭城臺'라 불렀다. 세간에서는 '임진왜란 때 가토 기요마사 부대가 성을 쌓고 주둔했다'는 이야기가 수백 년 전부터 내려왔다. 관저 입구에 있는 노거수 은행나무는 임진왜란 당시 가토 기요마사가 말을 묶었다는 이야기도 그럴 듯하게 전해왔다. 사실 여부는 둘째 치더라도 일본에는 상당히 유서 깊은 곳이 바로 남산 왜성대다.

임진왜란 발발 312년 뒤인 1904년 바로 그 왜성대 자리에 일본헌병대 사령부가 설치됐다. 앞서 말한 제9호 도로 끝이다. 경술국치 이후 헌병대 자리에 일본군 사령부도 함께 들어왔다. 이 사령부에서 출동한 헌병들이 1919년 3월 1일 만세운동을 벌이던 조선 사람들을 무력으로 진압했다.

남산에 모인 일본 권력

통감 관저에서 병합조약을 조인한 일본은 곧바로 총독부를 설치했다. 관저 서쪽에 있던 통감부는 총독부가 됐다. 헌병대 입구에 있던 사육신 박팽년 집터는 총독부 정무총감 관저가 됐다. 명동 일대를 장악한 상권, 총독부로 상징되는 행정권, 헌병대로 상징되는 무력이 남산에 밀집했다. 1926년 광화문을 철거하고 총독부 신청사가 경복궁 안에 들어섰다. 총독 관저도 경복궁 뒤편에 신설됐다. 헌병대와 함께 있던 일본군 사령부는 1908년 용산으로 이전했다.

남산, 해방 이후

해방이 되고 21세기가 왔다. 헌병대와 일본군 사령부가 있던 자리는 수도경비사령부가 들어섰다가 1998년 남산한옥마을로 변했다. 헌병대가 있었다는 설명은 보이지 않는다. 정무총감 관저는 해방 후 영빈관으로 쓰이다 지금은 식당 '한

통감 관저 자리. 시민단체가 세운 전 일본 공사 하야시 곤스케 동상 좌대 뒤편에 통감 관저터 표석이 보인다.

2018년 남산. 은행나무도, 통감 관저 오르는 길도 100년 전과 똑같다.

국의 집'이 됐다. 입구에는 '박팽년 집터'라는 표석만 있다. 1937년 지금 청와대 자리에 총독 관저가 준공됐다. 남산 통감 관저는 이후 시정기념관으로 사용됐다. 해방 후 이런저런 용도로 쓰이다 중앙정보부 창설과 함께 오랜 세월 금단의 땅이 됐다. 건물이 언제 사라졌는지는 모른다. 옛 통감부, 총독부 청사는 서울애니메이션센터로 변했다.

2006년 1월 사학자 이순우가 각종 문서와 옛 사진, 신문을 통해 통감 관저 자리를 찾아냈다. 을사조약의 일본 주역인 전前 주한 일본 공사 하야시 곤스케 동상 좌대도 찾아냈다. 2015년 서울시는 이곳에 일본군 위안부 역사를 기리는 '기억의 터'를 만들었다. 옛 사진과 비교하면 가토가 말을 묶었다는 은행나무, 언덕길은 100년 전과 크게 변함이 없다. 임진왜란과 경술국치와 해방과 대한민국의 기적을 다 겪은 은행나무는 1996년 서울시 보호수로 지정됐다. 역사에 지우개는 없다. 지워지지 않는다. 땅의 역사

04 뒷구멍으로 종묘에 모셔진 '공신(功臣)' 이완용

이완용 종묘 배향 작전과 친일 귀족 권력투쟁기

종묘. 조선 왕조의 자존심이다. 이완용 무리는 이 자존심에 한 발 걸치려고 발버둥을 쳤다.

개떼들의 합창

'(…) 선왕에 공이 많고 덕이 두터운 신하 몇 명을 선택하여 종묘에 배향配享(함께 위패를 모시는 의식)하는 법이 있다. 순종 부태묘를 앞두고 지난 3일 영친왕으로부터 이왕직 장관을 경유해 박영효 후작, 민영휘 자작 이하 19명 예전 원로대신과 친척들에게 배향할 신하를 협의하여 상품하라는 분부가 있었다. 그 결과 문헌공 송근수, 충문공 김병시, 충숙공 이경직, 효문공 서정순이 당선됐다. 이를 이왕직 장관에게 보고하니 최고점인 김병시와 이경직을 보류하고 전 내각총리대신 이완용 후작을 첨입해 3인으로 재결했다는 공문이 구신 친척들에게 내려왔다. 이에 박영효 씨 이하 9명이 10일 오전 11시경 낙원동 민영휘 씨 집에 모여 숙의 끝에 불

가不可함을 장관에게 통지해 회답을 기다리게 되었다.'

1928년 5월 11일 『동아일보』 석간 2면 기사다. 기사 제목은 '순종 부태묘 배향 이완용 후작 가부?'. 그때 『조선일보』는 일본군 중국 출병을 반대하는 5월 9일 자 사설로 인해 네 번째로 무기 정간 중이었다.

간단하게 말하면 이거다. '순종 삼년상이 끝나고 순종 위패를 종묘에 모시는데, 함께 모실 공신功臣 4명을 원로들이 추천했더니 그 가운데 2명이 빠지고 이완용이 들어 있더라, 그래서 원로들이 벌떼처럼 반대하는 중.'

다음은 원로대신 명단이다.

박영효, 민영휘, 윤덕영, 윤용구, 조동희, 이재곤, 이지용, 이윤용, 한규설, 박기양, 이하영, 이우면, 민상호, 고희경(이상 **조선 귀족**)과 김만수, 윤용식, 서상훈, 남규희, 정만조.

윤용식을 제외한 나머지 사람들은 1910년 경술년 한일 병합과 함께 일본 황실로부터 귀족 작위를 받거나 친일 행위를 한 사람들이다.(1권 2장 〈5. 만주로 망명한 사람들과 조선 귀족〉 참조) 식민 조선 대표 친일자들이 친일 거두 이완용을 공신으로 인정 못하겠다고 결의했다. 개들이 개를 물어뜯는 꼴이었다. 추잡스러운 권력 투쟁이 벌어진, 그날로 가본다.

조선의 명예, 종묘

이성계가 조선을 건국하고 처음 한 일은 종묘 건설이었다. 토지신과 곡식신을 섬기는 사직단社稷壇과 함께 조상신을 섬기는 공간이 종묘宗廟였다. 성리학으로 일관한 조선 정치 집단에게 종묘와 사직은 목숨보다 귀한 존재였다.

1910년 조선이 사라졌다. 1392년 건국 후 518년 만이었다. 이름만 남은 왕, 일본 속국 조선의 '쇼토쿠노미야 이왕昌德宮 李王' 순종은 '정기적으로 종묘에 제사하고 때때로 성 밖 역대 왕릉 성묘 외에 궁문 밖으로 나오는 경우는 천황에게 줄 축사를 의뢰하기 위해 남산 총독 관저를 방문하는 정도였다.'(이왕직 사무관 곤도 시로스케權藤四郎介, 『이왕궁 비사』, 1926년·이언숙 번역 『대한제국 황실비사』) 상궁 김명길도 '덕수궁 나들이 외에 창덕궁 밖 행차는 종묘에서 제사를 지내거나 선왕들 능 참배할 때'라고 회상했다.(염복규, 『서울의 기원 경성의 탄생』 재인용) 허울뿐인 왕, 순종에게도 종묘는 소중했다. 권한도 책임도 없던 그 순종이 죽었다. 1926년이다.

친일파의 이권 투쟁

초록草綠은 동색이다. 하지만 똑같지는 않다. 친일파도 마찬가지다. 나라를 팔아먹은 목적은 나라 판매 자체가 아니라 부귀영화였다. 매국 이후 부귀영화를 둘러싸고 이들 사이에 벌어진 권력 투쟁은 여느 정치판과 다름없었다. 투쟁 무대는 '이왕직李王職'이었다.

이왕직은 대한제국 황실 재산과 사무를 관리하는 조직이다. 일본 궁내성 직속 기관이다. 당시 황실 재산에는 기존 부동산과 현금은 물론 경술년 병합조약에 따라 해마다 150만~180만 원에 이르는 세비歲費가 포함됐다.(김대호, 「일제하 종묘를 둘러싼 세력 갈등과 공간 변형」) 이권이 굉장했다. 수장인 장관은 5대 시노다 지사쿠篠田治策를 제외하고 조선인이, 차관은 일본인이 맡았다. 막대한 돈을 주무르는 장관직을 둘러싸고 친일 세력 사이에 전쟁이 벌어졌다.

친일 세력은 두 갈래였다. 윤덕영 파와 이완용 파. 자작 윤덕영은 순종의 비妃 순정효황후의 큰아버지다. 왕실 근친 세력이다. 이완용 파는 친일 관료 세력이다. 총독부는 이완용 파를 지지했고 왕실은 윤덕영 파를 지지했다. 이왕직 사무관 곤도는 "왕가를 중심으로 노련한 이완용과 민첩한 윤덕영이라는 양대 거물의 쟁탈전이 전개됐다"고 했다.(곤도 시로스케, 『이왕실 비사』) 승자는 이완용이었다. 순종은 이완용을 싫어했다. 그러나 장관직은 이완용 계열이 임명되곤 했다. '이왕직 장관과 차관은 총독이 임명했고 직원들은 순종 의향보다 총독부 의향을 존중해 지위 안정을 꾀했다.'(『이왕실 비사』)

1926년 2월 11일 이완용이 죽었다. 1909년 12월 22일 이재명 의사에게 허파를 칼로 난자당한 뒤 평생 기침병을 앓다 죽었다. 이완용이 죽은 그해 4월 25일 순종이 죽었다. 왕 승하 여부는 상관없었다. 명목상이지만 구심점이 사라졌으니 윤덕영에게 쏠린 권력을 재편할 때가 도래했다.

종묘 본전 건너편에 있는 공신당. 이완용은 결국 배향공신이 되는 데 성공했다.

종묘와 권력 투쟁

순종 삼년상이 끝났다. 1928년 5월, 쇼토쿠노미야 이왕昌德宮李王 지위를 물려받은 영친왕이 관례에 따라 배향공신 선정 작업을 명했다. 종묘에 왕과 함께 배향되는 공신은 조선 왕조 최고의 명예였다. 3대 국왕 태종이 태조 공신으로 7명을 선정한 이래 왕마다 많아야 7명을 못 넘기는 희귀한 영광이었다. 순종은 생전에 아버지 고종 배향공신으로 박규수와 신응조, 이돈우, 민영환을 직접 선정했다.(1926년 6월 11일 『순종실록부록』 순종행장) 당연히 당대 권력 배치도에 따라 결정되는 권력의 거울이기도 했다. 영친왕은 근친 세력인 원로대신과 친척에게 이 일을 맡겼다.

원로회의와 이완용

5월 3일 원로회의가 소집됐다. 19명 종친 세력이 후보 9명을 뽑았다. 그러자 이왕직 장관 한창수가 후보 한 사람을 추가했다. 그게 이완용이었다. 1919년 고종이 죽던 날 숙직을 한 사람이 이완용이다. 세간에는 그 사주로 한창수가 고종을 독살했다는 소문이 무성했다. 신문 보도에 따르면 19명의 원로들이 모두 반대하며 이유를 물었다. 장관 한창숙은 "시노다 지사쿠篠田治策 차관 추천이 맹렬하므로"라고 답했다. 신문은 '(이왕직) 장시사장掌侍司長이 차관과 두터운 관계로 차관을 움직이게 한 것'이라고 보도했다.

이왕직 의전담당관인 이 장시사장 이름은 이항구. 바로 이완용의 아들이다. 한 가문의 얼빠진 명예욕, 한 정치 집단의 황당한 권력욕과 식민 총독부 3자 이해관계가 조합된 행각이었다. 19명의 원로들이 붓으로 낙점落點을 했다. 아관파천 후 친러 내각 총리대신 충문공 김병시(6표), 을미사변 희생자 충숙공 이경직(4표)과 문헌공 송근수(2표), 효문공 서정순(2표)이 낙점됐다. 이완용은 1표를 받았다. 장관 한창수에게 부탁을 받은 백작 고희경이 찍은 점이다. 이완용의 형 이윤용도 이완용을 찍지 않았다.

그런데 사흘 뒤 한창수가 들고 온 최종 배향공신 명단에 김병시와 이경직이 빠지고 이완용이 들어가 있는 게 아닌가. 박영효는 '고종 배향공신에 최익현을 올렸더니 시호諡號가 없다고 제외하더니, 시호 없는 이완용은 뭔 말인가'라고 했고 민영휘는 '무력한 우리가 떠든들 소용없으나 이유나 알고 싶다'고 했다.(1928년 5월 11일 『동아일보』) 윤덕영은 이완용과 개와 원숭이 같은 사이였다. 그는 이완용을 '러시아 전성시대에는 친러, 미국 전성시대에는 친미, 러일전쟁 후에는 친일을 한 지조 없이 교묘하게 처세하는 자'라고 했다.(『이왕실 비사』)

이완용을 공신으로 배향했다는 종묘 숙직일지(왼쪽)와 이완용에게 1표가 기록된 1928년 5월 3일 원로회의 회의록(오른쪽)

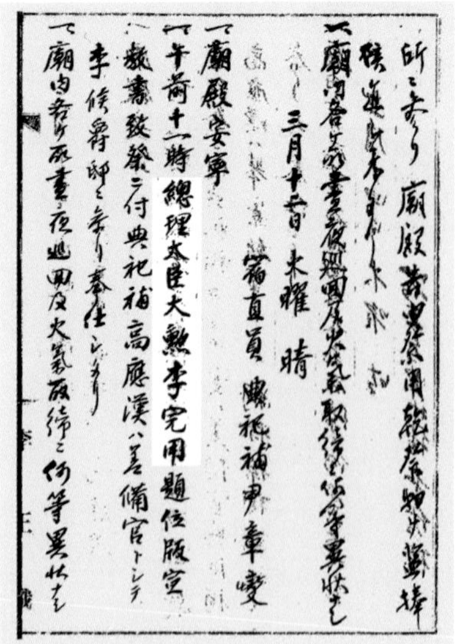

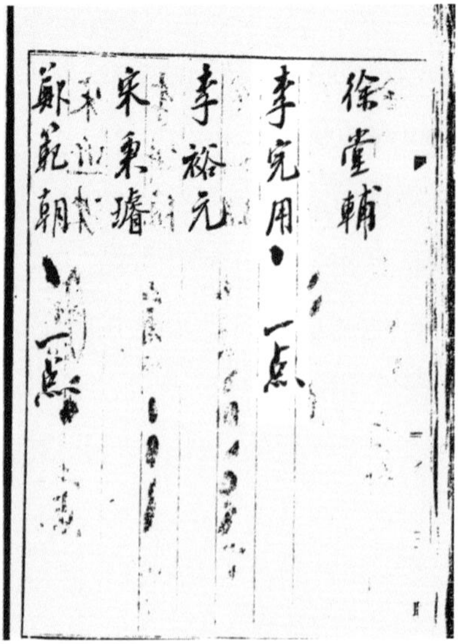

'뒷구멍 승자' 이완용

결국 논란 끝에 공신 배향 의례는 무기한 보류됐다. 대신 한창수와 시노다와 이항구의 의도대로 '忠(충)' 자 시호를 받은 김병시와 이경직은 공신에서 제외되고 송근수와 서정순, 시호 없는 이완용이 공신록에 올랐다.(『이왕직 종묘 배향공신록』) 이왕직은 그해 7월 6일 열린 순종 종묘 위패 봉안식('부태묘祔太廟'라고 한다)을 옛 의례 대신 신식으로 하기로 결정했다. 종친들은 "차라리 위패만 마차에 싣고 가라"고 비난했다. 의식은 신식으로 치러지고, 원로들은 불참했다.(1928년 7월 5일『동아일보』) 철저한 이완용 파와 총독부 승리였다.

12년 뒤인 1940년 3월 11일 월요일은 맑고 쾌청했다. 이날 오전 11시 종묘에서 배향 의례가 열렸다. 문헌공 송근수가 공신당功臣堂에 배향됐다. 다음 날 오전 11시 내각총리대신 이완용이 배향됐다. 시호가 없어서 '大勳(대훈) 이완용'이라 했다. '대훈'은 대한제국 시절 받은 대훈위금척대수장大勳位金尺大綬章을 뜻했다. 비가 퍼붓고 천둥이 치던 다음 날에는 효문공 서정순이 공신당에 배향됐다. 공식적으로 이완용 파의 승리가 선언된 날이었다. 『이왕직 종묘 숙직일지』에 기록돼 있다. 딱 4년 2개월 갔다. 해방이 되고 어느 날 이완용 위패는 쫓겨났다. 전주이씨대동종약회 전례이사 이은홍은 "혼란기에 우물쭈물 들어와서 우물쭈물 기록 없이 나갔다"고 했다.

그 공신당 앞을 북한산에서 내려온 너구리들이 들락거린다. 우물쭈물 들어와서 우물쭈물 놀 거 다 놀고 사라진다. 그런 인생, 한둘이겠는가. 땅의 역사

2장

여자, 그녀들

사람이었으되 사람 취급 받지 못하였으니…

강원도 홍천강. 그녀들만큼 서럽고 치열했던 이들이 있으랴.

01 나는 제주의 신(神), 여자이니라

바람 부는 제주도와 강한 그녀, 제주 여자

제주 사내들이 빈둥대며 놀았다는 말은 아니다. 섬을 탈출하고 싶을 정도로 사내들에게는 일이 많았다. 제주도 여자들은, 그 사내들 빈 공간을 메우며 살았다. 뭍에 사는 여자보다 더 고되고 강하게 살았다. 아이를 낳고 집안일을 하고 밭일을 하고 물질을 하고, 그러다 가는 세월에 늙어버린 그녀들은 자기네가 일군 땅에 묻혀 또 섬을 지킨다. 시간이 시작한 태초부터 지금까지, 제주도 여자 이야기다.

송시열, 김정희 그리고 제주

뭍사람에게 제주는 아름답다. 옛날도 그랬다. 육지에서 유배당한 지식인, 권력자 눈에도 그랬다. 그러나 오래 머물 수는 없는 곳이었다. 앞서 인용했듯(1권 3장 <2. 제주에서 닫혀버린 세상을 향한 문> 참조) 1689년 3월 3일 제주에 유배됐던 권력자 송시열은 '살 만한 곳은 못 된다(非人所居)'고 했다.(『송자대전』, 「권치도에게 보내는 편지」) 151년 뒤 유배 온 추사 김정희는 제주도를 '수선화를 귀히 여기지 않아 소나 말이 씹어 먹고 밟아버리게 하는 사람들(土人則不知貴焉 牛馬食齕)이 사는' 곳이라고 했다.(『완당선생전집』, 「권이재에게 보내는 편지」) 심지어 송시열은 '천외天外'라고도 했다. '하늘 바깥'이라는 뜻이다.(『송자대전』, 「탐라적소耽羅謫所」)

돌 바람 여자, 삼다도(三多島)

그럴 만도 했다. 화산섬인지라 온통 구멍 뚫린 검은 돌밭이었다. 뭐라도 심으려면 그 돌을 다 걷어내야 했다. 하늘도 사방이 뚫려 바람은 좀 많은가. 청명한 하늘을 구경할 짬도 없었고, 수선화를 완상할 여유는 더더욱 없었다. 먹고 살아야 했다. 척박하기 그지없기에 원악도遠惡島, 멀고 악한 섬이라 하여 조선 정부는 중

제주 금릉석물원에 있는 설문대할망 석상. 혼자서 오백 아들을 키운 여신이다.

죄인을 제주도로 유배 보내곤 했다. 수선화를 호미로 걷어내 우마를 먹이고, 돌밭을 일궈 김매고 씨 뿌리는 일은 주로 여자들이 했다. 여자가 많아서? 아니다. 더 정확한 답은 남자가 없어서다. 문제는, 몸에도 좋고 맛도 좋다는 '전복全鰒'이었다.

전복 공물과 인구 급감

조선 시대 지방에서 중앙 정부에 바치는 세금에 공물貢物이 있었다. 왕실에서 필요한 현물을 그 지역 특산물로 조달받는 제도였다. 산에서는 짐승 가죽, 바다에서는 해산물(山郡貢皮物海郡貢魚物)을 받았다.(1469년 6월 29일『예종실록』) 고려 시대 이래 제주 공물은 좋은 말(良馬)이었다. 불행했다. 제주도에는 바다까지 있었으니까.

조선 후기까지 제주 사람들은 해산물, 그 가운데 전복으로 인해 큰 고통을 겪었다. 전복이 국가 재정과 무슨 관계가 있는지 알 턱이 없으나, 왕실에 전복은 제주도의 존재 이유 그 자체였다.

1505년 7월 24일 연산군이 동생 이봉의 첩 내은이를 임숭재의 첩으로 주라 명했다. 이봉은 연산군의 배다른 동생이다. 임숭재는 연산군 입속 혀와 같은 간신이다. 등극 11년째, 연산군이 제대로 폭군 기색을 드러내던 때다. 같은 날 이렇게 하교했다.

"왜전복倭全鰒이 있다 하니 사서 바치도록 하라. 이 물건뿐 아니라 모든 특이하게 맛난 것은 널리 구해서 바치라."(1505년 7월 24일『연산군일기』) 미친 군주가 전복에도 미친 것이다.

전복을 잡는 사람을 포작鮑作이라고 한다. 원래 포작은 남자 일이었다. 제주 여자는 남편과 함께 바다에 들어가 미역을 걷었다. 그런데 도가 지나쳤다.

'지아비는 포작에 선원 노릇을 겸하는 등 힘든 일이 허다하며, 지어미는 1년 내내 진상할 미역과 전복을 마련해 바쳐야 하니 그 고역이 말치기(牧子)보다 10배

나 된다.'(「제주목사 이형상의 장계狀啓」, 1702년)

그뿐 아니었다. '추복槌鰒 3900여 첩, 조복條鰒 260여 첩, 인복引鰒 1100여 첩 등 도합 9100여 첩과 오징어 860여 첩 및 분곽粉藿, 조곽早藿, 곽이藿耳.' 여기서 '복鰒'은 모두 전복이다. 한 해에 80명 갓 넘는 어민이 진상해야 하는 해산물량이 1만 마리에 달했다.

목사 이형상의 보고서가 이어진다. '포민浦民이 죽기를 무릅쓰고 도망하려 함은 당연한 이치다. 대대로 살아온 뿌리가 박혀 꼼짝할 수 없는 자를 제외하고는 대개가 흩어져 달아났다.' 달아날 수 있는 자는 모두 달아났다는 뜻이다. 사방이 바다로 막힌 섬이다. 남자들은 공물과 군역을 피해 육지로 달아났다.

가뜩이나 남자는 바다가 집어삼켜 씨가 마르던 섬이었다. 아들이 태어나면 고래 밥이라 했고 딸이 태어나면 효녀라고 했다. 그런데 그놈의 전복에 높은 자들이 환장하면서, 어느덧 섬에는 여자들만 남게 되었다. 바람 많고 돌 많은 섬 제주에 여자가 많게 된 근본 이유다. 바로, 전복 때문이다.

출륙금지령과 여자

문제는 가혹한 수탈이었다. 하지만 중앙에서 보는 눈은 엉뚱했다. 전복을 비롯해 공물이 줄어들자, 왕실에서는 아예 제주에 육지 통행을 금지시켜버린다. '비국이 도민島民의 출입을 엄금할 것을 청하니, 상이 따랐다.'(1629년 8월 13일 『인조실록』) 정묘호란 여파가 가시지 않은 때였지만, 왕실은 정신을 차리지 못했다. 제주민은 백성이 아니라 그저 공물 생산 혹은 채집인이었다. 그들은 자유를 박탈당했다. 남자들은 떠나고, 땅 살림과 바다 살림은 여자가 맡게 되었다. 아주 훗날 1946년 4·3 사건으로 남자들이 죄다 죽고서 제주는 더욱더 강한 여자들 땅이 되었다. 오죽하면 북촌리마을은 남자 없는 무남촌無男村이라 불렸을까. 북촌리 여자들은 그 지난한 세월을 바다에 흘려보냈다.

고단하고 강한 제주 여자

삶은 고단하였다. '(제주는) 가난하여 의지할 바가 없고 역役이 다른 곳 배나 되어 부모, 처자를 팔며 자기 자신이 품을 살고 동생을 파는 지경까지 이르렀다.' (1702년 7월 12일 『숙종실록』)

출륙금지령 73년 뒤 목사로 부임한 이형상은 그때 '여자 역할이 매우 무겁다(女役甚重)'라고 했다. '미역, 전복, 물 떠오는 일, 곡식 장만하는 일, 땔감 일 등 무릇 모든 힘든 일은 전부 여자가 한다.'(『남환박물南宦博物』, 1702년) 1710년 제주에 유배 왔던 김춘택金春澤에게 한 해녀가 이리 말했다. '함께 작업하던 사람이 급히 죽거나 얼어 죽거나 돌과 벌레 같은 동물 때문에 죽는 것을 보게 됩니다. 나는 요행히 살아났지만 병으로 고생하고 있습니다. 시험 삼아 제 얼굴을 살펴보십시오.' (『북헌거사집北軒居士集』, 1710년) '눈이 크게 얼어도 관리들이 전복 캐오기를 독려하니 회초리로써 피를 흘리게 하는 자들이 아닌가?'(실학자 위백규, 『금당도선유기金塘島船游記』, 1791년)

가족을 먹여 살리기 위해, 제주 여자는 땅에서 일했고 바다에서 일했다. 인구가 급감하고 남자가 사라져버린 섬나라에서, 여자는 스스로 강해야 살 수 있었다. 결국 1800년, 정조는 전복 진상을 전면 금지했다. '전복을 잡지 말도록 한 제주의 규례에 의해 다시는 거론하지 말도록 하라.'(1800년 4월 7일 『정조실록』) 거듭된 금지령에도 불구하고 전복 진상이 이어지자 내린 조치였다.

불턱

진상은 공식적으로 폐지됐다. 하지만 삶은 멈추지 않았다. 여자들은 무리를 지어 바다로 갔다. 해변 어귀에 돌로 쌓은 공간, 불턱에 모여 바다걷이를 준비한다. 경험과 지혜가 많은 상군 해녀, 상군 비바리, 상군 잠녀가 중군과 하군 혹은 돌팔이에게 지혜를 나눠준다.

제주시 구좌읍 하도리에 있는 모진다리 불턱. 물질을 나가는 제주 여자들의 자치 공간이었다.

제주 성산에 사는 고송환은 이렇게 말했다. "두 번째 아이 낳을 때는 미역 철에 출산을 했기 때문에 낳는 날까지도 물에 갔다 왔지. 그날은 바람이 좀 불어서 미역을 얼마 못 캐고 돌아왔는데, 집에 온 게 저녁 6시쯤 됐던 걸로 기억하는데, 한 8시쯤에 아기 낳았지."

바다에는 마을 밭이 있고 자기 밭이 있다. 학교 바당이 있고 할망 바당이 있다. 학교를 건사하기 위해 공동작업을 하는 밭이 학교 바당이다. 바당은 바다의 제주 방언이다. 기력이 쇠진한 할머니들에게는 뭍에 가까운 바다를 다스릴 권리를 준다. 그게 할망 바당이다. 여자들은, 비바리들은 그렇게 바다에서 민주주의와 소통과 배려를 익혔다. '불턱 민주주의'다. 우뭇가사리 철이 되면 우뭇가사리 방학을 하고 여학생들은 엄마들과 함께 바다로 간다. 물질할 딸이 없으면 양녀를 맞아들여 바다로 보냈다. 그리고 죽으면 땅으로 간다.

산담 울타리

그녀, 자기가 일궈놓은 땅에 잠든다. 제주 뭍에 있는 무덤은 태반이 여자 무덤이다. 남자는 바다에서 돌아오지 않았다. 무덤을 둘러싼 현무암 검은 울타리에는 작은 문이 나 있다. 시문屍門이다. 영혼이 무덤을 들락거리는 통로다. 죽은 그녀들이, 그녀들 스스로 만들어놓은 제주 땅과 바다를 오간다. 벌초 때가 되면 제주 전역은 난리가 난다. 벌초 방학을 맞아 어른, 아이 가리지 않고 모두 무덤에 가서 영혼들을 만난다.

거대한 여신, 설문대

남자들이 사라진, 그 신산한 제주 땅에 여자들이 살았다. 그녀들 삶이 투영된 신화가 설문대할망이다. 한라산을 베고 누우면 다리 하나는 제주시 앞바다에, 다

제주 여자들이 안식하는 제주의 땅

리 하나는 성산일출봉에 닿는 거대한 여자다. 그녀 몸에 난 털이 풀이 되고 나무가 되었고 그녀가 던진 흙이 오름이 되었고 그녀가 뿌린 오줌이 바다가 되었다. 제주를 창조한 여신女神이다.

아들을 500명이나 낳았는데, 아들들이 일하러 간 사이에 가뭄이 들었다. 할망이 백록담에 죽통을 걸고 죽을 쑤다가 그만 빠져 죽고 말았다. 집에 돌아온 아들들이 죽을 맛있게 먹고 통을 비우니, 거기에 죽은 할망이 나왔다. 세상을 창조하고 아들들을 먹여 살리던 여신이 그렇게 헌신獻身을 하고 죽었다.

제주 한림에는 금릉석물원이 있다. 석장石匠 장공익이 평생 걸려 만든 석물들이 전시돼 있다. 이제는 정과 망치를 놓은 이 명장은 그 석물원에 설문대할망을 만들어놓았다. 그녀가, 축 늘어진 젖무덤 3개로 오백 아들을 먹여 살리는 그녀가 제주 여자다. 땅의 역사

02 옛 조문국 땅에는 위대한 여자들이 살았다

의성 조문국의 비밀과 잊힌 그녀들

위대한 그녀

사촌沙村에는 정승이 셋 난다고 했다. 신라 때 나씨 성을 가진 정승이 난 이래 정승이 없었으니 이제 조선 시대에 두 번째 정승이 날 차례였다. 하여 경북 의성 사촌마을에서는 타지로 시집가 산달이 임박한 여식들은 출입을 금했다. 반드시 이 마을 성씨를 가진 정승이 나와야 했으니까.

나이 스물에 류중영이라는 안동 하회마을 출신 세 살 연하 총각에게 시집간 이 마을 김광수의 다섯째 딸은 달랐다. 둘째 아이 해산이 임박하자, 이 당찬 여자는 부른 배를 복대로 꽁꽁 싸매고 친정으로 돌아온 것이다. 1542년 초 어느 날이었다. 2년 전 과거에 급제한 남편은 서울 성균관에서 근무 중이었다. 나이 열넷에 벌써 "정승 낳는 물"이라 소문난 마을 우물 흙탕물을 잔뜩 퍼마시고 정승 어미 될 꿈을 꾼 그녀였다.

복대로 도저히 가릴 수 없이 솟은 배를 친정 아비 김광수가 보았다. 이리 말했다. "류씨 가문에 정승을 줄 수 없으니, 시댁으로 돌아가거라." 그해 10월 초하루 일흔넷 먹은 친정 아비는 자기가 타던 가마에 딸을 태워 돌려보냈다. 쫓아냈다는

의성 사촌마을 만취당. 위편에 류성룡 어머니가 타고 온 가마가 걸려 있다.

말도 있다.

안동 김씨 가문이 조성한 마을 서쪽 숲을 가마가 지날 때, 산통産痛이 지극하였다. 그 숲에서 아들을 낳았다. 친정집으로 돌아가 낳았다는 말도 있다. 마을 고택 만취당晩翠堂에 보관된 그 가마에는 오래도록 산혈産血 얼룩이 눈에 보였다고 했다.

여하튼 그녀가 낳은 아이가 자라나 과연 정승이 되었으니, 그가 바로 임진왜란 때 나라를 구원한 서애 류성룡柳成龍(1542~1607)이다. 남편이 죽고 20년 뒤 그녀는 류씨 가문에 있는 재산을 분배하며 이리 일렀다. "공평하게 나누어주니, 윗대의 뜻을 받들어 유용하게 사용하도록 하라." 그리고 1601년 3월 맏아들 운룡이 죽었다. 그해 6월 종손자 김사원이 죽었다.

두 달 뒤 위대한 두 남자를 길러내고 위대한 가문을 지켜낸 그녀가 죽었다. 1601년 8월 21일이다. 위대한 그녀 이름, 당신은 아는가. 사촌마을 사람들도 모른다. 친정에서는 송은(아버지 김광수의 호) 따님, 시집에서는 감사할머니라고만 알고 있는, 그녀에 대한 이야기는 맨 끝에 다시 하기로 한다.

미스터리 왕국 조문국

『삼국사기』에 조문국召文國은 딱 한 줄 나온다.('召'는 '부를 소'로 읽지만 '땅이름 조'로도 읽는다) '서기 185년 신라 벌휴왕이 조문국을 정벌했다.'(『삼국사기』 신라본기 벌휴 이사금) 있는 줄도 몰랐던 나라 하나가 1830여 년 전 망했다는 것이다. 조문국은 지금 의성 땅이다. 이후 숱한 문인들과 학자들이 조문국을 읊었다. 의성의 옛 이름도 조문이었다. 진위 논박이 한창인 신라대 사서 『화랑세기』 필사본에는 이 조문국의 공주 운모雲帽의 후손들이 신라 왕가의 왕비족이 되었다고 기록돼 있다. 뒤집어 생각하면, '신라 왕실 핏줄의 절반은 조문국 혈통'이라는 말이다.

의성 금성산 아래 들판에는 고분들이 가득하다. 의성 사람들은 이 고분들이 조문국 시대 무덤들이라 믿는다. 권문해라는 조선 시대 문인은 이렇게 기록했다. "의성 땅에는 궁터도 남아 있고 왕들의 유택도 있고, 작약꽃밭은 왕들이 꽃놀이 하던 곳이라.(『대동운부군옥』)"

1926년 '쪽발이' 하기시마 교요

일제 강점기, 그 조문국에 관한 기록을 만든 사람은 하기시마 교요荻島敎雄였다. 당시 의성 산운주재소 소장인 하기시마는 의성 사람들과 함께 『미광』이라는 향토사 잡지를 발행하며 조문국을 연구했다. 사료 부족으로 지극히 허구적이고 상상적이긴 하지만, 일본인 주도 향토사 연구에 조선인이 동참했음은 의성에서 조문국이 지닌 의미를 짐작하게 한다.

지금 고분군 근처에는 조문국박물관이 번듯하다. 하기시마는 훗날 일본으로 돌아가 역사 관련 논문 3편을 남기고 기록에서 사라졌으니, 이 또한 미스터리다. 그런데 하기시마의 흔적은 탑리리塔里里 오층석탑에도 남아 있다.

국보 제71호인 통일 신라 시대 모전석탑이다. 2016년 5년에 걸친 보수작업을 마치고 재공개됐다. 탑신 한쪽 면에는 이보다 90년 전 수리를 한 기록이 있다. 1926년 '석탑 보존회'라는 단체가 중수를 하고 이를 알리는 이름들을 새겼다. 두 사람은 일본인이다. 당시 산운보통학교 교장 아리무라 세이코有村正浩(혹은 아리무라 마사히로)와 하기시마 교요. 많은 사람들이 이리 말한다. '조선의 국보를 쪽

조문국 고분군. 조문국은 이름만 남아 있고 실체는 수수께끼로 남은 고대 왕국이다.

발이와 친일파들이 제멋대로 수리하고 훼손했다'고.

조선총독부가 조선보물고적명승천연기념물보존령을 통해 보물지정목록을 발표한 게 1934년 8월 27일이었다. 이 목록이 현재 대한민국 국보 체계의 근원이다.

1926년 탑리리석탑은 방치된 돌탑에 불과했다. 이 탑의 의미를 읽고 중수한 사람들이 바로 하기시마 교요와 아리무라 세이코(마사히로)다. 그 혜안과 노력에 고마워해야지, '쪽발이, 친일파' 운운하는 비난은 절대적으로 취소해야 마땅하다. 세상은 그러하다. 어설프게 덮어놓은 표지를 젖히면 다른 세상이 보인다.

천재 소년 이수철

당나라에서 돌아온 신라 정치가 최치원은 크게 상심하였다. 혼자 힘으로 난세를 돌이킬 수 없음을 알고 옛 조문국 땅 고운사에 은둔해 도를 닦았다. 개울을 가로질러 정자를 짓고 가허루駕虛樓라 명하고 그 옆에 또 집을 지어 우화루羽化樓라 명했다. '텅 빔을 멍에 삼고, 신선이 되리라'는 뜻이다. 훗날 가허루는 가운루駕雲樓로 개명됐다. 고운사 가는 숲길은 참으로 아름답다. 특히나 안개 낀 봄날 아침에는.

최치원이 살았던 고운사 현판. 소년 천재 이수철이 썼다.

그 우화루 정면에는 고운사 현판이 붙어 있다. 가로로 '孤雲寺'라 써 있고 그 왼쪽에 세로로 壬寅仲夏李銖澈十歲書(임인중하이수철십세서)라 적혀 있다. '임인년(1902년) 여름에 이수철이 열 살 때 썼다'는 뜻이다. 열 살! 우두산인牛頭山人이라 불렸던 서예 신동 이수철(1893~1909)은 열일곱에 요절해 우두산에 묻혔다. 이종해李鍾海라고도 한다. 고운사 모선암 현판도 그 작품이다.

흔적 없는 여자 오효원

1889년 3월 3일 의성에서 계집아이가 태어났다. 덕원德媛이라는 이 소녀는 아홉 살 때 아비를 졸라 남장을 하고 서당을 다녔다. 천자문을 거꾸로 외우는 신기를 보이더니 이듬해 군 주최 백일장에서 장원을 했다. 열네 살에 아버지 오시선吳時善이 공금 횡령 혐의로 옥에 갇히자 무작정 걸어서 상경해 고관대작을 만나 시를 내놓았다. '나랏돈 바칠 마음에 계책 생각하지만(國納關心思畫策) 부친께서 병을 얻어 야위어만 가네(家君滯病減形容)' 감동한 벼슬아치들이 덕원을 시회詩會에 참석시키니, 효성과 글솜씨에 감복한 의연금이 쏟아졌다. 횡령한 돈을 다 갚고 풀려난 아비는 딸 이름을 효원孝媛으로 바꿨다. 소녀의 한시漢詩에 놀란 민영환, 박기양을 비롯한 정치가들이 즐겨 효원과 차를 마시며 교류를 했다.

나라가 황망한 그 시절, 오효원은 이토 히로부미를 찾아가 이리 말한다. "조선에 여자 배움터가 하나 없으니 교육비를 모으게 해 달라." 이토가 써준 추천장으로 도쿄 사교계로부터 자금을 받아 의성에 학교를 세우니 명신여학교다. 이어 중국 상해와 천진, 심양으로 건너가 양계초梁啓超, 강유위康有爲 같은 쟁쟁한 명사들과 시詩를 논했다. 그때 쓴 시 가운데에 이런 시도 있다. '나라는 비록 작지만 사람은 컸으니/공들을 위해 술 한 잔 바친다(「심양에서 삼학사를 조문하다瀋陽大西關外弔三學士」)' 「한성회고漢城懷古」라는 시는 식민지가 된 조선을 슬퍼하는 시였다. 이런 시가 수백 편이다. 그녀를 아는 사람들은 이리 말한다. '조선 최후의 여류 시

일제 강점기 시인 오효원

인'. '여류女流'라는 말머리는 구차하고 편협하다.

1929년 아버지 오시선이 딸의 청을 받아 『소파 여사 시집』을 발간했다. 재판까지 발행했다. 그리고 오효원은 흔적도 없이 사라져버렸다. 윤씨 집안으로 시집을 갔다고도 하지만, 그녀가 언제 죽었고 어디에 묻혔는지는 아무도 모른다. 최근 의성에서 오효원 재조명작업을 통해 생가터도 찾았지만 거기까지다. 어렵게 찾아낸 오효원의 종손녀 오양가가 말했다. "왕고모 할머니가 다도인이라는 건 알았지만, 이렇게 많은 작품을 남긴 시인임은 몰랐다. 우리가 몰랐으니, 세상은 알까." 세상은 신동 이수철은 기억했고 천재 시인 오효원은 망각했다.

위대한 그녀의 이름들, 흔적들

임진왜란 후 본격적으로 시작된 족보 간행은 장자長子 중심으로 가문을 유지하기 위한 작업이었다. 족보에는 아들 이름과 사위 이름이 기록됐다. 아무리 위대하더라도 여자는 본관과 성만 기재됐다. 그것이 법도였다. 여자들은 익명으로 살았고 익명으로만 기록됐다. 그리하여 우리는 서애 류성룡을 기른 여자, 율곡 이이를 기른 여자 이름을 모르게 되었다.

안동 하회마을 풍산 류씨 종택 양진당에서 만난 류중영의 19대 종손 류상붕柳相鵬(2018년 현재 68세다)이 말했다. "위패 속에는 그 위패 주인의 이름이 적혀 있다. 감사할머니도 마찬가지다. 하지만 위패는 곧 본인이라 위패를 열어보는 행위는 예법에 어긋난다. 할머니 이름 아는 후손? 열 명이나 될까."

한참 고심하던 그가 하얀 종이를 펼치더니 정성껏 할머니 이름을 적어준다.

小姜 작을 소, 제비 강.

그녀가 가고 400여 년 만에 알게 된 위대한 여자, 바로 김소강金小姜이다.

이리하여 나는 경상도 의성 땅에서 위대한 여인들을 만나보았다. 위대한 여자 김소강의 흔적을 찾게 되었고, 위대한 시인 오효원의 흔적을 만나게 되었다. 세상의 절반을 찾게 된, 참 좋은 날이었다. 땅의 역사

03 장가는 보내지 않겠소이다 시집오라 하시오

사위들이 만든 양동마을과 조선 왕조 처가살이 청산 작전

경북 경주 양동마을은 월성 손씨와 여강 이씨 문중이 처가살이하며 만든 마을이다. 여강 이씨 이언적은 성리학 체계를 만든 공으로 문묘에 배향됐다. 그를 기리는 옥산서원 문 저편에 서원을 밝히는 정료대(庭燎臺)가 빛난다.

사위들의 마을, 경주 양동

다음은 경상북도 경주 양동마을 약전略傳이다.

'고려 말 경기도 여주 땅에 살던 여강 이씨 이광호가 변란기를 피해 경주 땅 양동마을에 숨어 살았다. 그 손녀와 풍덕 류씨 류복하가 결혼을 하니, 사위 류복하는 양동마을 처가로 들어와 살았다. 조선 세조 때 이시애의 난 평정 공신, 월성 손씨 손소가 류복하의 딸과 결혼을 했다. 사위 손소 또한 양동마을 처가에 들어와 살았다. 손소는 처갓집 재산을 물려받고 마을에 서백당書百堂을 지었다. 손소는 서백당에서 일곱 남매를 낳았다. 둘째 아들 손중돈은 훗날 청백리가 되었다.

손소의 맏딸과 또 다른 여강 이씨 문중 사내 이번이 결혼을 했다. 사위 이번 또한 처가에 들어와 살았다. 아들을 둘 낳으니 장남 이름은 이언적(1491~1553)이다. 이언적은 조선 성리학 체계를 세운 공으로 성균관 문묘에 배향되고 명종 배향 공신으로 종묘에도 위패를 올렸다. 유네스코 세계문화유산 목록에 등재된 양동마을은 월성 손씨와 여강 이씨가 사는 마을이다.'

마침표와 쉼표를 포함해서 348 글자, 열두 문장 속에 '사위', '처가'라는 단어가 세 번씩 나온다. 양동마을은 사위들이 만든 마을이다. 그때 조선 남자들은 웬만하면 여자 집에 장가가서 처가살이를 했다. 혈통을 따라가는 모계母系 사회였다.

고향을 그리던 여자, 초희

이언적보다 한 70년 늦게 난 여자가 서울로 시집가서 고향을 그린다. 고향은 강릉이다.

내 집은 강릉 돌무더기 갯가에 있어/문 앞 개울물에 비단옷을 빨죠/아침이면 한가롭게 목란배 매어두고/짝지어 나는 원앙 부러워 바라보았죠(家住江陵積石磯 門前流水浣羅衣 朝來閒繫木蘭棹 貪看鴛鴦相伴飛)

-「죽지사竹枝詞」

향수 어린 시를 쓴 시인은 허초희許楚姬(1563~1589)다. 호는 난설헌蘭雪軒이다. 열일곱 살에 안동 김씨 문중에 시집가 스물일곱 살에 죽었다. 세간에 전하기로, 난설헌은 어릴 적 죽은 두 아들에 대한 추억과 술집을 전전하는 남편과 모진 시어머니로 인해 서럽게 살다가 요절했다.

강릉은 아버지 허엽 처가다. 어머니 강릉 신씨 친정이니 난설헌 외가다. 외가에서 나고 자랐으니 '내 집'이었고, 고향도 강릉이었다. 그렇게 처가살이 하던 아버지를 보고 자랐더니 '친정을 떠나' '시집을 가서' '친정을 그리다' 초희가 죽었다. 시어머니 사랑을 얻지 못했고 두 아들까지 잃어 한을 품고 세상을 떠났다(賢而有文章 不得於其姑 又喪二子 遂賫恨而歿). (허균, 『성소부부고』, 「훼벽사毁壁辭」) 모계 사회에서 부계 사회로, 처가살이에서 시집살이로 세상이 급변한 것이다. 16세기에서 17세기로 가는 언저리, 도대체 이 나라에는 무슨 일이 벌어졌는가.

'남녀가 사귀겠다는데'

조선 왕조가 건국되고 23년이 지난 서기 1415년 어느 날이었다. 전 중추원부사 조화趙禾가 죽고 과부 김씨가 이지李枝와 재혼했다. 사헌부에서 보고했다. "김씨는 아름답고 음란하여 늙을수록 더욱 심하여 처벌하려 했으나 빽이 들어와(夤緣得脫·인연득탈) 유배형밖에 못 줬음. 추가로 벌을 청함." 태종이 이렇게 대답했다. "아내 없는 남자와 남편 없는 여자가 서로 혼인하는 것을 어떡하란 말이냐. 다시는 보고하지 말라." 쉰일곱 살 먹은 김씨는 첫날밤을 치르고 이리 말했다고 한다. "이 분이 늙었는가 하였더니, 참으로 늙지 않은 것을 알았다(乃知眞不老

也).”(1415년 11월 1일『태종실록』) 개국 초 조선은 개방 사회였다. 여자도 남자도 똑같이 욕망과 사회적 권리를 갖는 사회였다.

주자가례와 처가살이

태종만 그랬다. 고려를 폐하고 새 나라를 창조한 신진사대부의 생각은 달랐다. 정도전은 이리 말했다. ‘남녀간 구별이 있은 후에 (…) 만물이 편안해진다(男女有別然後 (…) 萬物安). 남자가 여자의 집에 들어가게 되면 부인이 무지하여 자기 부모의 사랑을 믿고 남편을 경멸하는 경우가 없지 않으며, 교만하고 질투하는 마음이 날로 커져서 남편과 반목하는 지경에 이르게 된다.’(『삼봉집』,「조선경국전 예전禮典」)

여자에게 힘을 주면 무식한 여자들이 갈등을 일으키게 된다는 소리였다. 근거는 송나라 유학자 주희가 만든『주자가례朱子家禮』였다. 성리학은 정치, 경제, 사회적 권한을 장자에게 상속시켜 사회를 안정시키는 이념이다. 그 이념을 예법으로 구체화한 사람이 주희였고, 그 예법이『주자가례』였다. 성리학을 통치 이념으로 택한 신진사대부에게, 성리학은 A부터 Z까지 따라야 할 선진 이념이었다. 그 눈으로 볼 때, 조선 전통은 문제가 많았다. 특히 처가살이는.

천년 풍습 처가살이

고구려는 여자 집에 사위집(서옥壻屋)을 짓고 사위가 살았다. 아들을 낳아 장성하면 남편 집으로 돌아갔다.(『삼국지』,「위서 동이전」) 처가살이다. 고려 또한 남자들은 처갓집에 살았다. 남자가 여자 집으로 가서 혼인해 살다가 자녀가 성장하면 본가로 왔다. 남귀여가혼男歸女家婚이라고 한다. 조선도 마찬가지였다. 1415년 태종에게 예조가 이리 보고했다. “고려 옛 풍속에는 남자가 장가를 갔는데, 지금도 옛 풍속을 따르니 (…).”(1415년 1월 15일『태종실록』) 세월이 한참 지난 성종

월성 손씨 종가 서백당. 오른쪽 향나무는 월성 손씨가 입향하면서 심은 향나무다.

대도 마찬가지였다. '우리나라 풍속은 아내 부모 보기를 자기 부모처럼 하고 아내 부모도 역시 사위를 자기 자식과 같이.'(1487년 8월 6일 『성종실록』) 태종 이방원 또한 처가살이를 하면서 맏아들 양녕을 낳았다. 양녕 또한 외가에서 자랐다(讓寧長於外家).(1438년 12월 7일 『세종실록』) 훗날 양녕과 친해져 권력을 넘본 외척들은 태종에 의해 처형됐다.

세종이 뜯어고친 혼례

이 천년 습속이 전주 이씨의 개국 동지인 신진사대부에게 썩어빠진 음란 행위로 보였다. 『주자가례』에 규정된 선진 예법 '친영례親迎禮'로 뜯어고쳐야 한다는 것이다. 친영례는 신랑이 여자를 맞이해 시집으로 데려오는 예법이다.

1414년 12월 22일 태종의 넷째 아들 성녕대군이 이 친영례로 혼인을 했다. 그런데 말을 타자마자 굴레 위 털장식이 떨어져 모두 이상하게 여겼다. 20년 뒤 세종이 "왕자, 왕녀 혼인에는 한결같이 친영례를 행하라"고 명했다.(1434년 4월 17일『세종실록』) 그리고 이듬해 '파원군 윤평이 숙신옹주淑愼翁主를 친히 맞아 가니, 본국에서의 친영親迎이 이로부터 비롯되었다.'(1435년 3월 4일『세종실록』) 세종이 전격 실시한 친영례가 임진왜란 즈음에 사대부에 퍼져나갔다. 16세기 후반에는 어지간한 양반집은 처가살이를 청산하고 며느리를 데려오는 시집살이로 풍속을 바꾸게 되었다.

신사임당과 허난설헌

마침내 모계 사회가 공식 종언됐다. 혈통血統보다 종통宗統이 우선했다. 종통이 끊기면 양자를 들여서 잇게 했다. 형제자매, 사위가 돌아가며 치르던 제사는 맏형이 단독으로 치렀다. 재혼한 여자가 낳은 자식은 과거 응시가 금지됐다. 그래서 상처喪妻한 사대부는 자식들 미래를 위해 과부 대신 미혼 처녀와 결혼했다. 종가宗家, 종부宗婦, 족보族譜는 모두 이 무렵에 탄생한 개념들이다.

이언적과 같은 시대를 살았던 신사임당(1504~1551)은 결혼 후 친정을 떠나지 않았다. 친정 강릉에서 4남3녀를 낳고 20년 살다가 시집 파주에서 10년 살고 죽었다. '사람들이 안견安堅 다음 간다고 할 정도로'(어숙권,『패관잡기稗官雜記』) 큰 화가가 된 이유가 거기에 있다. 신사임당이 죽고 12년 뒤 태어난 허난설헌은 '한을 품고 세상을 떠났다'. 그 사이에 세상이 바뀐 것이다.

양동마을을 만든 사위들

이언적은 외할아버지 손소가 지은 월성 손씨 종가 서백당에서 태어났다. 월성 손씨 손소는 공신이다. 역시 서백당에서 태어난 외삼촌 손중돈은 청백리로 선정됐다. 여강 이씨 이언적은 선비 최고 영예인 문묘, 조선 왕조 관료로 최고 영예인 종묘에 동시에 배향됐다. 손소와 이언적은 불천위不遷位 지위를 받았다. 불천위는 5대 이후 영원토록 제사를 올릴 수 있는 자격이다.

회재 이언적은 퇴계 이황의 스승이다. 조선 성리학 체계를 완성한 사람이다. 동방 성리학의 태두인 이언적은 일찌감치 친영례를 받아들여 처가살이를 하지 않았다. 하여 그 종가는 처가가 아니라 그가 태어난 경주 양동마을에 있다. 종가에 있는 그의 제청祭廳 이름은 무첨당無忝堂이다. '조상에게 욕됨이 없도록 하라(無忝祖考)'는 『서경書經』 「군아君牙」 편에서 따왔다. 양동마을 옆에는 그를 기리는 옥산서원玉山書院이 있다. 1871년 대원군의 서원 철폐령에도 철폐되지 않았다.

풍수가들 말에 따르면 월성 손씨 종가인 양동 서백당은 혈식군자血食君子 3명이 날 길지다. 혈식군자는 '제사상에 생고기를 올리는 큰 인물'이다. 우선 둘은 손소와 외손 이언적이다. 앞에서 말했듯 이언적은 외가인 이곳 서백당에서 태어났다. 이제 한 사람이 남았는데, 주변에서는 "다른 집에 뺏기지 않으려고 해산이 임박한 여자는 못 오게 한다"고 수군댄다. 정작 서백당 종손 손성훈(2018년 현재 63살이다)은 "나는 두 아이를 병원에서 낳았다"고 했다. 그렇다. 세상이 바뀌었으되 하늘은 그대로이다. 그 하늘을 짊어질 혈식군자는 어디에 있는가. 땅의 역사

여강 이씨 이언적 종가의 무첨당. 이언적 제사를 지내는 제청이다.

04 그녀가 잠든 곳, 원수의 무덤에서 40리 언덕

봉선사 부도밭의 비밀과 남양주 사릉

조선 7대 임금 세조와 왕비가 묻힌 경기도 남양주 광릉 옆에는 고찰이 하나 있다. 세조 비 정희왕후 윤씨가 남편을 위해 중창한 원찰이다. 이름은 봉선사다. 그 초입 오른편을 보면 비석군이 나온다. 역대 주지스님 부도비, 봉선사와 인연을 맺은 사람들을 기리는 공덕비도 서 있다. 비석 하나에는 '춘원 이광수 기념비'가 서 있다. 춘원 이광수. 한국 근대 문학을 이야기하려면 반드시 넘어가야 하는 큰 산이다. 동시에 그 산만 바라보고 감탄만 하기에는 부담스러운, 문제적 인물이다.

그 옆에 있는 비석은 1972년 봉선사를 대규모로 확장할 때 공덕을 세운 사람들을 기리는 비석이다. 세 사람 이름이 새겨져 있다. '정문수행, 이월파, 정보현행' 세 사람이다. 누군지 말하면 누구나 알 만한 유명인사 가족들이다. 1971년 대통령선거 패배 후 야당 후보였던 김대중이 "박정희가 아니라 '그 자'에게 졌다"고 개탄했던, 바로 그 사람이다. 조금 떨어진 옆에는 만주에서 독립운동을 했던 운허스님 추모비가 서 있다. 인연 멀기로는 서로 몇 광년쯤 아득한 세 존재를 알리는 상징이 어깨를 맞대고 햇살을 받는다. 자, 우선 세조 이야기다.

봉선사 부도밭에 있는 이광수 기념비

세조와 광릉

조카를 물리치고 왕위에 오른 세조는 1468년 재위 13년 만에 죽었다. 그 13년 권력을 위해 빼앗은 목숨이 너무 많았다. 죽을 때까지 피부병을 앓아 방방곡곡을 돌아다니기도 했고 불교 서적을 편찬해 업보를 씻으려고도 했다. 경기도 남양주 땅에 내려오는 전설은 이렇다.

세조는 풍수에 능하였다. 하루는 자기 묻힐 땅을 직접 찾아 돌아다니다가 아주 흉한 땅에 아비를 묻는 사람들을 보았다. 근처에 있는 길지를 일러주고 떠나려 하니, 형색이 이장할 형편이 되지 않았다. 하여 주머니에서 300냥을 꺼내 이들에게 주곤 묏자리를 잡아줬다는 지관을 물어 찾아갔다. 첩첩산중으로 물어물어 가보니 옷도 없이 사는 자가 비 새는 집에 앉아 있었다. 흉지凶地를 점지한 연유를 물으니 그가 이리 대답하였다.

"대대로 발복할 길지가 그 옆에 있었으나 사는 꼴이 너무 궁색한지라 당장 300냥을 벌 자리를 잡아주었소."

감탄한 세조가 또 물었다. "그런 용한 지관이 왜 이리 옹색하게 살고 있는가."

기다렸다는 듯 지관이 의복을 차려 입고서 마당으로 나아가 절을 하며 이리 말했다.

"국왕이 찾아올 땅이라 이렇게 기다렸나이다."

그리하여 세조가 그 지관에게 명하여 자기 묻힐 자리를 찾게 하니 그곳이 남양주 운악산 기슭에 있는 광릉이다.

세조는 능을 검소하게 쓰라 유언을 하고 죽었다. 능 자체는 검약하다. 실은 '무늬만 검약하다.' 묏자리가 정해진 뒤 사방 15리, 자그마치 1157헥타르에 달하는 땅에 농사가 금지되고 민간 마을이 철거됐다. 일제 강점기에도 건드리지 못한 신성한 그 땅은 지금 대한민국 국립수목원이 됐다.

세조의 아내, 정희왕후

수양대군에게 시집갈 때 윤씨는 열한 살 소녀였다. 1453년 10월 10일 남편이 졸개들을 이끌고 김종서 집을 급습할 때 그녀는 머뭇대는 남편에게 갑옷을 입혀줄 정도로 성숙해 있었다. 스물다섯 살이었다.

1468년 세조가 죽었다. 정희왕후가 대신 권력을 쥐었다. 열아홉 살에 즉위한 둘째 아들 예종 뒤에서 수렴청정을 했다. 아들이 요절하자 바로 그날 열세 살짜리 손자 성종에게 왕위를 계승시켜 7년 동안 섭정을 했다. 그녀가 1483년 죽자 남편이 잠든 광릉에 미리 마련된 한쪽 언덕에 묻혔다.

그 왕릉을 가본다. 송림 한가운데에 그녀가 묻혀 있다. 홍살문 뒤로 정자각 하나가 우뚝 서 있고 왼쪽 언덕에 세조가, 오른쪽 언덕에 왕후가 누워 있다. 얼핏 왕후 잠자리가 더 높아 보인다(실제로는 남편 무덤이 6m 정도 높다). 피비린내가 났든, 덕스러운 정권 교체든 세상은 승자勝者 독식이니 이 얼마나 무서운가.

또 다른 그녀의 무덤, 사릉(思陵)

윤사로라는 자가 있었다. 단종 즉위 때부터 왕릉을 지키는 수릉관에 임명돼 계절마다 단종으로부터 옷을 하사받던 자였다. 1457년 10월 24일 단종이 영월에서 죽던 바로 그날 윤사로가 이렇게 주장했다. "(역신들의) 딸들은 공신에게 주어야 한다. 나는 송현수宋玹壽의 딸을 받기를 원한다(則願受玹壽之女)."(1457년 10월 24일 『세조실록』)

윤사로가 탐한 송현수의 딸이 바로 단종의 비 정순왕후다. 사관이 이렇게 썼다. "성질이 잘고 남의 재물을 빼앗는 자였다." 다른 여자의 남편에 의해 자기 남편을 잃은 여자, 정순왕후 송씨는 광릉에서 15km 거리 언덕에 묻혀 있다. 무덤 이름은 사릉思陵이다.

왕후에서 노비로 추락한 송씨는 양반집 출가 여인들이 살던 서울 동대문 정업원에 얹혀살았다. 왕실에서 주는 도움을 끝까지 거부하고 동냥질과 염색질로 끼니를 잇고 살았다. 염치는 있었던 세조는 노비라도 노역은 시키지 말라고 명했다. 그녀가 울면 동네 아낙들이 같이 울었다. 아낙들은 금남禁男의 야채 시장을 열어 송씨에게 몰래 먹을 것을 조달했다.

왕과는 불과 2년 함께 살았지만, 왕후는 모질고 파란만장하고 오래 살았다. 원수 세조가 죽고 시사촌인 예종, 시조카 성종, 시손 연산군 죽음까지 지켜보았다. 세조 앞잡이로 나섰던 모사꾼 한명회가 연산군에 의해 부관참시당하는 꼴도 보았다. 그리고 중종 11년(1516년) 영월에 있던 남편 묘에 봉분이 세워지고 제사가 치러졌다. 남편이 죽고 59년 만이었다. 그 모든 역사적 풍경을 낱낱이 지켜보고서 5년 뒤 그녀가 죽었다. 여든한 살이었다.

자식 없이 죽은 그녀를 위해 단종의 누나인 경혜옹주 시댁인 해주 정씨 가문이 자기네 선산에 그녀를 묻었다. 1698년 단종이 복위되면서 그녀 또한 복위됐다. 무덤 또한 왕릉으로 격상돼 사릉思陵이라 호칭됐다. 사릉으로 가본다.

마침 꾸물꾸물한 먹구름이 걷히더니 빛줄기가 내려왔다. 송림 한쪽에 사돈댁에 유택幽宅을 내준 선한 해주 정씨네 무덤들이 보였다. 사릉은 남향이다. 남편이 잠든 영월 장릉은 동쪽이다. 퍽이나 안쓰러운 이 풍경에, 1999년 남양주시에서 사릉에 있던 소나무 한 그루를 장릉 앞으로 옮겨 심었다. 두 사람을 이어주는 정령송精靈松이라 한다. 이 나무 또한 굳게 자라지 못하고 야위어 있으니, 생전에 겪은 고초에 영혼이 지쳐버린 게 아니었을까. 전국에 있는 왕릉 송림에 소나무를 공급하는 양묘장도 이곳 사릉에 있다.

독립운동가 운허와 봉선사

평북 정주 출신인 운허耘虛 스님(1892~1980)은 젊은 날 만주에서 독립운동을 했다. 승려가 된 뒤에도 1930년대 만주 독립운동단체 조선혁명당 당원으로도 활동했다. 해방이 되고, 봉선사에 있을 때 광동중학교를 세우고 불경 한글화에도 진력했다. 속명은 이학수다.

운허, 이학수의 동갑내기 육촌 형이 춘원 이광수다. 조선이 광복을 맞이할 무렵 이광수는 사릉에서 길 건너 사릉천변에 작은 집을 짓고 살았다. 이광수는 1945년 8월 16일 천변을 산책하다 광복 소식을 들었다. 그 소식을 알려준 사람이 운허였다. 조선이 일본과 하나가 되어야 한다고 주장하고, 해방되던 해까지 여기저기 친일 행각을 벌이던 춘원이었다. 민족을 개조해야 한다고 주장하고, 그 개조를 위해 일본과 함께 살아야 한다고 했다. 논리는 있었으되 결과는 친일이었다.

갈 곳 사라져버린 이 변절한 천재에게 봉선사 경내에 다경향실茶經香室이라는 집을 내준 이도 운허였다. 머리는 비상하되 유약한 동갑내기 형을 위해 독립투사 승려가 공간을 내준 것이다. 그 집에서 수필집 『돌베개』와 『나의 고백』이 나왔다.

1975년 이 독립투사는 친일파로 낙인찍힌 천재 문인을 위해 절 한편에 기념비를 세웠다. 그 옆에 있는 비석 이름은 중창대시주 공덕비다. 비석에 나오는 인물 '이월파李月波'는 유신 시대 중앙정보부장 이후락(1924~2009)이다. 당시 대통령 후

단종 비 정순왕후 송씨가 잠든 사릉(思陵). 세조 부부의 광릉과 10km 거리다.

보 김대중이 "박정희가 아니라 이후락 때문에 떨어졌다"고 했던 그 사람이다. 비석은 1972년 당시 무소불위였던 이후락과 그 가족이 봉선사 중창에 큰돈을 댄 공덕을 알리는 비다. '大' 자가 붙었으니 그 시주가 어마어마했음을 미루어 알 수 있다. 그 돈이 어디에서 났을까. 알 턱 없다.

춘원의 집터, 사능리 143-2

최남선, 홍명희와 함께 이광수는 조선이 낳은 3대 천재였다. 함께 동경에서 유학하며 꿈을 키웠다. 최남선과 이광수는 반민족 변절자로 돌아섰다. 홍명희는 사회주의를 택해 북으로 가버렸다. 『나의 고백』에서 이광수는 친일 행각을 이렇게 해명했다. "전쟁 중에 내가 천황을 부르고 내선일체를 부른 것은 일시 조선 민족에 내릴 듯한 화단禍端을 조금이라도 돌리자 한 것"이라고.

천재 문인이요 친일파인 문제적 인간, 춘원 이광수의 사릉 집터

이 천재 문인의 집터는 사능리 143-2에 있다. 비닐하우스와 창고 틈바구니에 잔디밭이 있고 그 위에 민간단체가 만든 표석 몇 개가 앉아 있다. 그 뒤에 있는 집은, 지금 살고 있는 주민에 따르면, "그 옛날 그대로"라고 했다. 이광수를 넘지 않고는 성립되지 않는 한국 근대문학사이거늘, 집터는 초라하다.

집터에서 사릉을 넘어 산속으로 가면 광해군 묘가 나온다. 권력 투쟁에서 패배한 자의 무덤이다. 역시 초라하지만 훗날 그에 대한 평가가 바뀌면, 정순왕후의 무덤이 왕릉이 되었듯, 이 또한 바뀌리라. 역사에 가정은 무의미하지만, 내친김에 상상해본다. 춘원이 타협을 거부하고 끝까지 위대한 문학가요 민족운동가로 남았더라면 저 집터는 지금 어찌되었을까. 남양주에서 마주친 흔적들 앞에서 마음이 복잡했다. 땅의 역사

05 듣거라 하늘아, 나는 대금(大金)의 황제니라

황제가 된 이징옥과 어느 이름 없는 여자의 무덤

양산 천성산 위로 하늘이 열린다. 이 땅에서 황제를 꿈꾼 사내가 몇이며 그 황제의 아들을 기른 여자는 기억은 하는가.

어느 여자의 무덤

경상북도 경주시 외동읍 수자봉 기슭 솔숲에 무덤이 하나 있다. 조선 시대 무덤이다. 근 600년 전 여덟 살 먹은 아이 하나 업고 이곳 상신마을에 숨어든 여자 무덤이다. 주소는 경주시 외동읍 괘릉리 산 12-7이다. 비석은 없다.

상석에 이렇게 새겨져 있다. '贈禮曹參議 仁川李公諱潤源又諱台燁 乳母之墓(증예조참의 인천이공휘윤원우휘태엽 유모지묘)'. 죽어서 예조참의 벼슬을 받은 인천 이씨 윤원 혹은 태엽이라는 사람 유모 무덤이라는 뜻이다. 스무 글자나 되지만 그녀 이름은 없다. 그저, 유모乳母다. 이름은 아무도 모른다. 그저 북쪽 함길도(지금 함경도) 종성에서 여덟 살짜리 아들과 몰래 온 여자라고 했다. 아들 이름

은 태엽이라고 했다.

알 수 없는 어느 날 그녀가 죽었다. 하늘로 떠나는 순간 그녀가 아들에게 이리 말했다. "네 아비 이름은 징澄 자 옥玉 자니라. 네 이름은 태엽이 아니라 윤원이니라. 하나 네가 죽을 때까지 아비도 네 이름도 입 밖에 내지 말아라."

이징옥李澄玉(1399~1453). 국사 교과서는 말한다. '반란을 일으킨 정치군인'이라고. 그런데 실록 기록은 이렇다. '털어도 먼지 한 톨 나오지 않은 청렴결백한 직업군인.' 그 강직한 군인 이징옥이 훗날 쿠데타를 일으킨 수양대군에 맞서 대금大金 제국을 건국하고 황제를 자칭하다 죽었다. 강직하되 반역자로 죽은 사내 이징옥, 반역자의 자식을 평생 길러낸 무명씨 여자 이야기다.

경남 양산 통도사 금강계단. 자장율사가 가져온 석가모니 진신사리가 이 어딘가에 숨어 있다.

적멸보궁, 양산 통도사

경상남도 양산에는 통도사가 있다. 서기 646년 자장율사가 석가모니 진신사리를 모셔와 세운 절이다. 자장은 신라 땅 다섯 군데에 절을 지어 사리를 나눠 모셨다. 그중 하나가 통도사다. 진신사리를 모신 절에는 적멸보궁이 있다. 석가모니 현신이 모셔져 있으니, 적멸보궁에는 불상이 없다. 통도사 적멸보궁에는 진신사리를 모신 금강계단金剛戒壇을 향한 창문이 있을 뿐. 금강계단 어디에 사리가 숨어 있는지 아무도 모른다. 내가 통도사를 찾았을 때 교무국장 진웅 스님이 말했다. "혹시 있을지 모를, 사리에 대한 탐욕을 경계하기 위해서."

맞다, 세상이 어디 부처님 마음대로 굴러가는가. 달을 보라면 달을 봐야지, 달을 가리키는 손가락을 보는 사람이 있다. 진신사리에 숨어 있는 진리를 외면하고 사리에 욕심내는 마음을 경계한다는 말이다.

대웅전 옆 비각에는 임진왜란 때 일본군이 통도사에서 금강계단에 난입해 훔쳐간 진신사리를 사명대사가 돌려받았다는 기록이 남아 있다. 진리는 가끔, 물욕에 자리를 내주기도 한다. 하지만 우리네 중생은 그 물욕 없이는 생계도 꾸릴 수 없고 개인 삶의 성장은 물론 사회와 국가 발전을 도모할 수도 없으니 진리를 보는 눈, 진리를 향한 길은 복잡하기 짝이 없다. 양산에 있는 천성산千聖山은 원효가 1000 승려를 교화시킨 산이다. 억새가 무량無量하고 진달래가 소소하고 하늘은 깊게 푸르다.

삼장수(三將帥)

양산 하북면 삼수리는 한자로 '三帥里'다. 장수 셋이 나왔다는 마을이다. 조선 초기에 활약했던 세 장수 이름은 이징석, 징옥, 징규다. 이야기가 많다. 형제가 열세 살, 아홉 살, 여섯 살 적에 서당 갔다 오는 길에 도적 50명을 '선빵'으로 눕혀 버렸고, 마을에서 힘을 알아주지 않자 바윗돌을 옆구리에 끼고 다녔고(그 바위가 생가에 남아 있다), "산 멧돼지를 보고 싶다"는 어머니를 위해 맏형 징석은 활로 쏘아 반쯤 죽은 멧돼지를 잡아왔고, 둘째 징옥은 사흘 낮밤을 쫓아다녀 빈사 상태에 빠진 산 멧돼지를 끌고 왔으며, 집채만 한 바위 뚜껑을 열고 갑옷을 수시로 수납하곤 했다는(이 바위 또한 남아 있다) 이야기 등등.

이들 모두 10대에 무과에 급제해 남과 북으로 오랑캐 퇴치에 공을 세운 실존 인물들이다. 그런데 맏형 이징석은 양산 이씨요, 징옥은 인천 이씨요, 막내 징규는 영산 이씨로 모두 본관이 다르니 이 어인 일인가. 일은 1453년 계유정난에서 비롯되었다.

계유정난과 삼장수

둘째 이징옥은 청렴결백하였다. 실록에 따르면 이징옥은 용감하고 위엄이 있어 야인에게 두려운 존재가 되었고, 청렴결백하여 백성이나 야인의 물건에 절대로 손대지 않았다.

관직에 오른 뒤 함길도 국경에서 평생을 근무하며 여진족을 상대로 국경 수비를 맡았다. 10리 밖에서 여진족이 이징옥을 보면 두려움과 존경심에 말에서 내렸다고 했다. 명나라 사신이 탐욕을 부리자 그에게 줄 진상품을 훼손시키는 강골도 보였다. 그 강직함과 용맹과 지략을 김종서가 특히 아꼈다.

첫째 이징석 또한 용맹했다. 수양대군이 그를 특히 아꼈다. 수양이 왕위에 오른 뒤 이징석이 죽었을 때, 세조는 "어찌 이 늙은이를 두고 징석을 데려갔는고!"하고 하늘을 원망했다. 셋째 이징규 또한 수양대군과 함께 명나라를 다녀온 뒤 수양의 편에 섰다.

문제는 1453년 10월 계유정난 그날이었다. 세 형제 가운데 징석과 징규가 쿠데타에 가담한 반면, 둘째 징옥은 수양의 정적 김종서의 측근이었던 것이다. 강직한 징옥이 수양을 지지할 리 만무했다. 친수양대군 파는 함길도 절제사였던 이징옥을 파면하고 서울 복귀 명을 내렸다. 다른 말이 아니다. 바로 죽이겠다는 뜻이었다. 이를 간파한 이징옥은 곧바로 후임으로 온 박호문을 죽이고 군사를 일으켜 스스로 왕이 되었다. 아니, 황제가 되었다.

대금(大金) 황제 이징옥

이징옥은 나라 이름을 대금이라 칭하고 스스로 황제가 되었다. 함길도 종성 땅에서 여진족을 규합해 두만강 건너 오국성에 도읍을 정하고 대륙에 나라를 세워 불량한 수양대군 무리를 제거할 계획을 세웠다. 그런데 두 달이 채 되지 않아 종성 판관 정종 무리가 보낸 자객들에 의해 온몸에 화살을 맞고 죽었다. 이미 오른쪽 팔이 칼로 떨어져나간 뒤에도 한참을 대적하다 죽었다. 이징옥은 죽어서 사지가 찢기는 거열형을 당했다. 잘린 목은 사흘 동안 매달린 뒤 서울로 옮겨갔다. 이징옥 첩의 딸 철금은 한명회가 데려갔다.

왜 조선 제국이 아니고 대금 제국인가. 중국 사서에 그 답이 있다.

'금나라 시조는 함보函普다. 함보는 고려에서 왔다.'(『금사金史』) '금의 시조는 함보이고, 나라 이름이 신라 왕성 김씨에서 비롯됐음은 의심할 여지가 없다.'(청나라 사서 『흠정만주원류고欽定滿洲源流考』) '여진족 지도자는 신라 사람이다.'(송나라 문집 『송막기문』) 『고려사』에도 금나라가 신라에서 비롯됐다는 기록이 있다. 『흠정만주원류고』는 '신라와 고려 국명이 왕왕 혼돈되게 쓰인다'고 덧붙이고 있다. 그러니까 이징옥은 조카 단종으로부터 '부도덕하게' 왕위를 빼앗은 수양에 대항해 신라를 이은 금나라를 부활하려 한 것이다.

중국 눈치 보며 사대하던 권력자들 앞에서 황제임을 선언한 군인, 이징옥이었다. 하지만 패배한 반역자였다. 이징옥은 시신도 찾지 못했고, 장성한 두 아들도 함께 싸우다 죽었다. 그렇게 사내들이 역사에 사라졌고, 역사는 그들을 반역자로 기록했다.

수양대군 편에 선 친형제 징석과 징규는 훗날 세조 연간에 큰 공을 세우며 가문을 빛냈다. 훗날 사람들은 말한다. “장남으로서, 멸문지화를 피하고 집안을 이으려면 어쩔 수 없었던 선택”이라고. 신념을 지키려 한 반역자, 가문을 지키려 한 쿠데타 세력. 누가 옳고 누가 그른가.

훗날 이징옥의 후손들은 본관을 인천으로 바꿔버렸고 막내 징규 후손 또한 다른 이유로 양산에서 영산으로 본을 바꿔버렸다. 성까지 바꿔버린 형제들 후손은 왕조가 사라지고 대한민국 시대인 지난 1979년에야 비로소 화해를 했다. 526년 만이었다. 이징옥은 1908년 대한제국 시대 2대 황제 순종 때 관직을 회복했다. 황제를 자칭한 역적이었는지, 아니면 계유정난 권력 투쟁 때 희생된 억울하고 우직한 군인이었는지 아무도 모른다.

사내들의 흔적, 그리고 유모

그 사내들이 태어난 땅이 양산이다. 땅은 역사를 기억하는 법이어서, 양산에는 이 세 형제 생가터도 남아 있고 삼 형제 전설이 곳곳에 전한다. 이징석의 무덤도 양산에 있다. 그런데 양산 어디에도 반역자 이징옥의 흔적은 없다. 대신 경주에 있다.

함길도에서 이징옥의 두 아들이 죽고, 막내 윤원이 살아남았다. 여덟 살인 이 아이를 들쳐 업고 양산까지 내려온 사람이 바로 윤원의 유모다. 양산에 있는 큰아버지 이징석의 집을 찾았지만 외면당했다. 역적의 자식을 살려왔으니 당연했다. 그리하여 천 리 길을 내려온 유모가 다시 북상해 숨어든 곳이 바로 경주 상신마을이다. 그곳에서 유모는 자신을 부린 상전도 죽고 없는 마당에 자기 피붙이도 아닌 윤원을 보살폈다. 역적의 자식, 눈밭에 던져버리면 목숨 부지는 물론 자기도 천민에서 벗어날 수 있을 것을, 여자는 그 아이를 죽-을-때-까-지 보살폈다.

그 여자가 경주 상계리 상신마을 뒷산 기슭에 잠들어 있다. 혼인은 했는지, 자식은 있었는지, 성은 무엇이며 이름은 무엇이었는지 아무도 모른다. 그저 남의 자식 유모라는 흔적만 무덤 앞 상석에 새겨져 있을 뿐이다.

머리 굽힐 줄 모르던 직업군인, 황제 이징옥도 위대하였다. 그녀, 유모는 참으로 위대하지 않은가. 가슴이 먹먹하여, 나는 솔숲 무덤 앞에서 한참을 일어날 수가 없었다. 무명씨 여자가 물욕 없는, 탐심 없는 진리를 알려준 것이다.

경북 경주 상신마을 뒷산에 있는 '유모(乳母)'의 무덤. 고아가 된 이징옥의 아들을 죽을 때까지 길러준 영웅이다.

06 지조 있는 기생 산홍, 지조 없는 매국노를 심히 꾸짖더라

진주 기생 산홍과 을사오적 이지용

봉알자리와 진주

고려 시대 왕실을 주름잡았던 진양 강씨 가문을 꼴사납게 보다가, 조정에서는 진주에 있는 강씨 문중 대봉산大鳳山을 비봉산飛鳳山이라 개명했다. 봉황이 날아갔다는 뜻이다. 권위와 권세를 상징하는 봉황이 날아가버렸으니, 가문의 쇠락은 명약관화했다.

하여, 돌아오지 않는 봉황을 위해 문중에서는 봉황이 알을 낳는 자리를 만들고 곳곳에 오동나무를 심었다. 성역화된 봉황 알자리 이름은 봉알자리다. 오동나무는 봉황이 깃든다는 나무다. 남강변에는 대나무 숲을 조성해 봉황이 먹고 사는 대씨(竹實)를 거뒀다. 1971년 가수 김도향은 '벽오동 심은 뜻은 봉황을 보잤더니 어이타 봉황은 꿈이었다 안 오시뇨'라고 노래했다.(투코리언스, 〈벽오동〉) 꿈이었는가. 봉황은 돌아왔는가.

해어화(解語花)

1907년 관기官妓 제도가 폐지됐다. 수많은 황진이와 춘향이가 실업자가 되었

경남 진주 진주성 촉석루 아래 절벽에는 선과 악, 비겁과 지조를 보여준 온갖 군상(群像) 흔적이 새겨져 있다.

다. 삶터를 잃은 기생들이 조합을 만들었다. 나라가 사라진 뒤 조합은 일본제도인 권번券番으로 전환됐다. 악가무樂歌舞, 즉 악기와 노래와 춤을 하던 예기藝妓와 몸을 파는 창기娼妓가 한꺼번에 총독부 관리하에 들어갔다. 총독부 경무국 통계에 따르면 1925년 7월 조선 각지 사창私娼 기생은 7651명이고, 공식적으로 등록된 예기藝妓 기생 가운데 일본인은 4891명, 조선인은 3413명이었다. 조선인 가운데 본적이 경남인 기생이 1139명으로 3분의 1이었다. 그다음이 경기도(626명), 평안남도(469명)였다. (1925년 8월 30일 『동아일보』·김재영, 「일제 강점기 형평운동의 지역적 전개」 재인용)

남자들은 그 기생을 꽃이라고 불렀다. 꽃이되 말귀를 알아듣는 꽃, 해어화解語

花라고 불렀다. 당나라 현종이 자기 첩 양귀비를 그리 부른 이래, 남정네들은 기생을 그저 꽃이라 부르고 말귀가 멀거나 마음에 들지 않으면 가차 없이 꺾어버리곤 했다. 그런데.

진주 기생 산홍

북에는 평양, 남에는 진주 기생이라 했다. 그 진주 기생은 달랐다. 1919년 3월 1일 경성에서 독립선언문이 선포됐다. 18일 뒤 진주기생조합원 50명이 태극기를 들고 경남도청에서 촉석루로 행진했다. 6명이 체포돼 고생을 했다. 전 경남일보 논설위원 장일영이 말했다. "황소 목은 꺾어도 진주 기생은 못 꺾는다고 했다. 그만큼 강단이 있다는 거다."

강단은 다른 말로 절개節概와 지조志操다. 오동나무가 아니면 둥지를 틀지 않

논개를 기리는 진주성 의기사에 걸려 있는 산홍의 글. 정신 나간 사내들을 비웃는 글이다.

고 대씨가 아니면 먹지 않는, 봉황 같은 지조다. 임진왜란 제2차 진주성 전투 승전 후 일본군이 촉석루에서 자축 잔치를 열었다. 그때 논개가 게야무라 로쿠스케毛谷村六助라는 장교를 끌어안고 남강에 뛰어들었다. 양반집 규수라는 후대 평가가 있지만, 진주성에는 그녀를 기리는 의기사義妓祠가 있다. 다산 정약용, 매천 황현 같은 사내들이 의기사에 들러서 글을 남겼다. 정약용이 남긴 '의기사기義妓祠記' 현판에는 '정조 4년 경자'라 적혀 있다. '정조'라는 묘호廟號는 왕이 죽고 붙는 이름인데, 정약용은 어찌 임금 생전에 묘호를 알았을까. 후대에 제작하려면 똑바로 만들어야지, 우습기 짝이 없다.

강물 쪽 처마 밑에는 이런 시가 걸려 있다. '義妓祠感吟'(의기사감음, '의기사에서 느낀 바를 읊다') 구한말 혹은 나라가 망한 뒤 촉석루에서 낮술에 해롱대는 명망가들을 조롱하는 시다. 맨 끝에 작가 이름이 나온다. '本州妓 山紅(진주 기생 산홍)'. 강단과 절개가 있는 여자, 진주 기생 산홍이다.

고종 어진 화가 채용신이 그렸다고 전하는 여덟 폭 〈팔도미인도〉에는 미녀 8명이 등장한다. 주로 기생들이다. 의기義妓들이다. 채용신은 구한말 우국지사 초상화를 여럿 그렸다. 〈경상도미인도〉에는 진주 관기 산홍상山紅像이라 적혀 있다. 산홍은 누구인가. 채용신이 모델로 삼았으니 의로운 인간임이 분명하고, 경상도 대표 미인이니 남자들 눈에 용모가 아름다웠음이 분명하다.

매국노 이지용

1899년 경상남도 관찰사에 부임한 이은용李垠鎔이라는 자가 그 미녀 산홍에게 눈이 꽂혔다. 이은용은 또 누구인가. 이듬해 고종의 일곱째 아들 은垠이 영친왕에 책봉되자 같은 글자를 피하기 위해 개명을 한, 만고역적 친일파 이지용李址鎔이다. 1905년 이토 히로부미가 서울 정동 중명전에서 고종에게 을사조약을 강요할 때, 내부대신 이지용은 이를 적극적으로 받아들였다. 학부대신 이완용, 외부대신 박제순,

군부대신 이근택, 농상공부대신 권중현, 내부대신 이지용을 을사오적이라고 부른다. 그때 결사반대를 외쳤던 참정대신 한규설은 옆방에 감금됐다가 파직됐다.

한규설의 사위는 군부대신 이근택의 아들이었다. 을사조약 그날, 이근택이 귀가해 "다행히 죽음을 면했다"고 했다. 한규설 딸을 따라갔던 여종이 식칼을 들고 나와 "내 칼이 약하여 너를 만 동강이로 베지 못해 한스럽다"며 한규설 집으로 달아났다.(황현, 『매천야록』, 「이근택 여비의 질타」)

매국노와 의기의 만남

그 이지용이 나라를 팔아먹은 뒤, 절세 미녀 산홍을 첩으로 삼고자 했다. 이근택은 경남 관찰사를 지낸 적이 있으니, 그 무렵 산홍 이야기를 들었을 것이다. '진주 기생 산홍은 아름답고 서예도 잘하였다. 이지용이 첩을 삼으려고 하자 산홍이 말했다. "내 비록 천한 기생이나 자유롭게 사는 사람이다. 어찌 역적의 첩이 되겠는가." 이에 이지용이 크게 노하여 산홍을 때렸다.'(황현, 『매천야록』, 「진주 기생 산홍의 의기」) 그 기록 아래에는 이런 시가 덧붙어 있다. '세상 사람들 앞다퉈 매국인에게 달려가 노비처럼 굽신거린다. 그대들 집에 금과 옥이 높이 쌓여도 산홍에게서는 한 점 봄도 사기 어렵다(難買山紅一點春).'

동서대 영상미디어학부 교수 하강진에 따르면, 이후 이지용은 대망신을 당한다. 그해 11월 22일 『대한매일신보』에 기사가 실렸다. '기생이 내부대신 이지용 씨를 매국노라 비난하며 첩 되기를 거부하자 기생 서방이 아내를 구타했다'는 것이다. 다음 날 이 신문 속보는 '애국하는 천심天心'이었다.

그리고 다음 날 소위 '정정 기사'가 게재됐다. 제목은 '기녀 남편이 변명하다(妓夫辨明)'다. "기생 남편 최기호가 변명하되, '이지용은 매국 수괴인 고로 산홍이가 거절하여 백정과 살지언정 매국노와 같이 살리오 한지라, 내가 금수가 아니면 어찌 기생을 난타할 리가 있으리까' 하며 자기는 때린 적이 없다고 하더라." 이지용을 매국 수괴라 한 번 더 보도하고, 산홍을 때린 이가 이지용임을 재차 알린 기사였다. 일주일 뒤 이지용이 일본으로 가는 특사로 임명되자 『대한매일신보』는 이렇게 한마디 했다. "일본에 산홍이 같은 기생이 또 있을까 무섭소."(1906년 11월 29일 『대한매일신보』) 끝이 아니었다.

1908년 2월 15일 『황성신문』에 이런 기사가 실렸다. 제목은 '미인일소경천금美人一笑輕千金, 미녀가 천금을 웃어넘기다'. "중추원 고문 이지용 씨가 한 번 웃으면 백 가지 애교가 넘치는 명기 산홍에 푹 빠져 1600환짜리 보석 반지를 주고 미친 듯이 취하였더라."(이상 하강진, 「진주 남강 절벽의 바위 글씨로 읽는 근대 인물의 사회문화사」, 2013년 재인용)

의인과 모리배의 최후

구한말 위정척사파 거두 송병선의 제자 양회갑梁會甲이 남긴 시가 있다.

제목은 「妓山紅數罪賣國賊 不許寢自死(기생 산홍, 매국노를 거듭 탓하며 동침을 거부하다가 자결하다)」

'(…) 산홍이 한 조각 상여 타고 길을 떠나니(山紅一片柳車路)/ (…) /가여워라 지금도 살아 있는 저 역적(可憐當日生諸賊)/개가 주인 뜻 알아 남긴 음식도 안 먹네(狗不食餘識主情)'

그런 그녀였기에, 산홍은 '부끄러운 인생들 너절하게 논다'고 촉석루에서 읊은 것이다.

이지용은 경술국치 후 총독부로부터 백작 작위를 받고 "30만 1800원의 빚을 지면서"(1922년 7월 22일 『동아일보』), "남부럽지 않게 한참 첩놀이를 잘 하고"(『개벽』 제49호(1924년) 「형형색색의 경성 첩 마굴 가경가증할 유산급의 행태」) 1928년 죽었다. 쌀값을 기준으로 했을 때 1922년 30만 원은 지금 20억 원이 넘는다.(한국은행 경제통계시스템) 산홍이 나고 죽은 때는 알 수 없다.

촉석루 아래 절벽에 새겨진 산홍의 이름(위)과 산홍에게 신랄하게 욕을 먹은 친일파 이지용의 이름(왼쪽)

촉석루 절벽에 새긴 뜻은

촉석루 아래를 본다. 논개와 진주성 전투 당시 진주목사 김시민의 의기를 기리는 '一帶長江千秋義烈(일대장강천추의열)' 여덟 자가 장엄하다. 그 왼쪽 끝에 전 경남 우병사요 을사조약을 반대한 참정대신 한규설 이름이 새겨져 있다. 그 바로 오른쪽에 전 경남 관찰사요 매국노 이은용 이름이 확연하다. 그가 이름을 지용으로 고치고 잘나가던 어느 시점, 진주 땅 어느 간신배가 그 오른쪽 귀퉁이에 '이지용'이라고 또 새겨놓았다. 반대편 모퉁이에는 누군가가 山紅 이름 두 자를 새겨놓았다. 오로지 지조로 살던 이들과 다 있되 지조가 없는 자. 세상이 한창 어지러운데, 절벽 또한 어지럽기 짝이 없다. 땅의 역사

강 건너에서 본 촉석루 절벽. 오른쪽 아래 바위는 논개가 뛰어내린 의암(義巖)이다.

07 유관순의 혼은 어디에 쉬고 있을까

망우리 집단 무연고 분묘와 유관순

1920년 9월 28일 오전 8시 20분, 일본 식민지 조선 경기도 경성부 서대문감옥 여자 8호 감방에서 한 소녀가 죽었다. 나이는 열여덟 살이고 죄명은 소요 및 보안법 위반이었다. 14일 뒤 소녀가 다니던 이화학당으로 시신이 운구됐다. 이틀 뒤 시신은 정동교회에서 인수해 이태원공동묘지에 안장됐다. 이후 소녀 영혼이 어디로 갔는지 아무도 모른다. 이름은 유관순, 그 소녀 이야기다.

망우리 무연고 분묘 합장비

서울 중랑구 망우리에 있는 묘지공원 이름은 망우리공원이다. 근심을 잊는 공원이라는 뜻이다. 흔히들 망우리공동묘지라 부른다. 83만 2800㎡. 평수로는 25만 평이 넘는다.

입구를 지나 왼쪽 김해 김씨 묘 뒤편 오솔길을 가면 숲속에 큰 비석이 나온다. 이렇게 적혀 있다. '이태원묘지 무연분묘 합장비'. 비석 세운 날짜는 소화 11년 12월이다. 1936년 겨울이다.

1936년 10월 10일 자 총독부 기관지 『매일신보』는 이날 오전 11시 경성부윤과

서울 망우리 묘역 숲속에 서 있는 '이태원묘지 무연분묘 합장비'. 1936년 이태원 택지 개발 중에 망우리로 옮긴 무연고 분묘를 한데 모았다. 유관순도 이곳에 있을 확률이 높다. 2017년 촬영.

경성부 직원들이 '장엄한' 위령제를 진행한다고 보도했다. 이태원에 있던 공동묘지에서 '형적이 없고 연고자가 전혀 없어 보이는 무덤을 합장해' 옮겼다는 것이다. 『매일신보』에 따르면 이태원공동묘지에 있던 무덤은 모두 4만 2000기가 넘고 3만여 기는 무연고였다.

이듬해 4월 8일 이장 작업이 완료됐다. 두 달 뒤 6월 9일 『동아일보』는 이태원에 있는 분묘는 모두 3만 3116기고, 유연고 무덤은 4778기에 불과하다고 보도했다. 나머지 2만 8338기(본문에는 2838이라 돼 있으나, 이는 오기다)는 무연고라고 보도했다. 이들 무연고 분묘는 화장해서 합장했고, 그날 오후 2시 경성부 위생과 직원들 참석하에 위령제가 열린다고 보도했다.

성저십리와 사산금표

'한양', '서울'이라 부르곤 하던 조선 수도 한성은 한성 성곽 안쪽 공간을 지칭했다. 그 바깥 공간은 '성저십리城底十里'라 했다. 서울 강북·동대문·마포·서대문·성동·성북·용산·은평·여의도 일대다. 성저십리 지역은 개발이 금지됐다.

조선 왕조는 한양을 에워싼 용마산, 덕양산, 관악산, 북한산(이상 '외사산外四山')과 한양 내에 있는 낙산, 인왕산, 남산, 북악산(이상 '내사산內四山')에 벌채와 매장을 금했다. 숲을 보호하려는 정책이다. 기둥과 표석도 세워 공포했다. 이를 '사산금표四山禁標'라 한다. 1765년에는 아예 지도를 만들어 민간에 보급했다. 조선판 그린벨트다.

실록과 『비변사등록』을 보면 왕실이 이 정책을 얼마나 끔찍이 생각했는지 알 수 있다. 순조 32년인 1832년 11월 23일, 장제급이라는 장교가 어머니 묘를 외남산 금표 안에 썼다는 보고가 올라왔다. 금위영에서는 "즉시 파내도록 조치했으나 추가 처벌을 바란다"고 했다. 이에 왕이 이렇게 대답했다. "어찌 이 같은 변괴가! 일 푼의 이성이 있다면 어찌 이러한 짓을 했겠느냐!" 묘를 쓴 장제급은 엄히 형을

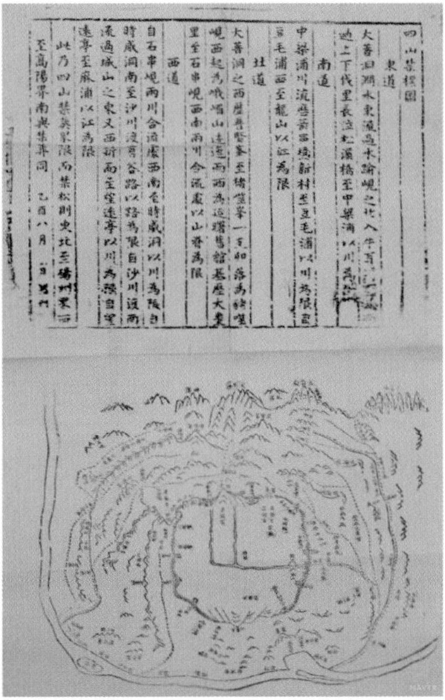

1765년에 만든 〈사산금표도(四山禁標圖)〉. 한성 주변 4개 산에 무덤과 벌채를 금하는 구역을 표시했다. 국립중앙박물관 제공.

받고 상관인 금위대장도 강등 처분을 받았다.

조선 개국 이후 한성 인구가 증가하면서 지세가 평탄한 성곽 남쪽 성저십리에 촌락이 들어섰다. 임진왜란과 병자호란 이후 세상이 안정되면서 용산과 마포, 서빙고 포구를 중심으로 마을이 생겨났다. 그 가운데 용산 이태원이 있었다.

여유 있는 사람이야 땅을 골라 조상 묘를 쓰지만, 서민은 그렇지 못했다. 이태원 언덕은 자연스럽게 마을 묘지가 됐다. 사산금표 정책도 공공연히 무시됐다. 남쪽 성저십리 이태원에는 조선 중기부터 공동묘지가 형성됐다. 성저십리에서 삶과 죽음은 공존했다.

용산 일본군 기지와 이태원묘지

조선이 망하고 대한제국이 망하고 식민지가 들어선 이후에도 마찬가지였다. 이태원 야산은 1914년 정식 공동묘지가 됐다. 1922년 경성부 공동묘지 총면적은 51만 1830평이었다. 그 가운데 이태원 공동묘지는 11만 9328평으로 가장 넓었다.(성북문화원, 「성북구 역사문화산책」, 2014년) 1905년 8월 12일 『황성신문』에 따르면 '일본군 주둔이 예정된 용산 군용지에 무덤이 111만 7308기가 있었다.'(김천수, 『용산기지 내 사라진 둔지미 옛 마을의 역사를 찾아서』 재인용)

1904년부터 5년 동안 일본은 현 미군 기지 공간에 있던 둔지미마을을 강제 철거하고 조선주차군 사령부를 건설했다. 둔지미는 한강변 지금 용산가족공원 지역으로 쫓겨났다. 1916년 기지 확장계획을 실행하면서 둔지미 주민들은 또다시 강제 이주됐다. 이들이 이주한 곳이 바로 이태원공동묘지 아래 신보광리였다. 지금도 용산 기지 내에는 둔지미마을 흔적이 남아 있다.

유관순과 이태원묘지

1910년 나라가 일본에 넘어갔다. 대한제국 한성은 경기도 경성부로 변했다. 제국 수도에서 경기도청 소재지로 격하됐다. 1919년 3월 1일 전全 조선인이 궐기했다. 서울 종로에서 만세운동에 참가했던 이화학당 학생 유관순은 고향 천안으로 내려가 만세운동을 기획했다. 한 달 뒤인 4월 1일 아우내장터에서 천안 주민들이 궐기했다. 유관순 아버지가 죽고 어머니가 죽었다. 유관순은 체포돼 재판을 받았다. 조선인 헌병보조원 정춘영이 유관순을 직접 체포하고 고문했다.(1949년 8월 9일 『동방신문』)

유관순이 체포되던 그날, 용산에서는 조선군 20사단 사령부가 문을 열었다. 조선주차군은 이름 자체를 조선군으로 바꿨다. 이태원묘지 아래로 쫓겨간 둔지미 사람들은 땅에서 나오는 유골들을 골라내며 집을 지었다.

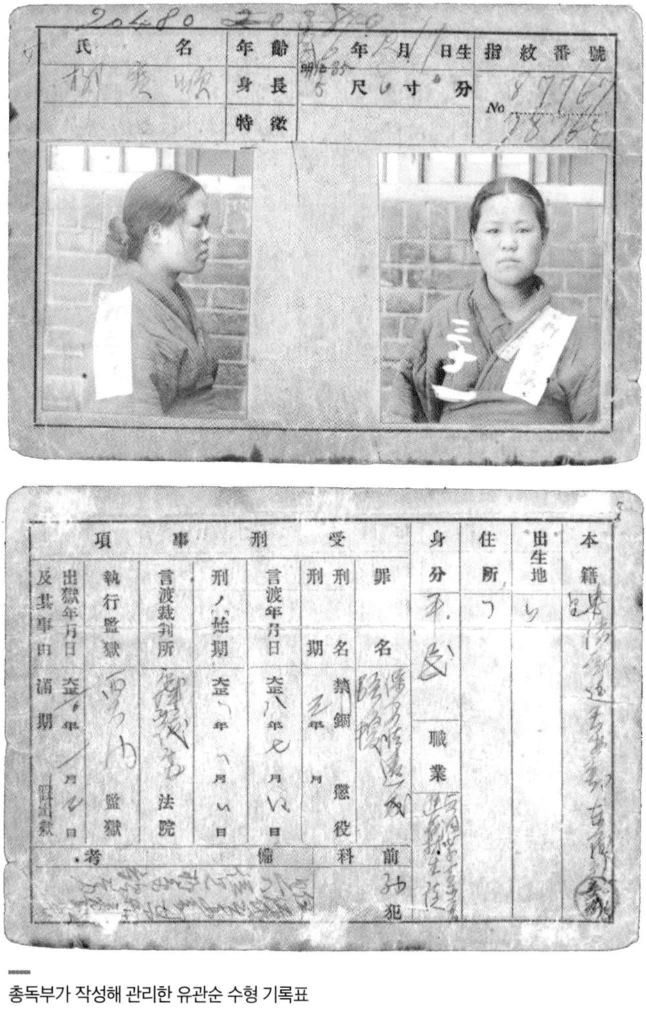

총독부가 작성해 관리한 유관순 수형 기록표

1920년 4월 28일 영친왕과 부인 이방자 결혼을 축하하는 사면령이 떨어졌다.(『조선총독부 관보』) 3년 형이 확정된 유관순은 출소 날짜가 1922년 3월 말에서 1920년 9월 말로 당겨졌다. 친구들은 십시일반 추렴해 옷을 맞추고 머리핀과 구두를 사서 환영식을 준비했다. 방광이 파열되고 곳곳이 골절된 유관순은 출소 이틀을 남기고, 죽었다. 친구들은 "냄새가 진동하는 시체 앞에서 통곡했다."(2004년 유관순 기숙사 동기 故 보각 스님 회고) 그 유관순이 묻힌 곳이 바로 둔지미 사람들 머리 위로 해가 뜨던 이태원공동묘지다. 2018년 현재 옛 이태원공동묘지 부지 꼭대기에는 이슬람교 서울 중앙 성원이 서 있다.

경성 대개발과 백골 협잡

경성 인구는 급증했다. 성저십리 혹은 사산금표 따위 정책과 구분은 실종됐다. 무질서한 개발이 진행됐다. 총독부는 경성 확장을 가로막는 성곽을 철거하고 동서남북으로 경성을 확대했다. 홍제내리, 수철리, 신사리, 미아리, 이태원에 있는 공동묘지도 개발 대상이 됐다. 1933년 9월 총독부는 뚝섬 면목리와 양주군 망우리, 동구릉면 교문리 공동묘지 부지를 고시했다. 모두 51만 9000평이다.(1933년 9월 8일『조선일보』)

이 가운데 문제는 이태원공동묘지였다. 5개 공동묘지 가운데 가장 크고, 옆에는 군사령부가 있는 요지였다. 이태원 야산에는 더 이상 묘를 쓸 자리가 없었다. 1931년 3월 이후 경성부는 더 이상의 매장을 금지했다.(1931년 3월 24일『조선일보』) 기존 묘들도 모두 망우리로 이장하기로 했다.

이 죽은 자들을 대상으로 온갖 협잡이 난무했다. '백골 협잡'이라 불리는 사기극이 대표적이고 절대다수였다. 무연고 분묘를 자기 조상 묘라고 신고하고 이장 비용을 받아먹는 사기꾼들이 널렸다. '북망산 해골을 협잡해 먹은 부府 직원'(1936년 6월 12일『조선일보』). 1936년 내내 협잡꾼 준동 기사가 신문을 채웠다.

경성부와 총독부가 신문에 올린 분묘 개장 공고와 통지서는 대부분 무시되거나 반송됐다. 그도 그럴 것이, 조선 중기 이래 수백 년 동안 형성된 공동묘지였다. 4만여 묘지 가운데 연고를 신고한 무덤은 1만 기가 되지 않았다. 아버지와 어머니가 함께 죽은, 천안 소녀 유관순 가족에게도 통지서는 전달되지 않았다.

망우리와 유관순

결국 1937년 이태원공동묘지는 망우리로 이전이 완료됐다. 무연고 유골은 모두 화장돼 망우리로 합장됐다. 이태원 언덕은 택지로 개발됐다. 땅을 파면 끝없이 해골이 나왔다. 해방이 되고 전쟁이 터지고 전쟁이 끝나고 이태원에 사람들이 다시 정착했을 때도 해골은 끝이 없었다고 했다. 그리고 1993년 망우리 사람들은 공동묘지 초입 숲속에 쓸쓸히 서 있는 무연고 합장 비석과 봉분을 정비했다. 여기까지가 이태원에서 망우리까지 100년 못 되는 지난 세월 벌어진 삶과 죽음 이야기다.

우리 모두의 누나 유관순의 영혼은 어디에 쉬고 있는지 생각해본다. 고향 천안에서는 그녀 영혼을 찾을 방도가 없어, 결국 그녀를 부르는 초혼제를 지내고 가묘를 만들었다. 거기에 있을 것인가. 한 줌, 아니 티끌 하나라도 흔적이 남았다면, 그곳은 어디일까. 땅의 역사

08 잊어서는 아니 될 두 사람의 족적을 밟아본다

매국노 배정자와 독립군의 어머니 남자현

양심良心은 버겁다. 공동선과 이기심이 충돌할 때, 개인 영달을 위해서는 버려야 하고 공동체를 위해서는 챙겨야 하는 마음이 양심이다. 동일한 상황에서 사람들은 양심을 버리거나, 양심을 줍는다.

상해임시정부 '칠가살(七可殺)'

대한민국 상해임시정부 기관지 가운데 하나인『독립신문』1920년 2월 5일 자 1면은 이렇게 시작했다. '우리의 적이 누구누구뇨. 전시의 적에게는 사형이 있을 뿐이니라. 과거 1년간 우리는 회개의 기회를 주었다. 1년이라는 기간은 그들에게 과분한 은전이었다. 이미 은전의 기간이 끝났다. 흉악한 자에게는 죽음밖에 줄 것이 없느니라.'

'짐승 같은 생명 하나로 국가가 큰 해를 당하니, 아니 죽이고 어찌할 것인가'라고 덧붙이며 임시정부는 일곱 가지 적을 나열했다. 제목은 '칠가살七可殺', 응당 죽여도 좋은 일곱 가지 적이다.

① 적의 괴수 敵魁(적괴) ② 나라를 팔아먹은 賣國賊(매국적) ③ 고등경찰과 밀

大韓民國二年二月五日 獨

獨立新聞

每週火木土三回發行

◉定價 一部銀四分 一個月先銀五角 三個月一元四角 六個月同二元 角(郵稅不要)
◉廣告料 五號十五字一 銀五角 二號倍額

建國紀元四千二百五十三 西曆一千九百二十年 陰曆己未十二月十六日

七可殺

우리의敵이누구누구뇨。戰時의敵에게는死刑이有할뿐이니라。過去一年間우리는彼等에게悔改의機會를주엇나니一年의期間은彼等에게過分의恩典이니라。이긔恩典의期間이盡하엿도다。同胞여、勇敢한愛國者여躊躇할것업시殺할者는殺하고焚할者는焚할지어다。彼等은良心이업는禽獸니禽獸의兇惡한者에게는死밧게줄것이업나니라。生命을殺함이엇지本意리오져禽獸

를하여야할지니이는同志에게對한義務일뿐더러此等賊類를懲戒하는사장有力한手段이라、如此한罪惡을犯한惡漢은天涯地角에어듸로가더라도死의咀呪를逃避치못하도록함이愛國者의義務니라。

四、親日의富豪를可殺

一時自己의財產의安全을圖하기爲하야敵파通하야그의兵警의保護를受하거나或一身의安全을貪하야敵國으로逃走하거나屢次勸誘하되獨立運動에獻金키를不肯하거나特히獻金을勸誘하는志士를敵에게密

그러나敵은一向罪惡하야온갖巧와詭譎을肆用하며國內의賊類가만猖獗하야到底히和平한手段으로그惡을防杜할수업는지라。敵은萬의兵警파偵鬼와數千間의監獄로我運動을妨害하며我同志를逮하고拘束하나니我에게아직兵警監獄이업스매저惡類를抵制할方

洪聖益氏 마

重病中에 二日만에

安東서活動하던洪聖益氏는

1920년 2월 5일 『독립신문』 1면. 반드시 죽여야 할 7대 매국노(七可殺)를 논하고 있다.

고자 倀鬼(창귀) ④친일 부호 ⑤적의 관리가 된 자, 敵 官吏(적 관리) ⑥부언과 낭설로 독립운동을 해하거나 독립을 모칭해 동포 돈을 횡령하고 기밀을 누설하고 배반한 不良輩(불량배) 그리고 ⑦독립을 위해 죽음으로 약속한 자로 변심한 謀反者(모반자).

그해 5월 8일('칠가살의 실시가 급무'), 6월 10일('칠가살의 실시가 더욱 급무') 연이어 뜻을 밝힌 임시정부는 이후 윤봉길을 통해, 이봉창을 통해 거사를 벌여나갔다.

다야마 데이코, 배정자

5월 8일『독립신문』논설에는 한 여자 이름이 등장한다. '배정자는 작년 하얼빈에서 다수의 동포를 적에게 잡아주고, 협잡을 하고 봉천으로 도망하여 와서 봉천 동포의 사정을 적 영사관에 고하야 동포의 밧는 곤난이 막심하외다. 아아 이 가살의 요녀 배정자는 '나는 만주에 잇는 백만의 조선인의 모母라' 합니다. 아아 언제까지나 져 妖女(요녀)의 命(생명)을 그대로 두겟슴닛가.'

배정자裵貞子 혹은 다야마 데이코田山貞子. 동포를 적에게 잡아주었으니 창귀倀鬼 즉 밀고자다. 협잡을 하였으니 불량배다. 나라를 팔아먹었으니 매국적賣國賊이다. 세 번 죽어 마땅한 여자다. 상해 임정에서 발행한 또 다른 기관지『신대한新大韓』은 그녀를 '怪女(괴녀)'라고 불렀다.(1920년 1월 20일『신대한』17호) '요화妖花'라고도 했다.

남자현

그 무렵 만주에는 남자현이 살았다. 배정자보다 나이가 두 살 어리다. 남자현은 1872년생이고 배정자는 1870년생이다. 경상북도 영양 사람이다. 아버지 남정한은 유학자였다. 1891년 남자현은 나이 열아홉에 아버지 제자 의성 김씨 김영주와 혼인해 양반집 며느리가 되었다. 글을 알고, 영민했고, 지혜로웠고, 평범했다.

5년 만인 1896년 찌는 여름날 남편이 의병으로 나갔다. 집을 나가며 "나라가 망해가니 지하에서 다시 보자"고 했다. 참전한 남편은 돌아오지 않았다. 대신 피묻은 적삼이 돌아왔다. 그리고 뱃속에 있던 아이가 태어났다. 아들이었다. 이름은 영달이라고 지었다. 남자현은 그 적삼을 복대로 만들어 평생 차고 다녔다.

3·1운동이 터졌다. 남자현은 성장한 아들 영달을 남겨놓고 서울로 갔다. 남편 적삼을 배에 동여매고 올라갔다. 그리고 그해 4월 만주로 갔다. 이번에는 아들을 데려갔다. 안동에서 망명한 지사 김동삼(1878~1937)을 만났다. 남편 김영주의 조

카뻴 인물이다. 훗날 아들 영달은 집안 형님 김동삼을 본받아 이름을 성삼으로 고쳤다.

그리고 그녀가 투쟁을 했다. 남편 옷을 배에 두르고서 아들과 함께 봉오동 전투에서 총을 들었고, 부상병을 치료하였고, 동맹을 위해 단지斷指를 하였으며, 일본 요인 암살을 시도하다 체포돼 죽었다. 배정자가 만주 벌판을 들쑤시며 독립군을 뒤쫓는 사이, 남자현은 같은 공간, 동일 시간대를 반대로 살았다. '칠가살 척살'을 실천하며 살았다.

양심을 버린, 배정자

1876년 강화도조약으로 조선이 강제로 개항했다. 배정자와 남자현은 그 무렵 태어났다. 배정자가 쉰여덟 살이던 1927년 작성한 자서전 『배정자 실기』에 따르면, 아버지 배지홍은 대원군 측근이었다. 고종 왕비 민씨 득세 후 배지홍이 처형된 뒤 인생이 꼬인다. 소녀 분남粉男은 관기官妓 계향이 되었다가 비구니 우담이 되었다가 아버지 친구였던 밀양 부사 정병하 주선으로 일본으로 건너갔다(1925년 8월 21일 『동아일보』에는 정병하의 '수청기생'이라고 돼 있다).

망명해 있던 김옥균이 1887년 9월 그녀를 이토 히로부미에게 소개했다. 이토는 아름답고 당찬 그녀를 밀정으로 교육시켰다. 다야마 데이코田山貞子(貞子는 사다코라고도 읽는다)라고 이름도 주었다. 열여덟 살이었다. 데이코는 이토의 요절한 큰딸 이름이다. 데이코는 승마, 사격, 외교 그리고 일본이 조선을 합병해야 하는 이유에 대해 공부를 했다. 그리고 조선으로 돌아와 고종과 왕비에게 접근했다. 능숙한 일본어와 미모는 고종 부부의 환심을 샀다.

1904년 러일전쟁이 터졌다. 이듬해 일본이 승리했다. 그해 11월 이토 히로부미가 조선으로 왔고, 을사조약이 체결됐다. 1906년 이토가 초대 조선 통감으로 부임했다. 배정자 오빠 국태는 한성부 판윤이 됐다. 배정자는 수시로 덕수궁을 들

1916년 12월 6일 『대한매일신보』에 게재된 젊은 배정자 사진

락거렸다. 그녀 자서전에는 이 무렵 스스로에 대한 자부심이 가득하다. '정자의 행차가 얼마나 위풍이 당당하고 기세가 등등한지 장안 사람들이 우러러 보지 않는 이 없었다.' 1909년 10월 26일 안중근이 이토를 죽였다. 놀란 배정자는 '그 자리에서 졸도하고 말았다.'(1940년 9월 11일 『오사카 마이니치신문』)

이듬해 나라가 사라졌다. 배정자는 조선군 헌병사령관 아카시 모토지로明石元二郎와 손을 잡고 시베리아로 갔다. 1차 세계대전 전쟁터에서 배정자는 이토에게 배운 대로 밀정으로 일했다. 1918년 배정자는 중국 하얼빈으로 이동해 일본영사관 밀정으로 일했다. 상해 임시정부 인쇄물을 영사관에 전달하고, 만주 일대에서 이어진 만세운동을 해결해 총독부로부터 상금 1000원을 받았다. 1921년에는 친일무장단체 보민회保民會 고문이 되었다. 보민회는 독립단체 와해와 조직원 테러가 목적이었다. 임정이 '칠가살' 사설을 낸 것이 바로 이때다. 그 무렵 남자현이 만주에 있었다.

양심을 거둔, 남자현

성장한 아들 성삼을 신흥무관학교에 입학시키고, 남자현은 아들과 함께 서로군정서 부대원으로 입대했다. 봉오동 전투를 비롯한 실전에 참전했다. 그녀는 유일한 여성 전투원이었다. 1921년 간도참변이 터졌다. 봉오동과 청산리 전투에서 참패를 당한 일본군이 벌인 간도 지역 학살극이다. 공식적인 조선인 희생자가 3400명이 넘었다. 독립군 진영이 분열했다. 이듬해 3월 남자현이 동지들을 모아놓고 이리 말했다. '통합적 영도기관이 없이 어찌 적을 물리치겠는가.' 그리고 손가락을 잘랐다.(국가보훈처, 「남자현 공훈록」)

1927년 2월 길림성에 안창호가 왔다. 나석주 의사 추모식을 겸한 연설회였다. 독립운동가 300여 명이 검거됐다. 이들이 일본으로 이송되면 조직은 와해된다. 남자현은 끝까지 투옥된 50여 명을 옥바라지하면서 중국 측에 석방을 요구했다. '외국 독립운동자 감금은 국가 품위를 떨어뜨리는 행위'라고 했다. 여론이 바뀌면서 이들은 모두 석방됐다.

두 달 뒤 남자현은 서울로 잠입했다. 조선 총독 사이토 마코토齋藤實 암살을 노렸으나 실패했다. 1932년 3월 일본이 만주에 꼭두각시 국가 만주국을 세웠다. 9월 국제연맹 조사단이 만주국 설국 조사를 위해 하얼빈에 도착했다. 남자현은 또 손가락을 잘랐다. 혈서를 썼다. '朝鮮獨立願(조선독립원)'. 이 또한 조사단에 전달되지 못했다.

이듬해 3월 1일 만주국 건국기념일이 다가왔다. 남자현은 만주국을 조종하던 일본 전권대사 무토 노부요시武藤信義 암살 계획을 세웠다. 하얼빈에서 권총을 입수하고, 남편 옷으로 만든 복대를 차고 노파로 변장해 동지와 접선하던 중 조선인 밀정 이종형에게 검거됐다. 1933년 2월 27일 그녀 나이 예순한 살이었다.

장춘 감옥으로 이감된 남자현은 6개월 수형 생활 끝에 단식 투쟁을 했다. 단식한 지 9일 만에 인사불성이 돼 출감했다.(1933년 8월 26일 『조선중앙일보』) 그리고 1933년 8월 22일 숨을 거뒀다. 부음은 『조선중앙일보』 8월 27일 자에 '遂別世(수별세)'라는 제목으로 뒤늦게 실렸다. '이미 별세했다'는 뜻이다. 독립운동가이자 정치가인 조소앙은 남자현을 '여협女俠'이라 불렀다.

은퇴한 밀정 배정자

1924년 배정자가 은퇴했다. 총독부는 그녀에게 600평짜리 땅을 선물했다. 1940년 배정자는 조선 여성 70여 명을 모아 남양군도로 떠났다. 공연단 모집 광고를 보고 모인 여자들을 칠십 노파 배정자는 위안부로 넘겼다.

해방이 되고 친일파를 처단하는 반민특위가 가동됐다. 서울 성북동 집에서 체포된 배정자는 재판을 받았다. '동학란 발생을 계기로 일인 2명을 대동해 조선 내 정탐 차 잠입한 것을 필두로 고종 황제의 파천내탐, 1910년에는 일군 헌병사령부 밀정으로 시베리아에 출정한 사실, 일본 외무성 촉탁으로 봉천에 주재하면서 독립운동지사 검거에 조력한 사실, 1942년에는 남양 위문대를 조직하여 70여명의 낭자군을 데리고 역시 밀정 행위와 일군 위문에 활약하는 등 칠십이 넘도록 친일 행위로 시종했다.'(1949년 4월 29일 『조선일보』) 배정자는 보석으로 풀려나 1952년 2월 27일 성북동 집에서 죽었다. 그때 나이 여든두 살이었다.

그녀에 대한 모든 흔적이 사라졌다. 그런데 서울 창신동에 있는 작은 절 안양암에서 그녀가 발견됐다. 안양암 2대 주지는 불교계 대표적 친일파 이태준이다. 일본군 무운장구를 빌었고, 파병 때는 경성역으로 나가 환송을 했다. 창씨개명 접수사무소로 절을 내주기도 했다. 그 절 입구 비석에 그녀가 있다. '南無阿彌陀

서울 창신동 안양암 입구에 서 있는 비석. 일제 강점기 '삼화부인회'가 세웠다. 그 부인회 고문 배정자(裵貞子) 이름이 왼쪽 옆면에 새겨져 있다.

故南慈賢墓立石式

【哈爾賓】 고남자현(故南慈賢)의 무뎜 립석식(立石式)은 十二일오후네시경에 당지외국인공동묘지에서거행하엿나

경북 영양 생가 옆 사당에 있는 남자현 영정(위)과 남자현 사후 2개월 뒤 하얼빈 외국인묘지에서 거행된 추모비 제막식 기사. (1933년 10월 18일 자 『조선중앙일보』)

佛(나무아미타불)' 이 여섯 글자 왼쪽 면에 1941년 비석을 세운 사람들 명단이 있다. 이 절 부인회인 삼화부인회가 세웠다. 그 부인회 고문이 배정자다. 민족에게 불행을 안겨준 그녀의 흔적이 남아 있다. 참으로 다행이다.

거대한 그녀, 남자현

죽기 전, 불길한 예감에 찾아온 아들 성삼과 손자 시련에게 남자현은 세 가지 유언을 했다. 첫째, 가족 가운데 하나는 반드시 나라에 바칠 것. 둘째, 수중에 있는 돈 249원 80전 가운데 200원은 독립 축하금으로, 나머지 돈은 손자와 친정 손자 학비로 사용할 것. 세 번째는 이랬다. "몸보다 정신이다. 정신이 살라고 마음먹으면 사람은 죽을 수밖에 없는 상황에서도 산다."(둘째 손자 김시복 증언) 그러고 남자현은 주위를 물리치고 잠이 들었다. 다시는 일어나지 않았다. 1933년 8월 22일 낮 12시 반이었다.

만주국 경찰은 아들 성삼이 하얼빈에서 인쇄해 배포하던 부고문을 '단식 사망이 아니라 병사'라고 주장하며 압수했다. 장례식은 바로 다음 날 거행됐고, 두 달 뒤 하얼빈 외국인묘지에 그녀의 비석이 섰다.

해방이 되었다. 1946년 서울에서 열린 3·1절 기념식에서 아들 성삼은 김구에게 200원을 축하금으로 내놓았다. 4년 뒤 전쟁이 터졌다. 쉰 살 넘은 아들 성삼은 군에 입대해 전쟁에 참전했다. 남자현은 1962년 건국훈장 대통령장을 받았다. 하얼빈 외인묘지는 개발 과정에서 사라졌다. 지금 서울 국립현충원에는 남편인 의병장 김영주 유해와 아내 남자현의 유품이 합장돼 있다.

묻는다. 배정자를 아는가. 또 묻는다. 남자현을 아는가. 그들의 흔적이 다행히 남아 우리에게 양심에 대하여 묻고 있는 것이다. 땅의 역사

3장

남자, 그들

진한 사내의 향기가 났다

경북 성주 한개마을 북비공 고택의 싸리문 북비(北扉)

01 폭군(暴君)은 충직한 내시 김처선을 배를 갈라 죽였다

강직한 내시 김처선과 청도 내시 고택

환관(宦官), 거세와 바꾼 권력

1310년대 고려 26대 충선왕 무렵 탄광에서 일하던 사내 고용보가 원나라에 파견됐다. 거세去勢를 당하고 환관으로 끌려갔다. 끌려갔을까? 대접 못 받고 굶주리는 광부로 사느니 남자 구실 못해도 떵떵거리며 살 궁리를 했을 것이다.

어찌 보면 잘한 선택이었다. 투만티르禿滿迭兒로 개명한 고용보는 1333년 원 혜종에게 궁녀를 추천하면서 인생이 달라졌다. 차 수발을 들던 그녀는 성이 기奇씨요, 고려에서 보낸 여자다. 훗날 황후가 되니 바로 기황후다. 기황후가 권세를 잡으니 고용보 또한 막강한 권력가가 되었다.

그 권력은 이 정도였다. 1343년 겨울 원 혜종이 고용보를 보내 고려 충혜왕에게 옷과 술을 내렸다. 충혜왕은 국정을 돌보지 않고 백성을 함부로 한 왕이다. 왕이 마중을 거부했다. 고용보가 "황제께서 언젠가 왕을 불경하다고 하였다"라고 하자 겁에 질린 왕이 백관을 거느리고 마중 나왔다. 황제 일행이 왕을 걷어차고 포박하니 왕이 고용보를 불렀다. 도와줄 줄 알았던 고용보가 왕을 오히려 꾸짖고 말에 싣고 원으로 돌아갔다. 원 혜종이 말했다. "네가 백성을 박해함이 너무 심하여 너의 피로써 천하의 개를 먹인다 하여도 죄를 덮을 수 없다. 그러나 짐은 살생을 즐기지 않으므로 너를 유배하는 것이니 원망하지 말라."(1343년, 『신원사新元史』, 「외국열전 고려」) 왕과 정승들은 고용보를 멀리서 보기만 해도 절을 했고, 뇌물을 받아 금과 비단이 산처럼 쌓여 있었다.(『고려사』, 「환자전宦者傳」)

일개 환관이 한 나라 왕을 꾸짖고 유배까지 보냈다. 꼬락서니가 그 모양이었으니 나라가 굴러갈 리 만무했다. 훗날 『고려사』는 「환자전」이라는 고려 시대 환관들 열전을 따로 뽑아 이들 작태를 기록했다. 환관의 발호와 당대 지배 이념인 불교 세력의 폐해로 고려는 멸망했다. 조선은, 당연히 불교를 억압했고 환관 권한을 대폭 축소했다.

조선의 환관, 내시들

내시와 환관은 다르다. 거세한 남자를 '환관宦官'이라 하고 왕실 최측근 관료를 '내시內侍'라 했다. 고려 중기까지 내시는 왕의 비서관을 뜻했다. 내시부는 젊은 엘리트 관료 집단이었다. 『삼국사기』를 쓴 김부식의 아들 김돈중 또한 내시였다. 환관은 태생이 사내이니 힘은 힘대로 쓰고, 고환을 도려냈으니 궐내 여자들을 함부로 건드리지 못했다. 그래서 왕실 허드렛일은 이 불완전한 사내, 환관이 맡았다. 그런데 환관 가운데 고려 의종(1146~1170) 눈에 든 정함이라는 자가 내시부에 발령 나면서 환관이 내시 업무도 맡게 되었다. 의종은 무신들 수염을 촛불로 태우며 업신여기다 쿠데타로 죽었다. 그럼에도 불구하고 내시 정함은 용하게 살아남았다.

조선 왕조는 내시로부터 이런 막강한 정책 기획 권한을 빼앗았다. 감선監膳(음식 담당), 전명傳命(왕명 출납), 수문守門(문지기), 소제掃除(청소) 같은 허드렛일이 주 업무였다. 그 내시직 충원 인력은 모두 거세당한 남자, 환관이었다. 그래서 조선 시대 내시는 곧 환관이었다. 사람이 아니었다. '옛사람이 이르기를 환관은 사람과 가까

경북 청도 임당리에 있는 내시 가문 운림고택 사랑채 마루와 안채. 사랑채에서는 대문에서 안채로 오가는 사람들을 감시할 수 있는 구조다. 안채는 사방이 건물로 막혀 있다.

이 할 수 없다고 하였나이다(古人云閹不得齊人).'(1453년 11월 18일 『단종실록』)

폭군 연산군과 간신배 김자원

국가 시스템이 비정상이면 난세亂世가 닥친다. 봉건 시대 국가시스템은 곧 지도자, 왕이다. 왕이 비정상일 때 난세다. 조선 제10대 왕 연산군(재위 1494~1506) 때가 그러하였다. 여색과 재화를 밝히고 사람 목숨을 벌레만도 못하게 여기는 왕이었다. 1504년 연산군 10년 7월 16일 하루 일과를 본다.

'조지서造紙署(종이 만드는 부서)를 바삐 철거하라. 군사 100명을 데리고 창의문 밖에 거주하는 사람과 중을 쫓아내라. 처녀와 양인 딸들을 모조리 궁궐로 부르라. 궁성에서 100척 떨어진 곳에 출입금지 표를 세우라. 친히 가서 점검하리라. 도성에 하루쯤 통행금지를 해도 상관없다. 모두 금하라. 경복궁 성 모퉁이로 남산 기슭, 낙산 산등성이까지 인가를 모두 헐고 건너편 산 밖을 (내 재산) 경계로 삼을 것이다. 철거한 뒤 내가 다시 보리라.'(1504년 7월 16일 『연산군일기』)

별장 건축을 위해 세검정 조지서를 철거하라는 명부터 민가 강제 철거까지 국가와 관련된 명은 단 하나도 없었다. 매사가 이 모양이었다. 그리고 닷새 뒤 우찬성(부총리급)과 판서(장관급) 무리를 파견해 왕명 처리 과정을 점검했다.

이들을 동행한 사람이 내시 김자원金子猿이었다. 김자원은 내시 가운데 왕명 출납을 맡은 승전색承傳色이었다. 개인 비서실장이다. 폭군의 최측근이다. 왕이 제사 날짜를 관료들에게 물어오라 하니 심부름 대신 자기가 직접 날짜를 점지해 대답한 사람이 김자원이었다.(1502년 2월 29일 『연산군일기』) 민가에 벼락이 치면 점검한 사람도 김자원이었다.(1504년 7월 22일 『연산군일기』)

김자원이 귀였고 눈이었고 입이었다. 승정원이라는 공식 비서실이 있었지만 연산군은 곧은 소리 해대는 관리들을 언제나 우회했다. '승전 내관 김자원이 명령을 전할 적에 가고 온 말이 많았으나, 승지와 사관史官이 참석하여 듣지 못하였다.'

(1495년 3월 19일 『연산군일기』)

연산군은 김자원을 가선대부(종2품·차관보급)로 승진시키기도 하고 수시로 곤장을 때리며 그 건방짐을 경계하기도 했다. 하지만 '연산군이 이와 같이 사치와 방탕만을 일삼는 동안 국가 정사는 오로지 내시 김자원에게 맡겨져 있었다.'(국사편찬위, 『한국사』,「중종반정과 기묘사화」)

결국 세상 모두 알다시피 연산군은 그가 농락한 세상에 의해 폐위돼 강화도에서 죽었다. 중종반정이다. 연산군은 강화도까지 제사 지내러 가는 게 힘들었던 아내 거창 신씨 요청에 의해 서울 방학동으로 이장됐다. 김자원의 최후는 아무도 모른다. 처형됐다는 기록은 어디에도 없다. 목숨 부지하고 영화를 누리려고 하는 짓거리가 간신 짓이다. 간신배는 목숨을 걸지 않는다.

충직한 내시 김처선

충신은 목숨을 건다. 시스템을 제대로 작동시키기 위해 목숨을 건다. 김자원이 승전색으로 위세를 떨치고 있을 때, 같은 내시부에 늙은 김처선金處善(?~1505)이 있었다. 인생이 파란만장했다.

김처선은 세종 때 환관으로 궁에 들어간 이래 유배와 복직을 거듭했다. 1453년 수양대군이 조카를 내쫓고 권력을 차지한 계유정난을 일으켰을 때, 포항에 유배 중이던 김처선은 김종서 반대파 집단 복직 때 함께 복직했다.

이후 행태가 기이하다. 2년 뒤 김처선은 금성대군과 사육신의 단종 복위 운동에 연루돼 파직돼 노비로 전락했다. 그리고 2년 뒤 세조는 그를 복직시켰다. 공신으로 책록까지 해줬다. 그런데 세조가 거둥하는데 시중을 들지 않고(1464년 6월 27일 『세조실록』), 시녀와 함께 만취해 길에서 뻗어버리는(1465년 9월 3일 『세조실록』) 기행을 보였다. 그런 김처선이 성종 9년 정2품 자헌대부로 승진했다. 지금의 장관이다.(1478년 12월 12일 『성종실록』) 경국대전에 규정된 내시직 최고위는

서울 방학동에 있는 연산군 묘. 연산군은 바른말 하는 늙은 내시 김처선을 잔혹하게 죽였다.

종2품이다. 사관이 '관직이 지나쳤다(官爵則濫矣)'고 할 정도로 파격적이었다.

업무 능력과 인격이 평가받지 않았다면 불가능한 일이었다. 세조 앞에서 보인 추태도 왕을 모시는 데 빈틈없으라 교육받은 내시로서 할 바가 아니니, 불법으로 왕위를 찬탈한 세조가 마음에 들지 않았음이 분명하다. 그의 죽음이 이런 추정에 설득력을 준다.

내시 김처선의 죽음

'입은 화의 문이요 혀는 몸을 베는 칼이다. 입을 닫고 혀를 깊이 간직하면 몸이 편안하여 어디서나 굳건하리라(口是禍之門 舌是斬身刀閉口深藏舌 安身處處牢).' 1504년 3월 13일, 재위 10년차 연산군은 모든 내시들에게 이 글귀를 새긴 나무패를 차게 하였다. 신언패愼言牌라 한다.

서울 도봉구 초안산 등산로 길섶에 있는 승극철 부부 묘. 승극철은 숙종 때 내시다. 내시 또한 아내와, 양자이기는 해도 자식이 있는 가족생활을 영위했다.

천하의 세조를 무시했던 김처선이다. 이미 수차례 연산군에게 직언했다가 곤장을 맞은 노회한 내시였다. 이듬해 4월 1일 실록은 이렇게 기록했다. '환관 김처선을 금중禁中(궁궐)에서 죽였다.'『연려실기술』의「연산조 고사본말」에는 그날 일이 이렇게 기록돼 있다.

'연산주가 어둡고 음란하였으므로 김처선이 매양 간하니, 연산주는 노여움을 쌓아두었다. 임금이 처용處容 놀이를 하며 음란함이 도를 지나쳤다. 김처선은 집안사람에게, "오늘 반드시 죽을 것이다"하고 궁에 들어가서 말했다. "늙은 놈이 임금 네 분을 섬겼지만 전하처럼 행동하는 이는 없었습니다." 연산주가 활을 당겨 쏘아서 갈빗대를 맞혔다. 김처선이 말했다. "대신들도 죽음을 두려워하지 않는데 늙은 내시가 어찌 죽음을 아끼겠습니까. 다만 전하께서 오래도록 보위에 계시지 못할 것이 한스러울 뿐." 연산주는 화살 하나를 더 쏘아 공을 넘어뜨리고 그 다리를 끊고서 일어나 걸으라고 했다. 이에 처선이 "상감은 다리가 부러져도 다닐 수 있습니까"하자, 그 혀를 자르고 배를 갈라 창자를 끄집어내었다. 처선은 죽을 때까지 말을 그치지 아니하였다.'

충신의 죽음이었다. 연산군은 양자 이공선을 죽이고 김처선 가문 재산을 몰수하고 집을 허물어 연못으로 만들고 7촌까지 친족을 멸하고 부모 묘까지 파괴했다. 김처선의 본관 전의全義를 없애버리고 이름에 있는 '處(처)' 자를 말하지 못하게 하였다. 절기 처서處暑를 조서徂暑로, 처용무를 풍두무豊頭舞로 바꾸었으며 국가 문서에도 처處 자 사용을 금했다. 같은 이름을 가진 자들은 강제로 개명시켰다. 김처선을 배를 갈라 죽인 1505년 4월 1일부터 1506년 3월 13일까지 17일 모자라는 1년 동안 폭군이 벌인 일이다. 왕위를 이어받은 중종은 김처선을 삼강행실 교과서에 싣자는 요청에 "술 취해 한 짓거리"라며 결재를 거부했다.(1512년 12월 4일『중종실록』) 권력자는 그 누가 됐든, 바른말 하는 자를 싫어하게 돼 있다.

재평가는 246년이 걸렸다. '김처선은 호랑이의 굴에 던졌으나 호랑이가 잡아

먹지 않자 이에 결박하여 살해했다. 그 충렬忠烈이 늠연凜然하였다.'(1751년 2월 3일『영조실록』)

청도 고택의 비밀

조선 왕조 내시들은 서울 도봉구와 노원구 사이 초안산 기슭에 묻혔다. 그래서 내시산, 내시네 산이라고도 한다. 축구장 위편 등산로 변에 무덤이 둘 있다. 비석에는 '통훈대부행내시부상세승공극철양위지묘(通訓大夫行內侍府尙洗承公克哲兩位之墓)'라고 적혀 있다. 직급은 정3품 통훈대부이지만 정6품 상세 보직에 있었던 사람이다. 승극철은 숙종 때 내시다.

등산객 누군가가 상석 앞에 사탕을 올려놓았다. 양자도 들이고 아내도 맞아 가정을 꾸렸으나 무덤들은 대개 버림받았고 잊혔다. 등산로 주변은 버려진 비석,

운림고택 안채로 드나드는 사람을 감시할 수 있는 구멍. 딱 눈높이에 뚫려 있다.

깨진 비석 천지다.

경상북도 청도 임당리에는 운림고택雲林古宅이 있다. 조선 말 내시 김일준 가문 고택이다. 1988년 청도 고택 점검 과정 중 이 집 사당 마루 밑에서 폭 7cm에 길이 70cm짜리 두루마리가 나왔다. '內侍府僉知金秉翼家世係(내시부 첨지 김병익 가세계)'였다. 임진왜란 직전 청도에 들어온 내시 가문 족보였다. 성이 제각기 다른 양자들 이름과 이들이 묻힌 곳이 적혀 있었다.

그제야 사람들은 알게 되었다. 왜 사랑채가 저리 크고, 왜 대문에서 안채까지 아녀자들이 들락거리는 모습을 사랑채에서 확연하게 볼 수 있게 집들이 배치돼 있는지 알게 되었다. 왜 안채 입구에 중사랑채가 있고 중사랑채 담벽에 눈높이로 구멍 3개가 뚫려 있는지 알게 되었다. 사내 노릇 하지 못하는 내시, 그 초조함과 무력함이 이 집 구조에 너무나도 적나라하게 반영돼 있는 것이다. 1908년 대한제국 시대 내시제가 폐지됐다. 서글픈 사내의 삶, 간신의 삶, 충직한 그들의 삶도 폐지됐다. 땅의 역사

02 뒷문으로 다닐지언정 더러운 꼴은 보지 않겠노라

성주 북비공 이석문과 사도세자 뒤주에 갇히던 날

1762년 여름, 창덕궁

실록에 따르면 아비 눈 밖에 난 사도세자는 보름 동안 아버지 영조 부름을 기다렸다. 1762년 음력 5월 23일부터 윤5월 13일까지다. 그동안 밥을 먹었다는 기록도 없고 물을 마셨다는 기록도 없다. 첫날은 밤을 새고 방으로 돌아갔으나, 이후에는 창덕궁 시민당 뜰에 앉아 영조에게 용서를 빌었다. 두 번 아비에게 뵙기를 청했지만, 영조는 거절했다. 대신 세자를 사칭하며 밤에 부녀자를 겁탈하고 다녔던 사내 둘에 대해 처벌을 명하고, 삼남에 들이닥친 가뭄에 기우제용 향香을 내렸을 뿐이다.

보름 만인 윤5월 13일 풍경은 이러했다.

'임금이 창덕궁에 나아가 세자를 폐하여 서인庶人을 삼고 안에다 엄히 가두었다(上幸昌德宮 廢世子爲庶人 自內嚴囚).'(1762년 윤5월 13일 『영조실록』)

왕족 지위를 박탈한 뒤 어딘가에 집어넣었다는 뜻이다. 후세 사람들은 이를 뒤

경북 성주 한개마을 북비공 고택에 있는 북비(北扉). 대문 앞에 사는 노론 집안과 상종하지 않기 위해 북쪽 담장을 허물어 싸리문을 만들었다.

주라고도 했고 작은 방이라고도 했다. 사도세자의 아내 혜경궁 홍씨가 쓴『한중록閑中錄』에는 뒤주라고 기록돼 있다.

15일간 식음 전폐한 스물일곱 청년을 한여름 끓어오르는 돌바닥 위 뒤주 속에 가뒀다. 8일 만에 죽었다. 더위에 쪄 죽었다. 미필적 고의가 아니라 의도적인 살인이다. 실록 기록은 여기까지다. 영조가 "세자를 폐하였는데, 어찌 사관史官이 있겠는가?"라며 사관을 물리친 탓이다. 뒤주에 가둔 후 영조가 명을 내렸는데, 이 명 내용이 끔찍했던지 '사관은 꺼려하여 감히 쓰지 못하였다(史官諱而不敢書).'(같은 날『영조실록』)

8일 뒤 세자가 죽고, 죽음 직후 신분은 왕족으로 회복되고 그 아들이 영조에 이어 왕위에 오르니 그가 정조며, 정조가 아비를 잊지 못해 수원에 왕릉을 만들었네, 그런 이야기가 뒤를 잇는다.

그런데 더 구체적인 묘사가 다른 기록에 남아 있다. 구한말 위정척사파 독립운동가 이승희(1847~1916) 문집 『한계유고韓溪遺稿』에 나온다. 이러하다.

호위 무사의 항명

그때 세자의 호위 무사가 "부자父子가 서로 영결하는데 어찌 군명君命을 기다리리오"하고는 세손을 등에 업고 들어갔다. 진노한 영조가 즉시 나가라 명했다. 그는 눈물을 흘리며 감히 물러나지 않았다. 이윽고 세자가 큰 궤 속에 들어갔다. 이에 영조가 그에게 큰 돌을 위에 올려놓으라 명했다. 무사가 머리를 조아리며 울었다. "죽더라도 감히 못 하겠나이다." 임금이 거듭 다그쳤으나 앞으로 나아가지 않

사도세자 호위 무사인 북비공 이석문 고택

으니, 영조가 급히 끌어내리도록 명했다(英廟呼公擧一大石加諸上 公叩頭泣曰 臣死不敢奉命 屢命不前 英廟遽命曳出).

호위 무사 이름은 이석문(1713~1773)이다. 호는 돈재遯齋이고 성산 이씨다. 기록에 따르면 이석문은 이튿날 곤장 50대를 맞고 파직됐다. 나이 마흔아홉 먹은 이석문은 관직에 썼던 모든 도구를 버리고(盡散宦具) 벗들과 소리 내 울며 작별한 뒤 낙향해 도연명의 「귀거래사歸去來辭」를 벽에 적어놓고 문을 닫아걸었다.(이승훈, 『한계유고』, 「돈재부군 행장」)

한계 이승희는 돈재 이석문의 후손이니 기록에 크고 작은 과장은 없을 리 없겠다. 하지만 여러 다른 기록에도 비슷한 일이 적혀 있으니 사도세자를 지키는 무관 가운데 심지 곧고 대나무처럼 강직한 사내가 있었음은 틀림이 없다.

정치적 죽음과 남인 이석문

예나 지금이나 문제는 정치다. 사도세자가 엽기적으로 죽게 된 연유도 정치적이다. 세자가 스무 살인 1755년 전라도 나주에 '간신들이 조정에 가득해 백성이 도탄에 빠졌다'는 대자보가 붙었다. 간신은 여당인 노론이요, 대자보를 붙인 이는 소론이었다. 세자는 엄벌을 주장하는 노론을 배척하고, 이후 웬만한 노론 주장은 모조리 반대했다.

여야를 두루 쓰겠다는 영조였지만, 결국 그가 이리 짜증을 낸다. "지금 치우친 논의 때문에 애비 당(父黨), 아들 당(子黨)이 생겼으니 조정 신하가 모두 역적이다(今日朝臣之偏論 反爲父黨子黨也 然則朝臣皆是逆也)."(1762년 윤5월 6일 『영조실록』)

짜증 보름 만에 영조는 세자를 뒤주에 가둬버렸고, 이에 노론 소속인 '조정 신하'들은 적극적으로 말리지 않고 그저 궁궐 문밖에서 울기만 하였다(哭於門外).(『한계유고』, 「돈재부군 행장」)

그때 제2야당쯤 되는 남인 집안에서 태어나 남인 학풍을 익히고 남인 습속대로 살고 남인 철학으로 사유하던 이석문이, 그 꼴을 보지 못하고 세자를 옹호하다가 곤장을 맞고 낙향해버린 것이다. 신산한 몸을 끌고 돌아간 고향이 경상북도 성주 한개마을이다.

성산 이씨 집성촌 한개마을

영남은 남인 땅이다. 임진왜란 전 기축옥사로 실각한 남인들이 낙향해 권력을 비판하며 날을 세웠던 땅이다.(1권 1장〈12. 불운한 혁명가 정여립과 혁명의 산, 진안 마이산〉 참조) 이석문 또한 남인이었다. 과거에 급제했으되 한직을 전전하는 그를 노론 측이 설득했다. "시의時議를 따르면 출세길을 보장하리라." 대답은 이러했다. "나는 영남에 사는 탓에 시의를 알지 못한다." 그 고집이 시의를 이겼다. 고집은 결국 곤장 50대로 이끌고 그를 낙향하게 만들었다.

이석문이 사는 한개마을은 대포리大浦里라고도 했다. 큰(한) 나루(개) 마을이라는 뜻이다. 성산 이씨 집성촌이다. 지금도 옛 모습이 남아서 돌담길은 등록문화재 261호로, 마을 전체는 중요민속자료 255호로 지정돼 있다. 마을 앞은 들판이 넉넉하다. 뒷산은 그윽하다.

북으로 문을 내니, 북비공(北扉公)

그런데 한개마을에는 남인과 노론이 공존했다. 같은 문중이라도 이념이 달랐고, 이념이 다르면 동문이라도 왕래가 없었다. 이석문이 살던 집 앞에 담장을 사이에 두고 사촌 이석구가 살았다. 노론이었다. 그런데 그 집을 수시로 찾아오는 노론들이 부채로 얼굴을 가리며 대문 앞을 지나치는 것이었다.

하여 이석문은 그쪽 문을 뜯어 버리고 북쪽 담장에 싸리문(扉)을 열었다. "시류에 아첨하는 무리와 접하기 싫다"고 했다. 그리고 이 대문을 향해 절하며 사도세자를 기렸으니, '지금까지 그를 이름이나 호로 부르지 않고 모두 북비공北扉公, 북비공이라 한다(至今人稱公不名 且不號 而輒曰北扉公北扉公云).'(이남규(1855~1907), 『수당유집修堂遺集』) 혈연을 내칠 정도이니 언뜻 보면 냉혹한 정치가로 읽을 수도 있고, 권력 찾아 몰려다니는 정치꾼에 대한 냉소로도 읽을 수 있겠다. 이석문은 「귀거래사」 옆에 '無愧心(무괴심)'이라 적어놓았다. 부끄러움 없이 살라는 뜻이다.

한개마을 사람들

이석문의 증손에 이원조(1792~1871)가 있다. 호는 응와凝窩라 한다. 응와 이원조는 천재였다. 열일곱 살에 서울로 올라가 과거에 붙으니, 영남 시골에서 온 아이의 소년등과를 모두 놀라워했다. 등과 2년 뒤 순조 임금이 묻는다. "네가 스스로 지은 글인가?" 과거 시험장 자리 잡아주는 놈, 글 지어 주는 놈, 글씨 써 주는 놈 모두 따로 부리며 시험 보는 졸렬한 당시 세태를 잘 알고 있기에 묻는 말이었다. 놀라움은 거기까지였다. 시골 촌놈에, 남인이었으니까.

남인이라는 이유로 셀 수 없는 한직을 맡으며 벼슬 생활을 한 이원조는 학문으로 방향을 틀었다. 그가 후손에게 남긴 말은 '讀書種子(독서종자)'였다. 글 읽는 씨앗이 되거라. 시류를 좇아 살면 끝없이 방황하니, 진리에서 답을 찾으라는 말이다.

그래도 인간이었는지라, 은퇴 후 만년에 조정에서 열린 신년하례식에서 새해 포부를 누가 묻자 이리 말한다. "올해에는 나도 노론이 한번 되어봤으면 좋겠소." 이원조의 학풍은 조카 한주 이진상(1818~1886)으로 이어져 영남 유학을 대표하는 한주학파의 뿌리가 되었다.

21세기, 한개마을

이석문이 대문까지 옮기며 쳐다보지도 않았던 앞집에는 이원조의 10촌 이원규

북비공 고택 서실인 독서종자실. 성리학 한주학파의 비조인 이석문 증손 응와 이원조의 방이다. 책이 만물의 근원이라는 뜻이다.

가 살았다. 역시 노론이었다. 이원규가 죽던 날, 아내 순천 박씨에게 이리 유언을 했다. "後家三子(후가삼자)." "뒷집 셋째 아들을 양자로 삼으라"는 뜻이다. 아내는 남편 염을 하기도 전에 담장을 넘어 응와의 집에 석고대죄를 하며 양자를 청했다. 그리하여 이원조의 셋째 아들 구상이 그 집 양자로 가고, 두 집은 화해를 했다.

이석문이 만든 싸리문은 그대로 남아 있다. 증손 이원조가 살던 집도 남아 있다. 이원조가 사랑했던 조카네 한주 종택도 남아 있다.

21세기 한개마을 방문객에 남인과 노론은 없다. 그냥 대한민국 사람이다. 그런데 오는 사람들 저마다 자기네 가문을 이야기한다. 그러면 북비 이석문과 응와 이원조가 살았던 그 집, 응와고택을 지키는 북비공 8대손 이수학(2018년 여든 살이다)이 이리 말하곤 한다. "머리에 든 지식 많다고 양반이 아니고 무식하다고 상놈이 아니다. 할아버지를 들먹이며 자기네가 양반이라고 하는데, 정치를 잘한다고 하여, 권력을 오래 잡았다고 하여 양반이 아니다. 염치와 도리를 지키고 할 바를 하면 그게 바로 양반이다." 입 발린 수사修辭를 신념이라 하고, 낡은 족보에 적힌 조상 덕을 자기 것인 양 떠드는 21세기 양반들은 고개 숙여 북쪽으로 난 싸리문을 들어가 볼 일이다. [땅의 역사]

옛 모습이 남아 있는 성주 한개마을

03 그래, 내가 나라 도둑 김옥균을 죽였다

혁명가 김옥균을 암살한 지식인 홍종우

홍종우가 김옥균을 죽인 뒤 프랑스『르 몽드』지에 실린 기사. '정치적 암살범 홍종우'라고 돼 있다.

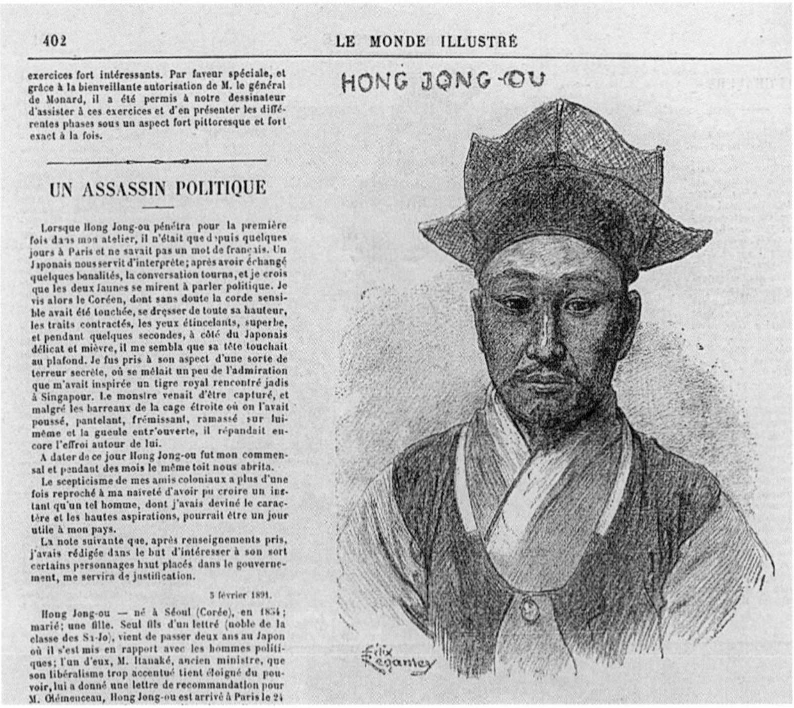

402 LE MONDE ILLUSTRÉ

exercices fort intéressants. Par faveur spéciale, et grâce à la bienveillante autorisation de M. le général de Monard, il a été permis à notre dessinateur d'assister à ces exercices et d'en présenter les différentes phases sous un aspect fort pittoresque et fort exact à la fois.

UN ASSASSIN POLITIQUE

Lorsque Hong Jong-ou pénétra pour la première fois dans mon atelier, il n'était que depuis quelques jours à Paris et ne savait pas un mot de français. Un Japonais nous servit d'interprète; après avoir échangé quelques banalités, la conversation tourna, et je crois que les deux Jaunes se mirent à parler politique. Je vis alors le Coréen, dont sans doute la corde sensible avait été touchée, se dresser de toute sa hauteur, les traits contractés, les yeux étincelants, superbe, et pendant quelques secondes, à côté du Japonais délicat et mièvre, il me sembla que sa tête touchait au plafond. Je fus pris à son aspect d'une sorte de terreur secrète, où se mêlait un peu de l'admiration que m'avait inspirée un tigre royal rencontré jadis à Singapour. Le monstre venait d'être capturé, et malgré les barreaux de la cage étroite où on l'avait poussé, pantelant, frémissant, ramassé sur lui-même et la gueule entr'ouverte, il répandait encore l'effroi autour de lui.

A dater de ce jour Hong Jong-ou fut mon commensal et pendant des mois le même toit nous abrita.

Le scepticisme de mes amis coloniaux a plus d'une fois reproché à ma naïveté d'avoir pu croire un instant qu'un tel homme, dont j'avais deviné le caractère et les hautes aspirations, pourrait être un jour utile à mon pays.

La note suivante que, après renseignements pris, j'avais rédigée dans le but d'intéresser à son sort certains personnages haut placés dans le gouvernement, me servira de justification.

5 février 1891.

Hong Jong-ou — né à Séoul (Corée), en 1854; marié; une fille. Seul fils d'un lettré (noble de la classe des Sa-Jo), vient de passer deux ans au Japon où il s'est mis en rapport avec les hommes politiques; l'un d'eux, M. Itanaké, ancien ministre, que son libéralisme trop accentué tient éloigné du pouvoir, lui a donné une lettre de recommandation pour M. Clémenceau, Hong Jong-ou est arrivé à Paris le 24

HONG JONG-OU

Félix Régamey

1893년 7월 22일 프랑스 파리에 살고 있던 조선 사내가 친구와 작별했다. 친구인 동양학자 펠릭스 레가메Félix Régamey가 그에게 물었다. "프랑스에서 뭐가 좋았어요?" "마르세유에서 본 말들입니다. 아주 커 보이더군요." "나쁜 것은?" "이기주의요." 이 말을 남기고 사내가 탄 차는 길모퉁이를 돌아갔다. 그는 입에 담배를 물고 잿빛 긴 옷을 입은 채 똑바로 앉아 뒤돌아보지도 않고 조선으로 떠났다.(국사편찬위, 『한불관계자료』·펠릭스 레가메, 「어떤 정치적 자객(1894)」)

조선 사내는 3년 5개월 체류 기간 내내 상투를 틀고 한복을 입고 다닌 민족주의자였다. 『춘향전』과 『심청전』을 최초로 프랑스어로 번역해 유럽에 소개한 사람이었다. 파리 지식인들과 역사와 철학을 토론하던 지식인이었다.

8개월이 지난 1894년 3월 28일 사내는 중국 상해에 나타났다. 묵고 있던 호텔 옆방에 권총을 들고 들어가 실패한 혁명가 김옥균에게 권총 세 발을 쏘았다. 그리고 그가 말했다. "국적國賊을 죽였다." 홍종우洪鍾宇. '수구파 사주를 받은 암살범'으로 우리들이 기억하고 있는 한 지식인 이야기.

"민중이 무지하여" 삼일천하

나라 꼴은 엉망진창이었고 기성 정치가들에게 개혁 의지는 보이지 않았다. 그래서 박영효가 훗날 회고했다.

'나는 21세 청년이요 서광범은 한 살 많고 김옥균은 10년 위였다. 항상 합심 동력하여 시기가 오기를 기다렸더니 마침 그 다음해(1882년) 일본에 사절을 보내게 되었으므로 우리는 좋은 기회가 왔다 하여 자원하였다. 일본은 메이지 유신 이후 대개혁을 단행하던 때라 국운은 날로 융성하여 가는 판이었다. 3개월을 머무르는 동안 이 성황을 보니 부럽기 천만이라. "우리나라는 언제나…"하는 초급한 마음이 일어나는 동시에 개혁의 웅심을 참으려 하여도 참을 수가 없었다. 훗날 개혁의 헛된 희생만 되고 만 것도 이 충동으로 인하여 빚어진 일이다.'(『신민新民』 1926년 6월 순종 인산 기념 특집호, 「순종실기」)

'참으려 하여도 참을 수가 없던' 청년들이 벌인 사건이 갑신정변이었다. 준비가 없는 쿠데타였다. 그래서 '여론도 없고 정당이 없고 병력이 없기에 나라를 어지럽히는 신하를 주륙하는 비상수단을 썼다.'(박영효, 「순종실기」) 박영효의 혁명 동지였던 서재필은 이렇게 말했다. '제일 큰 패인은 그 계획에 까닭도 모르고 반대하는 일반 민중의 무지몰각無知沒覺이었다.'(1935년 1월 2일 『동아일보』·서재필, 「회고 갑신정변」)

박영효 회고는 객관적이다. 서재필은 계몽적이고 오만하다. 옳은 일을 하는데 무지몽매한 사람들이 몰라줘서 실패했다는 것이다. 갑신정변이 사흘 만에 실패한 이유는 여기에 있다. 어찌되었든, 성공하면 혁명이요 실패하면 반란이다. 반란 패적들은 처형당하거나 망명을 떠났다. 일본으로 간 박영효와 김옥균은 암살 위협에 시달렸다. 박영효는 귀국해 친일파로 변신했다. 김옥균은 암살됐다. 홍종우가 죽였다.

첫 프랑스 유학생 홍종우

조선을 프랑스에 처음 소개한 조선인은 1890년 프랑스로 떠난 유학생 홍종우였다.(이경해, 「파리외방전교회와 조선의 만남」, 2011년)

홍종우는 1850년 음력 11월 17일 생이다. 세도 정치의 권세를 누린 남양 홍씨 남양군 파다. 경기도 안산이 고향이지만 홍종우 가족은 땅끝 전남 완도 고금도에 살았다.(황현, 『매천야록』) 아버지가 관직을 했다는 기록은 없다. 빈한한 가문이라는 뜻이다. 젊은 시절 기록은 없다. 홍종우는 서른여섯 살이 되던 1886년 3월

조선 최초의 프랑스 유학생이자 암살범, 홍종우(오른쪽). 충남 아산에 있는 개화파 지식인 김옥균의 허묘(아래)

어머니 경주 김씨가 죽자 프랑스로 떠날 계획을 세웠다. 2년 뒤 도쿄에 도착한 홍종우는 2년 동안 프랑스행 여비를 벌었다. 오사카에서는 아사히신문사 식자공으로 일했고 규슈에서는 휘호를 팔아 돈을 벌기도 했다.

그리고 1890년 요코하마에서 배를 타고 파리로 갔다. 파리에서 만난 화가이자 동양학자 펠릭스 레가메는 그를 이렇게 평했다. '홍종우는 커다란 호랑이가 나에게 주었던 감탄이 섞여 있는 비밀스러운 공포를 주었다. 그는 자국 이익을 위해 유럽 문명을 이해하기를 갈망했다. 러시아와 미국에 흩어져 있는 젊은 동지들과 함께 기획을 했다. 조선을 압박하는 중국, 일본과 러시아로부터의 완전한 독립, 그리고 세계로부터 조선을 격리하는 장벽의 철폐다.'(펠릭스 레가메, 「어떤 정치적 자객」) 근대 유럽을 배워 나라를 고치겠다는 열정이 호랑이처럼 불타는 사내였다.

레가메 소개로 홍종우는 파리 사교계에 데뷔했다. '조선 상황은 위태롭다. 유럽 문명 수용만이 구제될 수 있는 길이다. 일본에서 정치를 깊이 연구했다. 그런 믿음을 확인시켜줬다.'(1891년 2월 「여행자 모임 연설」 중) 늘 한복을 입고 정자관을 쓰고 고종과 흥선대원군 사진을 품고 다니는 이 기이한 사내는 사람들에게 틈만 나면 그렇게 말하곤 했다.

홍종우는 동양학이 전문인 기메박물관에 일자리를 얻었다. 외국인 조력자(collaborateur étranger) 신분으로 한국어와 일본어, 중국어 자료를 번역했다. 기메박물관 한국관 설립도 그가 간여했다. 그 과정에서 『춘향전』을 번역하고 『심청전』을 프랑스 학자와 공동 번역했다. 조선 문학이 유럽에 최초로 소개된 사례였다. 『봄날의 향기(Printemps Parfumé)』로 번역된 『춘향전』은 1936년 러시아 발레 안무가 미하일 포킨이 「사랑의 시련(L'Epreuve d'Amour)」이라는 제목의 발레극으로 각색했다. 『춘향전』과 『심청전』을 합친 소설 『고춘목枯春木(Le bois sec réfleuri)』, 조선 점성술 서적 『점성과 운수에 관한 안내서』도 썼다.(국사편찬위원회, 『재외동포사

총서 2』,「해방 이전 한불간 교류」)

1893년 7월 홍종우가 귀국했다. 『르 피가로(Le Figaro)』가 그에 대해 쓴 평가는 '헌신적이고 숭고한 영혼의 애국주의자'였다. 기메박물관 한국관 설립은 무기 연기됐다.(신상철,「19세기 프랑스 박물관에서의 한국미술 전시 역사」, 2013년) 그가 마지막으로 남긴 말은 '(프랑스는) 이기주의요'였다. 그런 그가 암살자가 된 것이다.

암살범 홍종우

홍종우가 개혁을 꿈꾸며 유학을 다녀온 직후였다. 귀국길에 체류한 도쿄에서 박영효 암살 미수범 이일직을 만나 김옥균 제거 계획에 동참한 것이다.(조재곤, 한국민족문화대백과) 그가 직접 말한 이유는 세 가지였다. 죄 없는 사람을 많이 죽였고 왕을 선동해 나라를 혼란에 빠뜨렸으며 외국 군대를 끌고 궁중에 들어갔다.(『일본외교문서 27권』·조재곤,『그래서 나는 김옥균을 쏘았다』 재인용)

김옥균 시신과 함께 그가 돌아오자 갑신정변 희생자 가족들이 여러 번 잔치에 그를 초대했다. 그는 거듭 거절하며 이리 말했다. "결코 여러 개인의 적을 토멸한 게 아니라 동양 전국의 어려운 단계를 헤쳐나갈 수 없게 할 우려가 있기에 죽였습니다."(『일본외교문서 5권』·조재곤,『그래서 나는 김옥균을 쏘았다』 재인용) 양화진에서 부관참시에 능지처참된 뒤 효수된 김옥균 목에 걸린 '대역죄인' 글씨도 홍종우가 썼다고 전한다.

김옥균 암살 석 달 뒤 청일전쟁이 터졌다. 동학혁명이 벌어지고, 이를 진압하기 위해 청나라에 원병을 청한 사람은 민영준이다. 훗날 민영휘로 이름을 바꾸고 친일파가 된 자다. 그에게 홍종우가 찾아가 조용히 말했다. "이번에 대감께서 청국에 원병을 청하신 것은 큰 실수입니다. 청군이 남하하면 몹시 피폐해질 것입니다. 또한 일본이 이 기회를 타서 군대를 내보낸다면 국가의 안위가 달릴 것이니, 장래 일을 미리 내다볼 수가 없을 것입니다.' 민씨는 얼굴빛이 잿빛으로 변해 단

제주 용담동 용연 절벽에 남은 홍종우의 흔적. 바위 너머 '洪' 자가 보인다.

지 '그래, 그래'라고만 했다고 한다.(1894년 6월 12일, 『주한일본공사관 기록 1권』, 「일청 양국군 내방에 따른 국내외 탐정 보고」) 아무리 보아도 출세욕과 공명심에 눈이 멀어 살인을 저지를 이는 아닌 듯하다.

보수적 개혁, 개혁적 보수

홍종우는 1895년 4월 21일 과거시험에 응시해 진사에 급제했다. 사람들은 홍종우를 중용하기 위해 만든 시험이라고 수군대며 이를 종우과鍾宇科라 불렀다.(황현, 『매천야록』) 이후 그는 대한제국 시대에 11회나 상소를 올려 자주적 근대화를 추진했다. 외세 의존 없는 근대화가 그가 꿈꾸는 이상이었다. 일본으로 무제한적으로 수출되는 쌀을 금지해야 한다는 방곡령을 주장한 사람도 홍종우였고, 일본

통화가 자유롭게 유통되는 상황을 비판하며 외국환 금지령을 주장한 사람도 홍종우였다. 홍종우는 1898년 독일 자본 세창양행이 조선 금광 채굴권을 가져가려 하자 종로에서 대중 연설을 통해 이를 강력하게 비난했다. 그때 홍종우는 대한제국 농상공부 광산국장이었다. 이듬해 홍종우는 홍삼에 대한 국가 관리권을 주도해 삼정사蔘政社를 설립했다. 최초의 인삼 전매기관이다.

홍종우가 주장하거나 실시한 이 같은 정책은 근대적 개혁을 주장하는 독립협회 방향과 끊임없이 부딪혔다. 결국 홍종우가 주도한 황국협회는 1899년 11월 독립협회가 주관한 만민공동회에 테러를 가했다. 외세를 배격하자는 홍종우 세력은 일본이라는 외세를 통해 개혁을 주장한 문명개화론 세력에 힘을 잃어갔다. 쉽게 말해서, 황실皇室 근위 세력의 시대가 저물고 신식 세력이 권력을 잡게 된 것이다. 김옥균 암살범이라는 폭력적 이미지와 맞물려 홍종우는 다시 부정적 인물로 전락해갔다. 김윤식과 이승만은 그를 황국협회 회장으로 기억했다.(조재곤, 『그래서 나는 김옥균을 쏘았다』)

그 후

1899년 독립협회와 관련된 사건으로 이승만이 체포됐다. 반란 및 탈옥 혐의로 태笞 100대와 무기징역이 선고됐다. '공판 후 형집행장에 판사가 들어왔다 나갔다. 간수가 몽둥이를 들었다 놨다 했는데 내 몸에는 아무 상처가 나지 않았다.'(이승만, 『청년 이승만 자서전』· 조재곤, 『그래서 나는 김옥균을 쏘았다』 재인용) 그때 재판장이 홍종우였다. 이승만은 '정적政敵 홍종우가 내 생명을 구해주기로 했다는 말을 퍽 후에 들었다'고 했다.

1903년 홍종우는 제주 목사로 좌천됐다. 제주 주민을 상대로 폭력을 휘두르던 프랑스계 가톨릭 집단에 항거한 이재수의 난을 무마했다. 지금 제주도에 있는 황사평黃沙平 가톨릭 성지는 그때 홍종우가 천주교도 매장지로 마련해준 땅이다. 홍

용연 절벽에 새겨진 '洪鍾宇'. 제주 목사를 끝으로 홍종우는 사라졌다.

종우는 제주에서 좋은 경치를 돌아다니며 이름을 새겨 넣었다. 용담동 용연 절벽에 있는 그의 이름 석 자도 그중 하나다. 천지연폭포, 산방굴사, 방선문 계곡에도 이름이 남아 있다.

이후 홍종우의 행적은 완전히 끊겼다. 2003년판 남양 홍씨 남양군 파 세보에 따르면 그는 1913년 1월 2일 죽었다. 아들 둘과 출가한 딸이 둘 있었다. 묘는 경기도 고양 아현리에 썼다. 지금 서울 만리동이다. 만리동 공동묘지는 일제 때 사라졌다. 그 묘도 사라졌다. 흔적은 여기까지다.

04 파락호 핏줄 속에는 선비의 기개가 흘렀다

파락호 김용환과 학봉 김성일 종택이 있는 안동

학봉 김성일을 모셨던 호계서원 터. 임진왜란 직전 김성일은 일본이 전쟁을 일으킬 가능성이 없다고 보고해 논란을 일으켰다. 전쟁이 터지자 김성일은 진주성 전투에서 죽었다.

안동, 선비의 나라

"안동이란?"이라는 질문에 대해 "선비의 고장" 운운하는 대답은 상투적이기까지 하다. 지난 세기까지 젊은 외지인 남녀가 손잡고 걸어도 호통을 받곤 하던 그런 도시였다. 도산서원과 하회마을로 대표되는 꽉 막힌 도시였다. 그럼에도 안동은 선비의 땅이다.

선비 정신은 무엇인가. 살신성인殺身成仁이다. 나라 혹은 사회 혹은 공동체를 위하여 목숨을 걸 수 있는 정신이다. 양반과 다르고 사대부와 다른, 삶에 대한 철학적인 개념이다. 퇴계 이황? 서애 류성룡? 학봉 김성일? 교과서에 나오는 400년, 500년 전 암기용 이름이 아니다. 망가지고 무너진 대한민국에 가장 필요한 덕목

을 알려주는 교사들이다. 의리고 도덕이고 정치고 진흙탕에 떨어진 이 시대, 경북 안동에서 선비들을 만나본다.

조정의 호랑이 김성일

동인과 서인이 피비린내 나게 대립하던 1590년 3월 5일 서인 황윤길과 동인 김성일은 조선통신사로 왜倭를 향해 떠났다. 1년 뒤 돌아온 황윤길은 "반드시 일본이 침략해온다"고 보고했고 김성일은 "그런 조짐을 전혀 보지 못하였다"고 보고했다. 이듬해 임진왜란이 터졌다. 훗날 류성룡은 『징비록懲毖錄』에서 "김성일이 민심 동요를 우려하여 그리 답하였다"고 변호했으나 학봉 김성일의 후손들은 400년이 지난 지금까지도 속앓이를 할 수밖에 없었다.

이미 김성일은 여러 차례 미운털이 박혀 있었다. 선조 앞에서 "신하의 간청을 거부하는 폐단이 있으니 왕께서는 걸왕桀王, 주왕紂王 같은 폭군이 될 수도 있다"고 주장하기도 했고(별명이 '조정의 호랑이', 전상호殿上虎였다), 그때만 해도 금기禁忌 중의 금기였던 단종 임금 복위를 주장하는 앞뒤 가리지 않는 상소를 올리기도 했다. 게다가 1623년 인조반정 이후 동인 당은 박멸되고 400년 가까이 제대로 된 정권 교체 한 번 없이 서인과 노론이 집권하니 동인 김성일의 복권은 꿈꿀 수 없었었다.

그럼에도 김성일은 임진왜란 발발 이틀 전 경상우도 병마절도사로 임명돼 패전한 고을들을 되찾았고 이후 좌도 관찰사로 임명돼 진주성 싸움에서 승리를 거두니, 이 전투가 진주대첩이다. 김성일은 그 진주에서 전염병이 옮아 죽었다. 그가 죽고 87년 뒤인 1679년 숙종 때 문충공이라는 시호를 받고 안동 유림과 문중에서는 그를 '자손이 끊길 때까지 사당에서 위패를 치우지 않는' 불천위不遷位로 제사를 지낸다. 종택은 안동 금계마을에 있다.

김성일의 15대손 김종길金鍾吉이 말했다. 김종길은 2018년 현재 78세다. "전쟁

때 호남 의병장 고경명이 '학봉 댁에 가면 거둬줄 것'라며 자식 하나를 우리 집에 보냈다. 그리고 400년 뒤 내가 종손이 된 뒤 고경명 선생 13대손이 우리 집을 찾아왔다. 덕분에 가문이 이어졌다고." 종택 정원에는 그 후손이 심은 나무가 서 있다.

병호시비(屛虎是非)

조선 중기 위대한 철학자 퇴계 이황은 숱한 제자를 길렀다. 그 가운데 돋보이는 인물이 류성룡과 김성일이다. 서로가 퇴계의 적통이라 주장한다. 그 주장이 400년을 넘기는 분쟁을 낳았다. 병호시비屛虎是非라 한다.

1573년 퇴계의 제자들이 안동에 호계서원을 짓고 이황 신위를 모셨다. 그리고 1625년 학봉 김성일과 서애 류성룡을 추가로 모시면서 서열을 두고 다툼이 생겼다. 벼슬은 류성룡이, 나이는 김성일이 위다. 서애 측이 승리했다. 1805년 서울 성균관에 있는 문묘에 영남 선비를 추가로 모시자는 논의가 벌어졌다. 청원문을 쓰는데, "학봉과 서애를 추가해달라"와 "서애와 학봉을 추가해달라"라는 문구를 놓고 또 싸움이 벌어졌다. 석 달 싸움 끝에 정부는 아예 청원을 기각해버렸다. 그러자 서애 측은 호계서원에 모셔져 있던 류성룡의 위패를 병산서원으로 가져가버렸다. 학봉 측은 위패를 그대로 존치했다.

훗날 영남 유림들 힘이 필요했던 흥선대원군이 두 문중을 타협시키려 했지만 무산됐다. 분기탱천한 대원군은 호계서원을 없애버렸다. 서원 측은 퇴계와 학봉 위패를 뒷산에 묻었다.

서애와 학봉 문중은 통혼도 하지 않는 서먹한 사이로 400년을 살았다. 일제 강점기 호계서원이 복원됐지만 소용없었다. 그리고 2013년 경북도지사가 중재해 두 세력은 장장 2m짜리 합의문을 작성하고 호계서원 또한 새로 복원해 세 선비 위패를 함께 모시기로 결정했다. 호계서원 설립 이후 388년 만이다. 여전히 두 문중은 서로가 적통이라 주장하고 있으니, 언제 또 시비가 재연될지 알 턱이 없다.

노름꾼으로 가장해 살면서 전 재산을 독립자금으로 쓴 김용환의 집, 학봉종택

그 사이에 호계서원은 안동댐이 건설되면서 언덕 위로 이건됐다. 이건됐던 서원은 문 하나 남고 철거돼 다른 곳에 복설 중이다. 선비 정신이 자존심과 세력 싸움으로 엇나가 벌어진 참사다.

종손의 거칠고 명예로운 삶

김종길이 말했다. "학봉 할아버지가 단종 복위 상소를 올렸을 때 어떻게 무사했는지 알 길이 없다. 하지만 그 덕에 할아버지가 복위되고 시호까지 받았다."

2008년 삼보컴퓨터 사장을 끝으로 은퇴하고 15대 종손이 되었을 때, "자랑스

러웠다"고 했다. 대학도 문중에서 십시일반으로 모은 돈으로 다녔다. 혼례도 문중에서 합의한 진성 이씨 퇴계 후손 이점숙과 이름도 모르고 치렀다. 종부의 길이 두렵던 손녀가 "죽어도 못 하겠다"고 버티자 "그럼 내가 죽지"하며 사돈 할아버지가 사흘 단식으로 뜻을 관철시켰다.

종손은, 종손의 삶은 그렇게 명예롭고, 거칠다. 김종길이 말했다. "경상 감사 할래 학봉 종손 할래 하면 학봉 종손이 정답인 때가 있었다. 내가 그게 된 거다." 문중 사람들 자기네는 못해도 종손은 해야 하고, 자기네는 막 해도 종손은 해서 아니 될 게 있다. 그런데 1887년 남부끄러워 낯 들고 안동 땅을 다닐 수 없는 천하의 패륜아요 파락호가 학봉 가문에 태어났으니 이름은 김용환金龍煥이다.

학봉 김성일의 15대손 김종길. 파락호 김용환의 손자다.

천하의 파락호 김용환

김용환은 하라는 입신양명은 팽개치고 밤이면 투전판을 들락이며 돈놀이를 했다. 몇 차례 독립운동을 하고서 구속된 적이 있기에 하다 말겠지 했지만, 장난이 아니었다. 그가 13대 종손이 된 그때 학봉 문중 땅은 13만 평이요 재산은 지금 시가로 230억 원이었다. 이 문중 재산을 야금야금 노름판에 털어놓고 그도 모자라 사당에 모셔뒀던 신줏단지까지 세 번이나 팔아치웠다.

판이 벌어지면 어김없이 마지막 판에는 김용환 패거리가 끼어들었다. 김용환이 "내가 이겼다"고 고함지르며 돈을 쓸어담으면 패거리가 몽둥이를 들고 판돈을 자루에 넣고 사라지곤 했다. 시집간 고명딸이 가져온 장롱 살 돈도 판돈으로 사라졌다. 남을 믿지 못하여, 하인이 손님 밥상을 가져오면 대청마루까지 직접 나와서 상을 받았고, 한여름에도 호롱불을 켜놓고 주판알을 튀기다가 장부를 태워 인멸하는 일을 일삼았다. 남 보기 창피하여 문중 그 누구도 백주 대낮에 감히 얼굴을 들고 안동 땅을 걷지 못하였다.

반신반의한 건국훈장

해방이 되었다. 이듬해 김용환이 죽었다. 그가 죽기 전 평생 동지 하중환이 물었다. "다 털어놓으시게." 김용환이 말했다. "그러지 마소. 당연한 일이거늘, 누가 믿을까."

1948년 김용환 탈상 때, 하중환이 동지 김용환과의 약속을 어기고 상세한 이력을 적은 제문祭文을 읽었다. 입을 다물겠다는 언약은 지켜지지 않았다. 그제야 이 망나니의 정체가 밝혀지고 사람들은 경악했다.

노름판에서 사라진 돈, 신줏단지 팔아 그러모은 돈, 문중 전답 팔아서 해 처먹은 돈은 몽땅 만주 독립군 군자금으로 들어간 것이다. 요시찰 인물로 낙인찍힌 문중 장손이 나라를 위해 할 수 있는 일은 파락호 시늉밖에 없었고, 김용환은 문중 재산을 탕진했다는 불명예를 죽을 때까지 감수한 것이다. 1995년 8월 15일 대한민국 정부가 이 파락호에게 건국훈장 애족장을 추서했다. 그때 고명딸 김후옹이 조카인 15대손 김종길 형제에게 이리 읊었다.

"종길 형제 보아라. 철없는 외동딸 무식한 이 여식이, 누구 앞에서도 떳떳이 우리 아배 변명 한 번 할 수 없었던 것이, 한스럽고 후회스럽다. 그 많던 천석 재산 다 바쳐도 모자라서 하나뿐인 외동딸 시댁에서 농 사오라 보낸 농값 그것마저 다 바쳤구나. 삼천리금수강산 내 나라를 찾았어도 우리 아배 지난 이력 자랑 한 번 아니하매, 영문을 알지 못해 팔십 평생 살다보니 이런 영광 보는구나, 자랑스런 우리 아배 학봉 종손 참봉 나으리."

김종길이 말했다. "할아버지 행적의 만분의 일이라도 따라가야 될 텐데, 부담감과 사명감을 가지고 현재 열심히, 착하게 살려고 애를 쓰고 있다"고.

왜 안동이 선비의 고장인가. 도산서원이, 병산서원이, 하회마을이 있고 학봉종택이 있어서가 아니다. 그곳을 거쳐 간 선비들이 남긴 흔적에 선비 정신이 진하게 배어 있기에 그러한 것이다. 학봉 가문에 독립유공자가 17명이다. 상해 임시정부 초대 국무령 석주 이상룡을 비롯해 손자까지 독립유공자 9명이 고성 이씨 고택 임청각에서 나왔다. 향산 이만도를 비롯한 퇴계 이황 문중 하계파 후손도 25명이 독립지사였다. 14대 후손 이육사는 시인이기에 앞서 권총술과 수류탄 제조에 능한 독립투사였다. 무실마을 전주 류씨 가문도 16명이 나왔다. 이들이 바로 선비다. 이들이 안동이다. 땅의 역사

05 떠난 이도, 머문 이도 모두 그리운 곳이었다

화순을 스쳐간 김삿갓과 조광조, 정율성

그리운 것이다. 적벽赤壁 아래 마을은 모두 사라졌으니, 마을에 살던 사람들은 적벽이 그리워, 강이 그립고 마을이 그리워서 해마다 적벽 앞 정자에 모여드는 것이다. 김삿갓이 그리운 것이다. 팔도를 떠돌다 화순 땅 동복마을 뜨내기 묘지 똥뫼에 묻힌 그 시인이 그리운 것이다. 그 화순 땅에서 동요를 부르던 정율성이 만주로 떠나, 한 손에 총을 들고 한 손에 악보를 들고서 독립 투쟁을 했던 연유를 알고 싶은 것이다. 왜 그가 중국 인민해방군가를, 북한 인민군가를 작곡했는지 알고 싶은 것이다. 왜 거대한 석상石像들은 기립하지 않고 저렇게 하늘을 그리워하는지 물어보고 싶은 것이다. 그리하여 나는, 화순和順으로 갔다.

화순 적벽과 실향민

난산과 보엄, 월평을 비롯해 전라남도 화순에 있는 15개 마을은 1969년과 1984년 두 차례에 걸쳐 땅을 잃었다. 화순 북면에서 남면으로 흐르는 동복천을 가로막아 댐이 두 번 건설됐다. 마을들은 그때 수몰됐다. 댐을 막아 생긴 동복호는 광주 상수원이다. 5000명이 넘는 주민들은 실향민이 되었다.

천년 세월 동안 별을 바라보는 운주사 돌부처. '부처'도 추정일 뿐, 모든 것은 수수께끼다.

한 번은 괜찮았는데 두 번째 일이 닥치자, 그리워졌다. 상수원보호구역으로 지정돼 함부로 출입도 할 수 없었다. 그래서 임도를 만들었다. 1996년이다. 임도 끝에 정자를 지었다. 망향정이라고 했다. 향토사학자 장두석이 주도했다. 옛 마을 사람들이 마을 돌과 흙을 가져와 탑을 쌓고 제단을 만들었다. 정자가 있는 뜰 정면에는 적벽이 있다. 붉은 절벽, 적벽赤壁이다. 1519년 기묘사화 때 화순에 유배당한 최산두가 붙인 이름이다. 눈 덮인 겨울, 꽃 피는 봄, 녹음 창창한 여름, 단풍 불타는 가을 모두 아름답다. 적벽 또한 상수원보호구역에 갇혀 있다가 2014년 제한적으로 개방됐다. 30년 만에 풀렸으니 얼마나 반가웠을까. 반갑다고 그리움이 소멸했을까.

대략 160년쯤 전 그 적벽을 찾았던 시인이 있다. 이름은 김병연(1807~1863)이다. 흔히 김삿갓이라고 부른다. 김삿갓을 모르면, 간첩이다.

대량 생산된 잉여 지식인

18세기. 좋게든 나쁘게든 조선은 변하고 있었다. 세상을 지배하던 성리학이 비현실적임이 차츰 드러나고 있었다. 문제는 유통되지 않는 경제와 유통되지 않는 권력이었다. 임진왜란 이후 모내기가 본격적으로 보급되면서 농업생산력이 급속도로 성장했다. 양반계급이 토지를 기반으로 지배권을 유지하던 신분 체계는 농민들이 성장하면서 붕괴되고 있었다. 몰락한 양반이 속출했다. 토지도 없고, 권력도 없는 '무늬만 양반'이 늘어났다.

양반은 직업이 독서다. 독서를 통해 고등고시에 합격하면 권력자가 되었다. 그런데 이들이 몰락하면서 가난한 독서가, 그러니까 잉여 지식인이 대량으로 생겨났다. 독서는 왜 하는가. 양반 신분 유지에는 과거 합격이 필수였으니까. 그런데 과거라는 것이 자리 잡는 놈 따로, 글 쓰는 놈 따로, 붓 놀리는 놈 따로 부리는 '있는 집' 자식들이 독차지하는 문란한 등용문으로 변해버린지라, 한번 몰락한 양반이 중앙으로 진출하는 일은 거의 없었다. 대개 그들은 남아도는 독서가, 잉여 지식인으로 떠돌았다. 자존심과 악만 가진 백수라는 말이다. 김병연이 그러하였다.

끝내 실패한 가문의 부활

1811년 12월 평안도에서 반란군이 봉기했다. 주력 부대는 농민이었으나 지휘자는 몰락 양반 홍경래였다. 홍경래는 지방 과거에는 곧잘 합격했으나 한양에서 열리는 대과에는 어김없이 떨어지는 양반이었다. 게다가 조선 왕조 내내 차별받던 평안도 선비였다. 10년을 이를 갈며 기다린 홍경래는 1811년 거병을 하고, 한

화순 구암마을 '똥뫼'에 있는 김삿갓 초장지. 김병연은 화순에서 숨을 거뒀다. 그의 시신은 강원도 영월로 이장됐다.

양을 향해 진격했다. 상인 지식인 우군칙, 양반 지식인 김사용, 노비였으나 큰 부를 이루어 무과에 급제한 이희저 같은 다양한 계층이 호응했다. 평북 일대를 점령한 반란군은 선천을 접수하고 의주까지 이르러 관군에 토벌됐다. 사회 시스템이 붕괴되었고, 신분 체계와 국가 인력 수급 체계 또한 붕괴된 표본이 홍경래의 난이다. 반란군에 항복한 선천 부사 김익순은 반란군이 진압된 뒤 반란군 목을 1000냥에 사서 조정에 바쳤다. 항복을 숨기고 공功을 올렸다고 속였다. 이 사실이 발각돼 김익순은 사형당했다. 그 김익순의 손자가 김삿갓이다.

김삿갓이 강원도 영월 과거장에서 할아버지를 비난하는 글로 장원급제했다가 뒤늦게 사실을 알고 세상을 떠돌았다고 사람들은 말한다. 하지만 이는 그른 말이다. 조선은 철저한 신분제 사회였기에 과거시험 또한 답안지 맨 위에 집안 가계家系를 먼저 적고 시험을 봤다. 뒤늦게 알았다면 김병연은 과거를 볼 자격 미달이다.

대신 누군가가 그에게 역적 집안임을 조롱했다는 이야기가 더 신빙성이 높다. '노진이 김익순을 조롱하는 시를 지었더니 김삿갓이 참 잘 지었다고 피를 토했다.'(『대동기문』) 노진은 김병연을 시기하는 선비였다. 김병연 또한 자신의 처지를 잘 알고 있었다. '머리털이 겨우 자랄 제 운명이 점점 기박하여 가문이 잿더미처럼 주저앉으니 상전이 벽해가 되더라.'(「난고 평생시」)

1828년 김병연은 한양으로 가서 같은 안동 김씨 집안을 들락거리며 관직을 기웃거렸다. 폐족된 양반이 부활할 수는 없었다. 소시민으로서 입신양명을 꿈꿨지만 불가능했다. 한양 권세가 집을 기웃대다 영월로 돌아간 김병연은 1830년 다시 집을 떠난다. 삿갓을 쓰고, 세상을 조롱하는 시를 쓴다. 그리고 살아서 돌아가지 않았다. 우리가 알고 있는 방랑 시인 김삿갓이 탄생하기까지 소시민 김병연은 긴 세월을 거쳐야 했다.

김병연은 1841년과 1850년, 1857년 이렇게 세 번 화순을 찾았다. 그가 마지막으로 머문 곳도 화순이다. 1863년 3월 29일 김병연은 구암마을 선비 정치업의 사랑채에서 죽었다. 김삿갓을 거둬준 정치업은 김병연 시신을 마을 뒷산 무연고 묘지에 초장初葬하였다. 묘지는 동산洞山 혹은 천한 놈들 묻었다고 '똥뫼등'이라고 불렀다. 3년 뒤 아들 익균이 찾아와 아비 시신을 거둬 영월 양백지간(소백-태백 사이), 영월과 영춘 사이 노루목에 묻었다. 화순 구암마을에는 초장지 표석과 김병연이 죽은 정씨 사랑채가 복원돼 있다. 영월에는 김병연 영면지가 아주 잘 복원돼 있다. 제5공화국 때 국제 펜클럽 회의를 우리나라에서 개최했는데, 그때 방문한 러시아 시인들이 김병연을 알고 있었다. 그래서 당시 대통령이 김병연 영면지를 복원하고 커다랗게 기념비를 세웠던 것이다. 그런데 어느 날부터 기념비에 새

화순 능주에 있는 조광조 유배지비. 중종 때 사림 영수였던 조광조는 과격한 개혁을 주도하다가 처형됐다.

겨져 있던 대통령 이름이 깎여나가더니 지금은 기념비 자체가 사라지고 없다.

김삿갓이 화순에서 쓴 시 가운데 「적벽가」가 있다. '무등산 높다더니 솔가지 아래고/적벽강 깊다더니 모래 위에 흐르누나(無等山高松下在 赤壁江深沙上流)' 세상 높고 넓은 줄 모르고 까불지 말라는 경고다.

기묘사화와 조광조

연산군을 폐위하고 왕이 된 중종은 젊은 학자 조광조를 중용했다. 과거 급제 3년 만에 장관급인 정2품 대사헌이 된 전도양양한 공무원이었다. 사림파의 정신적인 지주요 도학 정치의 상징이 된 인물이다. 그런데 조광조는, 과격했다. 자기가 정한 이상에 위배되는 모든 행위와 모든 제도는 악惡이었다. 심지어 중종의 행동 또한 악이었다. 조선 개국 이래 왕실에서 제사를 지내던 도교 사당 소격서까지 없애라고 주장했다. 중종반정 공신 117명이 너무 많다고 29명만 빼고 훈장을 빼앗아버렸다. 훈장 박탈은 함께 받은 토지도 박탈함을 뜻했다. 훈장 박탈 나흘 뒤인 1519년 11월 15일 밤, 공신 세력이 급진 개혁파를 대거 체포하고 정권을 회복했다. 이를 기묘사화라 한다. 뒤에는 중종이 있었다. 그동안 조광조의 반대 세력은 '조씨가 왕이 된다'는 소문을 퍼뜨려댔다. 궁궐 나뭇잎에서 '走肖爲王(주초위왕)' 그러니까 조씨가 왕이 된다는 기이한 글귀가 나타났다고 왕에게 일렀다.(주走와 초肖를 합치면 조趙가 된다) 당연히 거짓이고 억지였지만, 중종은 이를 받아들였다.(『대동야승』, 「기묘록 속집」)

사형을 선고받았다가 유배형으로 감형된 조광조는 화순으로 쫓겨났다. 그리고 사약이 내려왔다. 그때 그가 물었다. "누가 정승이 되었는가."

"(정적인) 남곤과 심정"이라는 말에 그제야 체념하고 그는 사발을 들이켰다. 서른일곱 살이었다.

조광조, 이상론을 편 혁명가였을까 아니면 김삿갓의 조롱처럼, '솔가지 아래 산'에 불과했을까. 그 문제적 사내 조광조가 화순에서 죽었다. 1667년 조광조의 정신적인 후배 송시열이 그를 기리는 비석을 그 자리에 세웠다.

화순을 떠난, 정율성

조광조가 떠난 하늘이 화순이었고 방랑 시인 김병연이 하늘로 날아간 곳이 화순이었다. 때는 암담한 일제 강점기, 잠시 화순에 머물다 떠난 음악가가 있다. 이름은 정율성鄭律聲(1914~1976)이다. 이곳 능주소학교에 다니던 정율성은 독립운동을 하는 집안 영향에 1933년 만주로 떠났다. 무장투쟁을 노선으로 하는 의열단에 가입했다. 조선혁명정치군사간부학교에서 사격술과 무기 조립술을 배웠다.

화순 능주초등학교 후문에 있는 정율성 흉상. 독립운동가이며 중국 인민해방군가를 작곡한 음악가다.

그리고 음악을 배웠다. 서정적인 노래도 작곡을 했고, 팔로군행진곡을 비롯해 숱한 항일투쟁가를 지었다. 그 팔로군행진곡이 지금 중국 인민해방군 군가다. 해방 이후 정율성은 북한으로 건너가 음악 활동을 이었다. 그때 지은 군가 하나가 지금 북한 인민군 군가다. 당연히 정율성 이름 석 자는 대한민국에서 금기禁忌였다. 그런데 지금 그가 다니던 능주초등학교에는 정율성 기념 교실이 만들어져 있다. 교실 건물 외벽에는 그의 초상이 그려져 있다. 후문에는 그의 흉상이 서 있다.

세상이 이리 바뀐 것이다. 당대 금기요 죄인 취급했던 그 이름들이 모두 부활해 대한민국의 시대, 영웅과 혁명가로 추앙받는다. 화순을 상징하는 천불천탑의 도량, 운주사에는 일어서지 못한 불상 2기가 있다. 거대하기에 전체 모습을 본 이가 드물다. 왜 그 석상이 누워 있는지 아무도 모른다. 누가 만들다 만 작품인지 아무도 모른다. 하나는 분명하다. 불상은 하늘을 바라본다. 천년째 변함이 없다. 늘 변하는 세상에서 우리가 화순에 가야 하는 이유다. 땅의역사

06 국치(國恥) 열이틀 뒤 선비 황현 죽다

봄이 흐르는 구례와 매천 황현

전남 구례 광의면 월곡마을에 있는 매천사 쪽문. 이 방에서 매천 황현이 아편을 먹고 자결했다.

대한민국 봄은 가끔 미친다. 그럴 때면 봄은 섬진강에서 시작한다. 어김없다. 강변에는 진달래, 개나리, 개불알꽃, 처녀치마, 앵두에 산수유랑 매화랑 벚꽃이 한꺼번에 피어난다. 꽃이, 시끄럽다. 시끄러운데 어찌 그리 아름다운가.

쌍계사로 오르는 하동 십리 벚꽃길에는 일찌감치 꽃비가 내린다. 지리산 기슭 산동마을 개울에는 샛노란 산수유 꽃잎들이 떠내려간다. 강변 산은 홍매, 청매, 흑매, 백매 꽃잎이 뒤덮었다. 그리하여 섬진강이 흐르는 구례와 광양은 정신이 하나도 없다. 그 봄날, 문득 정신을 차리니 세상이 처연하다. 꽃 이파리에 물든 처연한 봄 이야기다. 주인공 이름은 매천梅泉 황현黃玹(1856~1910)이다.

석주관 전투

임진왜란 때 호남은 조선과 일본 양국에 똑같이 중요한 지역이었다. 이 곡창지대를 손에 쥔 쪽이 승전국이었다. 결과적으로 일본은 군량미 확보에 실패해 퇴각했고, 조선은 온전하게 살아남았다. 그 곡창지대를 사수한 사람은 의병부대와 이순신이다.

1597년 정유재란이 터졌다. 이보다 1년 전 비변사가 이렇게 보고했다. "구례 석주진石柱津은 가장 먼저 적을 맞는 곳이고 성첩도 견고하니 재용才勇이 있는 자를 더 보충해 위급에 대비하게 하는 것이 마땅하겠습니다."(1596년 1월 22일『선조실록』) 군부에서 올린 석주관 병력 강화 요청이다. 대개 그러하듯, 조선 정부는 말만 와글와글했고 실행에 옮기지 않았다. 결과는 예견돼 있었다.

구례 현감 이원춘은 밀려오는 일본군에 쫓겨 남원으로 퇴각했다. 학살극에 가까운 남원성 전투, 전주성 전투에서 조선 육군은 궤멸됐다. 남원으로 가는 관문, 구례 석주관石柱關을 지키지 못했던 탓이다. 그해 추석 남원이 함락됐다. 살아남은 이원춘은 구례로 돌아와 의병을 일으켰다. 이원춘 부대는 전멸했다. 그리고 한 달 뒤 구례 선비 왕득인이 다시 거병했다. 또 죽었다. 한 달 보름이 지난 11월 9

일 왕득인의 아들 왕의성이 다른 여섯 선비와 함께 거병했다. 화엄사 승병대도 가세했다. 왕의성만 살고 모두 전사했다. 석주관 전투는 200년이 지난 1789년 정조 때에야 세상에 알려졌다. 그때 죽은 일곱 선비, 현감 이원춘, 그리고 무명 의병과 승병을 기리는 사당과 제단이 강변 언덕에 서 있다. 아기 무덤처럼 작은 무덤들도 앉아 있다. 주인이 누군지 몰라 비석도 없는, 작은 무덤들을 보면 눈물이 난다.

스승 왕석보와 황현

석주관 전투를 이끈 왕씨 후손은 이후 벼슬을 하지 않고 제자를 길렀다. 후손 가운데 왕석보王錫輔(1816~1868)라는 사람이 있었다. 학자요 문학자였다. 그가 기른 제자가 여럿인데, 그 가운데 이기李沂(1848~1909)가 있었고 나철羅喆(1863~1916)이 있었고 황현이 있었다. 20세기 망국亡國의 시대가 도래했다. 셋 모두, 자결했다. 한 스승 아래 공부한 선비들이 망국을 죽음으로 대응했다. 이기와 나철은 대종교를 창시한 인사들이다.

남원에서 큰돈을 번 황현의 할아버지 황직은 재산 관리를 잘했다. 광양으로 이사해 700석으로 재산을 불렸다. 그런데 큰손자가 요절한 것이다. 상심한 할아버지 무릎에 둘째 황현이 있었다. 황현은 신동神童으로 자랐다. 황희 정승 후손이라는 명예를 되살리려고, 아버지 황시묵은 아들을 구례 학자 왕석보에게 보냈다. 황현 나이 열 살 무렵이었다. 왕석보에게서 황현은 문학과 시문을 배웠다. 그 실력이 신을 놀라게 할 정도여서, 사람들은 그를 그저 황동黃童이라 불렀다. 입신양명으로 가문을 살릴 후손이었다. 그런데, 불가능했다.

격동(激動)과 부패의 시대

1868년 일본은 메이지유신明治維新을 단행했다. 그러면서 정한론을 들먹였다. 1871년 미국 해군이 강화도에 들어와 조선 해군을 박살냈다. 무기 체계가 상대가

〈매천 황현 초상화(보물 제1494호)〉, 채용신, 1911년

되지 않았다. 미군이 퇴각하자 홍선대원군은 척화비를 세우고 나라 문을 닫았다. 1876년 조선은 일본과 강화도조약을 맺었다. 강제 개항했다. 1882년 구식군대의 반란, 임오군란이 터졌다. 2년 뒤 급진개화파가 갑신정변을 일으켰다.

그 무렵 황현은 서울 사는 재사才士들과 교류를 했다. 이 가운데 양명학자 김택영金澤榮(1850~1927)과 이건창李建昌(1852~1898)은 황현과 함께 구한말 삼재三才라 불렸다.(1권 2장 〈5. 만주로 망명한 사람들과 조선 귀족〉 참조)

1883년 황현은 진사과 과거에 응시했다. 시관試官 한장석韓章錫이 그 답안을 장원으로 골랐다. 그런데 발표는 차석이었다. 한미한 시골 출신이라는 점이 이유였다. 이듬해 갑신정변이 터졌다. 본시험은 무기 연기됐다. 그뿐 아니었다.

'1885년 생원시, 진사과 시험에 임금은 100명을 더 뽑으라 했다. 2만 냥을 받고 팔았다. 1893년 식년시 대과 매매가는 10만 냥씩 하였다.'(황현, 『매천야록』) 고종과 왕비 민씨는 벼슬을 팔아 돈을 거뒀다. 왕비는 진령군이라는 무당을 언니라 불렀고(황현, 『오하기문梧下記聞』) 왕은 그 무당과 국사國事를 논했다.(1권 1장 〈9. 국정을 농단한 무당, 진령군〉 참조)

국가를 자기네 곳간 취급하는 민씨 일족, 군주임을 망각한 군주의 무능. 하루가 다르게 나라가 침몰 중인데 국가 시스템은 비정상이었다. 1888년 아버지 황시묵의 강권에 응시한 성균회시 생원과 소과 장원 합격을 끝으로 그는 완전히 낙향했다. 가문을 살리겠다는 소시민적 비전은 꺼 버렸다. 서른두 살이었다. 1894년 동학농민혁명이 터졌다.(1권 1장〈10. 1894년 청일전쟁과 무력한 권력자들〉 참조) 이듬해 일본군에 의해 왕비가 살해됐다. 임금은 러시아 공사관으로 도주했다.

격변기 사초(史草)를 남기다

황현은 대신 그 역사를 기록했다. 구례 간전면에 '구안실苟安室'이라는 초가를 짓고 책을 읽고 글을 썼다. 1864년 고종 1년부터 1910년 경술국치까지 역사를 그대로 기록했다. 태생이 유생儒生이라 세상 보는 시각은 봉건적이었으나 사실史實은 왜곡함이 없었다. 동학혁명에 분노하기도 했으나 그들이 봉기한 이유에 대해서는 공감했다. 갑신정변의 무모함을 비판하기도 했다. 무엇보다 고종과 그 혈족, 처족이 벌이는 행태에 대해 꼼꼼하고 자세하게 기록을 했다. 민중이 벌이는 구국 항쟁, 의병에 대해서는 그 어떤 문건보다 자세히, 단 한 줄이라도 기록했다.

서울에서 교류했던 김택영과 이건창은 그에게 좋은 스승이며 선배들이었다. 1902년 구안실에서 월곡마을 대월헌으로 집을 옮기고서도 집필은 계속됐다. 그때 완성한 역사서가『매천야록』과『오하기문』이다. 역사적 사실과 이에 대한 독기어린 비판이 조화를 이룬 사서다.

"지식인 노릇하기 어렵구나"

1905년 을사조약이 체결됐다. 그때 황현이 이리 쓴다. '나라 판 놈만 있고 나라 위해 죽는 놈 없네(賣國元無死國人)'(『매천야록』,「문변文變」) 민영환이 자결하자 또 이리 쓴다. '목 찔러 보국함이 예부터 많았다네(刎頸報國古多有)'(『매천야록』,「혈죽血竹」)

1907년 정미조약이 체결되고 대한제국 군대가 사라졌다. 담양 사람 고광순이 구례 연곡사에서 의병을 일으켰다가 일본군 습격에 순국했다. 주민들이 초분을 만들고 며칠 뒤 황현이 묘를 찾았다. 붓을 꺾지 못하고 총을 잡지 못하는 자신을 자탄했다. '우리네 글은 어디에 쓰랴(我曹文字終安用)'(『매천야록』,「고광순 의병장을 조문함弔高義將光洵」)

1908년 구례에 신학문학교인 호양학교에서 교편을 잡았다. 공자와 맹자를 신뢰하는 유생이 갈 길은 아니었다. 그런데 그가 말한다. '서양학이 더럽고 더러우나 나라의 더러움보다는 더럽지 아니하다(汚哉汚哉不汚於國之汚哉).'(김상국,「매천선생 묘지명」) 나라를 위하여 공맹孔孟을 버릴 줄 아는 열린 지식인이었다. 2

월곡마을 매천사. 황현이 집필을 완성하고 경술국치를 맞고, 자결한 집이다.

년 뒤 나라가 사라지고 황현은 대월헌 서재에서 아편을 탄 술을 들이켜고 죽었다. 그가 남긴 절명시 한 구절은 이랬다. '지식인 노릇하기 어렵구나(難作人間識字人)' 지식인으로서, 도덕적이고 사회적인 책임이 너무 무거움을 탄한 글이다.

그 뒤에는 이렇게 적혀 있다. '겨우 윤곡을 따르는 데 그쳤을 뿐 진동 뒤를 밟지 않음이 부끄럽다(止竟僅能追尹穀 當時愧不躡陳東)' 윤곡은 남송 때 몽골 침입에 나라가 망하자 자결한 사람이다. 진동은 북송 때 간신 척결을 주장하다 살해된 사람이다. 지식인이 지켜야 할 최소한의 책무는 다하였으나, 개혁과 변혁에 대해 실천을 하지 않은 스스로를 탓하는 마지막 글이었다. 붓 대신 총을 들었어야 했다는, 그런.

그 붓을 내려놓은 날이 1910년 양력 9월 10일이었다. 한 달 뒤 한일 병탄에 공헌한 고관대작 76명이 총독부에 의해 조선 귀족 작위를 받았다. 10월 7일 오전 11시 서울 남산 총독관저에서 거행된 수작식에서 '각자 밝은 얼굴(輝顔)에 보이는 희열喜悅은 일장 가관이었다.'(1910년 10월 8일 『매일신보』)

자결한 선비의 첫 서재 구안실은 대숲으로 변했다. 매천사 사당으로 바뀐 월곡마을 대월헌에는 늙은 오동나무가 서 있다. 묘는 고향 광양 서석마을에 있다.

그리고 붉게 떨어진 산수유

그 구례에 해마다 봄이 온다. 섬진강 강물 따라 봄이 흐르고, 지리산이 봄으로 물든다. 산수유 가득 핀 산동마을에도 봄이 왔다.

1948년 여순 사건이 터졌다. 남한 단독 정부를 반대하던 육군 14연대가 일으킨 반란이다. 구례 지리산 기슭으로 숨은 잔당은 산동마을을 점령하고 빨치산 활동을 벌였다. 11월 19일 산동마을에 진입한 토벌대가 열아홉 먹은 여자 백순례를 체포했다. 진달래꽃처럼 예뻐서 집안에서는 '꽃전(花煎)'을 본떠 '부전'이라 부르던 아이였다. 자기 집에서 오빠 백남극과 함께 붙잡힌 순례가 말했다. "나는 죽

석주관 칠의사 묘

광양에 있는 매천 황현 묘

백부전. 여순 사건, 지리산으로 숨은 빨치산 토벌작전 때 토벌대에 희생됐다.

여도 되니, 대를 이을 우리 남극 오빠는 살려줘요." 그녀 말대로, 오빠는 풀려나고 순례는 들판 건너 꽃쟁이 마을에서 총살됐다. 주민들이 "수백 명"이라 주장하는 사람들 중 하나였다. 아들 대신 보낸 딸을 부모는 찾지 않았다. 대신 엄마는 말년에 손녀를 부전이라 부르다 죽었다.

부전이는 빨치산이었는가. 많은 매체들이 그녀를 '빨치산 여걸'이라고 부른다. 순례가 죽고 2년 뒤 태어난 조카, 순례가 살려준 오빠의 아들 백정규가 말했다. "명예훼손이다. 우리 고모님은 좌익이 아니다. 함부로 가짜 영웅 만들지 마라." 여순사건 잔당은 좌익이었고, 빨치산이었다. 토벌대가 빨치산과 함께 멀쩡한 양민을 무더기로 죽였다. 산 너머 월곡마을 선비 황현은 그녀를 여걸이라 칭하지 않았음이 분명하다. 처연하게, 봄날이 간다. 땅의 역사

4장

왕조 스캔들

그들도 욕망에 불타는 사람이었다

폭군 연산군 묘

01 모두 사라지고 없더라

세 왕조 흥망사가 있는 삼척

추억도 역사도 세월 따라 잊히고 사라진다. 일기장 쓰지 않고 기록도 남기지 않으면 그 흔적도 사라지니 할 수 없다. 오직 기억뿐. 강원도 삼척 바닷가에는 그런 아릿한 역사와 추억이 몇 군데 있다.

김종오의 추억, 속섬

김종오는 강원도 삼척 원덕 월천리 사람이다. 2018년에 환갑을 맞았다. 월천리에서 나서 지금까지 월천리 바닷가에 산다. 농사도 짓고 물고기도 잡으며 산다. 월천리에는 모래톱이 있다. 가곡천이 동해 바다와 만나 만든 모래톱이다. 몽돌 가득한 해안에 밀물이 들면 꼭 섬 같아서, 사람들은 속섬이라 불렀다. 섬에는 소나무가 숲을 이뤘다. 김종오가 말했다. "그 섬에서 농사도 짓고 배도 띄웠다. 맑고 고요한 밤에 달이 뜨면 달빛이 어찌나 예쁜지. 그래서 내 집도 그 섬 쪽으로 짓고 살고 있지."

2007년 마이클 케나Michael Kenna라는 영국 사진가가 지나가다가 속섬을 촬영하고 작품을 발표했다. 소나무가 많으니, 케나는 작품 이름을 '솔섬(Pine Tree

Island)'라고 붙였다. 이 작품이 인기를 끌면서 사람들은 속섬을 솔섬이라 부르기 시작했다. 김종오가 말했다. 두 가지다. 첫째. "마을 입구 다리 이름은 내가 우겨서 '속섬교'라고 지었다. 그래도 진짜 이름은 남겨둬야지." 둘째. "케나 사진과 똑같이 찍느라고 하루에 200명씩 와서 사진을 찍어갔다. 그런데 저 꼬라지 봐라. 저게 사진 찍을 풍경인가."

솔섬 뒤편으로 큼직한 가스 저장 시설이 솟아 있는 것이다. "속섬은 해치지 않겠다고 시에서 말했는데, 섬을 가만 놔두겠다는 약속은 지켰으니 뭐 이건."

이성계의 5대조 이양무의 무덤, 삼척 준경묘. 조선 왕실이 하늘이 내린 권력임을 증명하려고 조선 왕조는 망할 때까지 이 무덤을 찾아다녔다.

울진 죽변항 논에서 발견된 봉평신라비(국보 제242호). 삼척·울진 지역 고대 국가의 비밀이 들어 있다.

솔섬 풍경은 영원히 사라졌다. 김종오가 품던 추억도, 김종오가 지은 민박집을 찾던 열성 사진가들 발길도.

신라 장군 이사부

세상에 사라진 것들, 한두 가지가 아니다. 서기 505년 법흥왕 왕명을 받든 신라 장군 이사부가 삼척에 있던 실직국悉直國을 복속시키고 강릉에 있던 옛 예국 땅, 하슬라주何瑟羅州를 복속시켰다. 512년에는 삼척에서 정동으로 130km 떨어진 우산국于山國도 복속시켰다. 동해가 신라 앞바다가 된 것이다. 미리 제작한 초대형 목각 사자상 아가리에 불을 붙이고 화살을 쏴대니 혼비백산한 우산국 사람들이 당해낼 도리가 없었다. 340km 떨어진 대마도와 혼인동맹을 맺은 강력한 해양국가였지만, 별 수 없었다.

이사부 함대가 출항한 항구는 논란이 있다. 삼척항이라는 설, 삼척항 바로 남쪽 오분항이라는 설, 그리고 강릉 경포대 부근이라는 설이 떠다닌다. 오분항에 그 출항 기념비가 서 있으니, 현재까지는 오분항설의 승리다. 우산국을 복속할 무렵 10대였던 이사부는 일곱 살에 왕이 된 진흥왕이 성장할 때까지 뒤에서 왕을 지키고 은퇴했다.

사라진 고대 국가, 창해삼국

고구려가 점령한 강릉 땅 예국, 이사부가 복속시킨 삼척 땅 실직국, 그리고 울진에 있던 파단국 세 나라를 창해삼국滄海三國이라 한다. 신라는 이들 동해안 군장국가들을 죄다 복속시키고 결국 삼국을 통일했다.

1988년 1월 20일 울진 죽변항 옆 논에서 발견된 봉평리 신라비 내용에도 이 국가들이 나온다. 파단국으로 유배된 옛 실직국 주민들이 반란을 일으켰고, 이를 진압하고 곤장을 치고 소피를 뿌려 제사를 지냈다는 대목이 나온다.

기록에 따르면 실직국 부흥파 가운데 진씨秦氏 가문이 일본으로 망명했다. 1990년 한 무리 일본인들이 비석을 보겠다고 울진을 찾았다. 이들은 자기네 성씨를 秦이라고 쓰고 '하타'라고 읽었다. 비석에 있는 울진 옛 지명 '파단波但' 또한 일어로 '하타'라 읽는다. 수수께끼의 고대 국가 실직국은 그렇게 다시 흔적을 찾았다.

우스운 역사, 실직군왕릉

그 신라도 망했다. 서기 935년이다. 마지막 왕인 경순왕은 왕건에게 공손하게 나라를 갖다 바치고(그래서 시호가 공경할 경敬, 따를 순順 경순왕이다) 개경에서 살다 죽었다. 장남 마의태자는 당치도 않다고 뛰쳐나가 신라 부흥군을 모집하며 금강산까지 북상하다가 사라졌다. 여덟째 아들 추錘는 삼척 땅을 선물 받고 살다 죽었다. 추의 아들 김옹위가 죽자 고려 왕실에서는 그에게 실직군왕이라는 시호를 내렸다. 실직군. 바로 신라에 의해 사라진 그 나라 이름이다. 자기네가 멸망시킨 신라 왕조 후손에게, 신라가 멸망시킨 그 나라 이름을 붙였다.

삼척 공양왕릉과 사래재

천년 왕국 신라를 멸망시킨 고려도 망했다. 475년 만인 1392년이다. 그 흔적 또한 삼척에 날카롭다. 이성계 세력은 우왕과 창왕을 왕씨가 아니라 요승 신돈의 자식들이라며 폐위하고 먼 친척 왕요王瑤를 왕위에 앉혔다. '죽어도 왕이 되기 싫다'던 중년 사내였지만 어찌하겠는가. 결국 3년 만에 왕요는 '어리석다'는 이유로 폐위되고 유배를 당한다. 죽고 나서 한참 뒤인 조선 태종 때, 이 왕이 받은 시호는 '공손하게(恭)' '왕위를 양보한(讓)' 공양왕恭讓王이다. 고려에 항복한 신라 마지막 왕과 똑같은 대접을 받았다.

마지막 유배지가 삼척 바닷가였다. 그리고 한 달 사흘 만에 왕자 석과 함께 이성계가 보낸 자객에 의해 목 졸려 죽었다. 목 졸려 죽은 그 고갯길 이름이 사래재

삼척 궁촌리에 있는 공양왕릉. 공양왕 목이 묻혀 있다고 사람들은 믿는다.

(살해殺害재)다. 부자가 살던 마을이 궁촌宮村이다. 궁촌에는 공양왕릉이 있다. 여기엔 왕릉에 으레 있는 석물도 없고 혼령이 드나드는 침도도 없다. 경기도 고양에도 공양왕릉이 있는데, 삼척 사람들은 삼척 왕릉에는 공양왕 목이 묻혀 있다고 믿고 있다.

사내의 무덤을 뇌리에 각인해두고 직선거리 19km, 도로로 31km 북서쪽 첩첩 산중 무덤 하나를 찾아간다. 무덤 이름은 준경묘濬慶墓다. 조선 왕조가 500년 동안 찾아다녔던 이성계의 5대조 이양무의 무덤이다.

백우금관 전설과 용비어천가

전주에 살던 무관 이안사는 한 상급 관료와 기생을 두고 다투다 식솔 170호를 이끌고 삼척으로 이주했다. 이안사는 이성계의 고조할아버지다. 1253년 그 관료

신라 마지막 경순왕의 손자 김옹위의 무덤. 신라가 멸망시킨 실직군왕이라는 시호가 붙어 있다.

가 순찰사로 삼척에 온다는 말에 이안사는, '앉아 죽느니'하며 의주로, 함흥으로, 원나라 땅으로 이주했다. 이후 후손들은 다루가치라는 원나라 세습 관리로 살며 군사력과 경제력을 키웠다.

삼척에 정착한 지 한 해만에 이안사의 아버지 이양무가 죽었다. 이안사가 산중에 앉아서 묏자리를 고민하는데, 한 도승이 동자승과 함께 지나가며 이랬다. "소 백 마리 제사지내고 금으로 관을 쓰면 5대에 제왕이 날 자리네." 가난한 이안사가 백百 마리 대신 흰(白) 소를, 황금 대신에 금빛 귀리 짚으로 관을 써서 장사를 지내니, 훗날 고손 이성계가 왕이 되었다. 백우금관百牛金棺 신화다. 훗날 「용비어천가」 가사 '육룡이 나라샤'는 '목조'로 추증된 이안사부터 태종 이방원까지 여섯 왕을 칭송하는 말이다.

'그 육룡이 바로 이곳 삼척에서 잉태됐다'라고 조선 왕실은 규정했다. 왕실 정통성 확보를 위해 더없이 중요한 곳이었다. 하지만 개국을 하고 보니 이안사가 삼척을 떠난 지 139년이 흘렀으니 무덤 위치는 잊힌 지 오래였다. 먹고 살기 바쁘고 목숨 부지에 바쁜 날이 흘러갔다. 이제 정통성을 확보할 때가 되었다.

왕조 개창과 함께 무덤 수색 작업이 개시됐다. 실록과 『승정원일기』에는 세종 때 삼척에서 이양무의 무덤을 찾았다는 기록이 나온다. 하지만 증거가 부족했다. 선조 때에 또 찾았다는 기록이 나오고, 이후 도처에서 무덤을 찾았다는 주장이 나온다. 명예와 부귀가 예정된 일에는 사기꾼들이 들끓는 법이다. 수색 작업은 500년 넘게 계속됐다. 집요했다.

1899년 7월 11일 흐린 날, 대한제국 황제 고종은 이양무 무덤 수색 완료를 선언했다. 『승정원일기』에 따르면 이날 고종은 무덤에 준경묘라 이름을 붙이고 비문을 직접 썼다. 태조 때부터 찾아 헤매던 시조 묘에 대한 추적과 왕실 정통성 확보 작업이 그날 완료됐다. 507년 만이다. 그리고 11년 뒤인 1910년 8월 29일 나라가 망했다. 경술국치庚戌國恥라 부른다.

그래서 문득 삼척을 보았다. 솔섬 사라진 월천리에서, 507년 동안 정통성을 찾아 헤매다 11년 만에 망한 나라를 보았다. 월천리 농부가 내뱉은 배신감을 보았다. 경술국치 그날, 나라를 넘기는 데 간여한 내각서기관장 한창수는 순종으로부터 훈장을 받았다. 한창수는 일본 정부로부터 남작 작위와 은사채 2만 5000원을 받았다. 삼척 여행, 여기까지다. 홍망한 신라, 홍망한 고려, 홍망한 조선 왕조 흔적이 모두 한나절 거리에 흩어져 있다. 땅의 역사

02 늙은 이성계는 저 절터에서 칼을 갈았다

의정부 '함흥차사'의 진실과 불우한 철학자 박세당

경기도 양주 회암동에 있는 회암사지. 이성계가 이방원과 연을 끊고 수시로 찾던 절이다. 조선 중기 유생들이 불을 질러 전소됐다.

아래에서 틀린 곳을 찾아보자.

'아들 이방원이 벌인 행태에 신물이 난 이성계는 함흥으로 떠났다. 아들이 보낸 사신들을 족족 죽였다. 여기서 함흥차사咸興差使라는 말이 나왔다. 결국 아들 태종과 만나 궁으로 돌아왔는데, 그 만난 곳이 지금 의정부議政府시다. 일제 강점기 의정부 사패산 석굴암에 백범 김구가 경찰을 피해 은신하다가 상해로 떠났다. 광복 후 석굴암을 찾은 김구가 동료들과 기념사진을 찍었다. 그 친필을 석굴암에 새기다가 완성되던 날 김구가 암살됐다.'

〈정답: 1. 함흥에 갔다가 죽은 사람은 아무도 **없다**. 2. 이성계가 태종과 재회한 곳은 의정부가 **아니라** 황해도 금교역이다. 3. 김구는 상해로 가기 전 석굴암을 찾은 적이 **없다**.〉

박세당의 삶

서계 박세당朴世堂(1629~1703)은 이렇게 살았다. 인조반정에 공을 세운 박정이 아버지로, 전라도 남원 관아에서 태어났다. 세 살 때 아버지가 병으로 죽었다. 3년 뒤 열여섯 살 위인 큰 형 세규世圭가 죽었다. 이듬해 병자호란이 터졌다. 박세당은 할머니, 어머니, 두 형과 함께 강원도, 충청도, 경상도를 떠돌며 피란을 다녔다. 가난했다. 열 살이 돼서야 글을 배웠다. 글 가르치던 할아버지가 이듬해 죽었다. 1660년 서른한 살에 과거에 붙었다. 장원급제였다. 개천에서 용이 난 것이다. 각종 요직을 섭렵하며 잘나가는가 싶었는데 1666년 아내 의령 남씨가 죽었다.

1668년 나이 서른아홉에 경기도 양주로 내려가버렸다. 양주에는 아버지 박정이 받은 사패지가 있었다. 정부에서는 박세당을 이조좌랑(정승으로 가는 요직이다)으로 발령냈다. 실록에는 이렇게 기록돼 있다. '의금부에서 곤장을 때렸더니 자리에 잠깐 앉았다가 바로 사직해버렸다.(1668년 8월 11일 『현종실록』) 곤장에도 변심하지 않은 이유는 단순했다. 당쟁 혐오. 세상이 지저분하기 짝이 없는 것이었다. 이후 정부에서 그에게 셀 수 없이 많은 자리를 내줬지만 응하지 않았다.

1678년 두 번째 아내 광주 정씨가 죽었다. 1686년 집권당인 서인파의 잔혹상을 비난하다 함경도로 좌천된 큰아들 박태유가 죽었다. 서른여덟 살이었다. 3년 뒤 둘째 아들 박태보가 인현왕후 폐위를 반대하다가 고문을 당하고 죽었다. 서른다섯 살이었다. 남편으로서, 가장으로서, 아버지로서 이쯤 되면 인생에 대해 체념하는 법이다.

박세당도 그랬다. 운명을 받아들였다. 당쟁에 신물이 났고, 사라진 나라 명을 떠받드는 명분론에도 질려 있었다. 세상은 공맹孔孟을 외운다고 움직이는 게 아니라 생산을 해야 한다고 생각하게 되었다. 하여 농사를 짓고 남는 시간에 책을 읽고 책을 썼다. 고급 공무원 시험 수석 합격생이었으니 영민하였고, 고비를 틀 때마다 닥친 풍파에 박세당은 세상을 보는 혜안도 뜨게 되었다. 강직함도.

주류와 타협을 거부했던 박세당(1629~1703)

1703년, 서울 잠실 삼전도 비문을 지은 이경석의 신도비 비문을 일흔넷 된 박세당이 썼다. 삼전도는 굴욕적인 장소다. 조선 정부는 세상 물정 모르고 사라진 명나라만 바라보다가 청에게 얻어터졌다. 바로 병자호란이다. 그 패배와 항복의 장소가 삼전도였다. 청 황제 홍타이지는 인조가 항복하는 모습과 병자호란 전말기와 반성문을 비석에 새겨 남기라고 했다. 그 악역을 맡은 이가 이경석이었다. 시켜서 한 일인데, 속이 밴댕이만 한 수구 관료들이 모두 이경석을 비난했다.

그래서 세상을 위에서 보는 박세당이 이렇게 썼다. "국왕이 굴욕을 당했는데 신하가 군주의 명을 거역하면 이가 곧 패륜이다." 이경석의 글을 맹비난한 노론계 거물 송시열을 비난한 글이었다. 집권 여당의 정신적 지주를 비난해? 이어 둘째 형의 죽음에 "제사는 검소하게 하라"고 한 그의 말을 꼬투리 잡아 노론은 임금을 구슬러 박세당에게 전라도 옥과로 유배형을 내렸다. 죄명은 주자가례 예법을 무시했다는 사문난적斯文亂賊이지만, 실질은 '눈꼴 사나운 놈'이었다. 송시열을 거스르고 주류 이념인 성리학 예법을 무시했으니 말이다.

그리고 그해 죽었다. 여기까지가 불우한, 하지만 위대한 사내 박세당이 살아온 행적이다.

경기도 의정부시 장암동 석림사 계곡 입구에는 박세당의 아들인 박태보를 기리는 노강서원이 서 있다. 19세기말 흥선대원군의 서원 철폐령에서 제외된 47개 서원 중 하나다. 그 앞에 박세당이 살던 고택이 있다. 안채는 불타 사라지고 사랑채는 남았다. 고택 안쪽에는 유택이 있다. 요절한 두 아들 무덤 뒤편에 아비가 잠들어 있다. 아내와 두 아들의 죽음, 미치광이처럼 돌아가는 세상 꼴을 다 보고 죽은 철학자를 만나는 곳이 거기다.

늙은 이성계와 이방원

새 나라 조선을 개국한 늙은 이성계도 기구하게 살았다. 아들 하나가 문제였다. 3대 왕이 된 이방원이다. 개혁과 혁명을 두고 노선 논쟁을 벌이던 친구 정몽주를 멋대로 때려죽인, 야망으로 뭉친 아들이었다. 1392년 7월 12일 고려 공양왕이 폐위되고 닷새 뒤 이성계가 왕위를 계승했다. 한 달 뒤 아들의 야심을 경계하던 이성계는 막내 방석을 왕세자로 임명했다. 개국공신 명단에도 이방원은 빠져 있었다. 분란을 경계했기 때문이기도 했고 둘째 부인 신덕왕후 소생을 예뻐한 탓이기도 했다. 아들이자 함께 나라를 세운 개국공신 이방원은 분기탱천했다. 이방원은 두 차례에 걸쳐 손에 피를 묻혀가며 형제들을 죽여버렸다.

이방원은 1400년 1월 수도 개경에서 넷째 형 이방간과 시가전을 벌인 끝에 왕이 되었다. 늙은 아비는 고향 함흥으로 떠나버렸다. 한양으로 옮겼던 도읍은 2대 정종 때 다시 개경으로 돌아가 있었다. 아비는 양주 회암사와 함경도 안변 석왕사를 맴돌며 분을 삭였다. 태종은 사람을 보내 환궁을 청했다. 그때마다 이성계가 '화살을 날려 태종이 보낸 사람들을 죽여버렸다'고 사람들은 믿고 있고, 이 이야기는 '함흥차사'라고 세간에 전한다. 그러나 기록 어디에도 그 누구 하나 이성계의 손에 죽은 사람은 없으니, 이는 낭설이요 전설이며 거짓말이다.

1402년 11월 5일 안변 부사 조사의趙思義가 반란을 일으켰다. 이성계가 사주했을 가능성이 크다. 반역자는 삼족을 멸해야 마땅하거늘, 진압 후 벌은 관대했다. 반란 수농자인 조사의는 참수형을 받았지만, 이들을 진압하러 출정했다가 역으로 반란에 가담한 박만 같은 이들은 처벌을 받지 않았다. 박만은 곤장 70대와 유배형에 그쳤다.(1402년 12월 5일『태종실록』) 보름 뒤 사간원에서 박만을 죽여야 한다고 상소했으나 태종은 불허했다. 나머지도 곤장형과 유배형으로 끝냈다.

태종이 아들 세종에게 왕위를 물려주고 나서 또 관료들이 문제를 제기했다. 그러자 세종이 이렇게 말했다. "박만은 성격이 여려서 태상(이성계)의 명을 어길 수 없었을 것이니 어찌 법대로만 처리하겠는가(朴蔓性柔 不能違太上命耳 且蔓等事何得一一如法)."(1418년 10월 28일『세종실록』)

조사의 반란 진압에는 이방원이 직접 참가했다. 아들의 참전 소식에 이성계가 환궁을 결정했다. 12월 8일 이성계가 수도로 돌아왔다. 예순일곱 살. 이빨도 발톱도 없는 늙은 호랑이가 꼬리를 내렸다. 결론은, 함흥차사는 없었다. 함흥차사와 유사한 '도시 전설'은 또 있다.

의정부, 회암사와 이성계

개국 작업을 도운 사람 가운데 무학대사가 있다. 한양으로 도읍지를 결정하는 데에도 그가 있었고 함흥에서 이성계의 환궁을 유도한 사람도 그였다.

양주에는 회암사라는 절이 있었다. 이성계는 고향 함흥을 제외하고는 말년에 주로 회암사에서 무학과 함께 머물렀다. 자신이 묵을 궁실도 짓고 살았다.

고려 말 학자 목은 이색이 "아름답고 화려하기가 동국 제일"이라고 놀라워했던 그 절이 지금은 터만 남았다. 불교를 비난하는 유학자들이 1566~1595년 불태워 폐사됐다는 기록이 있다. 터만 남았지만, 그 규모는 입이 벌어질 정도다. 규모에 관한 한 '유적'이라고 세계에 보여줄 만한 대표적인 흔적이다.

절터 위 계곡 끝에 있는 새로운 회암사 언덕에는 무학대사 부도가 서 있다. 부도 몸통에 새겨진 용을 보면 발톱이 4개가 아니라 5개다. 황제라는 뜻이다. 장식

구리시 동구릉에 있는 이성계 건원릉. 고향 함흥에서 가져온 억새가 무성하다.

또한 흔히 보는 담백하고 단순한 승탑이 아니라 화려하기 그지없으니, 킹메이커의 유택으로 딱 맞다.

물러난 이성계는 구리시 동구릉에 묻혀 있다. 능 이름은 건원릉이다. 흔한 잔디 대신 무성한 억새풀로 뗏장을 입혀놓았다. 해마다 한식 때면 억새를 벌초하고 고유제를 지낸다. 이 카리스마 가득한 무장武將, 기구한 아버지가 용모를 단정히 하는 날이다.

역사의 진실과 의정부

의정부시 호원동 회룡골 입구 길거리에는 작은 표석이 서 있다. 이렇게 적혀 있다. '이성계가 마침내 한양 환궁 길에 올랐다. 이때 태종이 이곳까지 친히 나와서 맞이했는데 그 상봉지가 전좌마을이 되었고 이곳에서 대신들과 정사를 논했다고 하여 의정부라는 지명을 얻었다.'

1402년 당시 조선 수도는 개경이었으니 '한양'은 틀렸다. 함흥에서 개경으로 가려면, 이성계가 노망에 걸리지 않은 한 양주 땅까지 남하했다가 북상할 이유가 없다. 실록에는 '12월 8일 금교역金郊驛에 나가서 태상왕을 맞이했다(1402년 12월 8일 『태종실록』)'라고 기록돼 있다. 금교역은 황해도 금천에 있으니 이 또한 틀렸다.

'대신들과 정사를 논했다 하여 의정부라는 지명을 얻었다'라는 말도 틀렸다. 3년 뒤인 1405년 9월 13일 이성계가 한양으로 가고 10월 20일 태종이 창덕궁에 들어가면서 한양 환도還都가 공식적으로 이뤄졌다. 그러니, 다 틀렸다.

의정부 사패산 석굴암에 있는 김구 친필. 그런데 김구는 이곳에 온 기록이 없다.

의정부라는 지명은 1912년 총독부가 만든 『구한국지방행정구역 명칭 일람』에 양주군 둔야면 의정부리로 처음 등장한다. 조선 후기 전국에는 중앙 관청의 소모품을 조달하는 토지 둔토屯土가 있었고, 양주에는 의정부가 관할하는 의정부둔議政府屯이 있었다. 20세기 초 생긴 지명 의정부의 근원은 기록상 이 토지명이 유일하다. 의정부 신곡동에는 이에서 나온 둔매미마을이 있다.

하나 더. 의정부 사패산에는 백범 김구가 상해임시정부로 떠나기 전 피신했다는 석굴암이 있다. 『백범일지』에 따르면 김구는 1919년 3월 말 고향 황해도 안악을 떠나 사리원-평양-신의주-단동을 거쳐 배를 타고 4월 초 상해로 들어갔다. 의정부 산속에 은거할 동선動線도 아니고, 기록도 없다. 백범김구기념관 측은 "광복 후 김구가 전국을 순회하며 사패산에 들렀을 가능성이 크다"고 했다. 석굴암 암각은 그때 지역 유지가 받아서 훗날 새겼을 가능성이 크다. '金九'라 적힌 글자 옆에는 '戊子仲秋遊此(무자년 가을 이곳에 나들이하다)'라 새겨져 있다. 무자년은 1948년 가을이다. 그런데 필체가 다르다. 백범김구기념관에는 '1946년 6월' 석굴암에서 지역 유지와 촬영한 기념사진이 있다. 자칫하면, 100년 뒤 대한국인에게 이 모든 것들이 사실史實이 된다. 도시 전설들이 정사正史가 되는, 무식하고 무서운 일이 벌어지는 것이다. 땅의 역사

03 그때 태종의 왕자들에게 무슨 일이 있었나

태종 이방원의 아들들, 권력 투쟁 전말기

세상은 넓고 미담美談은 많다. 미담 가운데 괴담怪談 또한 적지 않으니, 세상사는 가려서 들어야 한다. 1980년대 서울대생들 사이에 괴담이 떠돌았다. 이러했다.

"도심에서 데모를 일삼는 서울대생이 보기 싫어서, 어느 날 대통령 박정희는 서울 동숭동에 있는 서울대 이전을 지시했다. 낙점된 곳이 관악산 아래였다. 대통령이 물었다. 관악산은 오행 상 화산火山이요 도적이 들끓던 산인데? 아랫사람이 걱정 말라고 했다. 경복궁을 만들 때 정도전이 광화문 앞에 해태상을 세워 화기火氣를 눌렀다는 것이다. 보완 작업으로 서울-과천 남태령 고개도 뚫었다. 서울대 후문 쪽 강감찬 사당, 낙성대도 증축했다." 그런데 서울대생 데모는 끊이지 않았으니 어찌 된 일인가. 잠시 뒤 보기로 한다.

그 관악산에 연주대戀主臺가 있다. 주군을 그리워한다는 바위다. 조선 3대 군주 태종 이방원의 두 아들 양녕과 효령대군이 올랐던 절벽이다. 셋째 동생 충녕에게 왕위를 물려주고서 두 형이 올라 한양도성을 바라봤다는 절벽이다. 칼을 묶어서 세운 듯한 절벽 위에는 신라 승려 의상이 암자를 세워놓았다. 칼바람 부는 겨울날, 연주대를 바라보며 물어본다. 양녕과 효령, 정말 너그러이 권력을 양보하였는가.

경기도 과천 관악산 꼭대기 연주대. 동생에게 왕위를 양보한 양녕과 효령이 들렀다는 곳이다.

1418년 6월 3일 어전회의

왕이 말했다. "백관百官의 소장 사연을 내가 읽어 보니 몸이 송연悚然하였다. 천명이 이미 떠나가 버린 것이므로, 이를 따르겠다." 태종은 이 말과 함께 세자 이제李禔를 폐하여 광주廣州에 추방하고 충녕대군忠寧大君을 왕세자로 삼았다. 태종이 왕위에 오르고 18년째인 1418년 6월 3일 어전회의에서 벌어진 일이다. 그렇게 왕세자가 셋째 아들로 전격 교체되고 두 달 뒤인 8월 11일 세자가 왕위에 오르니 그가 세종대왕이다. 왕은 세자의 악행을 고발하는 소장을 전격적으로 받아들였다. 전광석화 같았다.

그저 왕실 사내로 생을 마칠 셋째 아들 이도李祹가 훗날 왕이 되었다. 대한민국 사람들에게는 한글이라는 과학적인 문자를 갖게 된 기념비적인 날이었다. 좋든 싫든 세 왕자에게는 날벼락이 떨어진 날이었다. 실록에 따르면 이틀 뒤 태종은 '제禔를 강봉해 양녕대군讓寧大君으로 삼았다.' 평온하게 세자 위를 물려준 왕자라는 뜻이다. 과연, 평온하였는가.

괴물 어리(於里)와 왕세자

"어리於里는 마음을 미혹하는 화근이요 괴물이니, 법대로 처치하여 자손만세 경계를 보이소서."(1418년 6월 4일 『태종실록』) 실록은 왕세자 제禔의 퇴출 원인으로 어리라는 여자를 지적했다. 어리는 세자 시절 양녕대군의 첩이다. 양녕과 어리와의 만남은 이러하였다.

"어리의 아름다움을 들은 적이 오래였다. 소문을 듣고 친히 그 집에 가서 나오라고 하니 어리가 마지못해 나왔는데, 머리에 녹두분이 묻고 세수도 하지 아니했으나, 한 번 봐도 미인임을 알 수 있었다. 내가 타고 온 말에 태우고 나는 걸었다. 그날 밤 광통교廣通橋 가에 있는 오막집에서 자고, 이튿날에 어리는 머리를 감고 연지와 분을 바르고 저물녘에 말을 타고 내 뒤를 따라 함께 궁으로 들어오는데,

어렴풋이 비치는 불빛 아래 그 얼굴을 바라보니, 잊으려도 잊을 수 없이 아름다웠다."(1419년 1월 30일『세종실록』)

현대 하이틴 로맨스 소설을 보는 듯하다. 어리는 전 중추 부사 곽선이라는 자의 첩이다. 유부녀다. 양녕대군은 그 미모에 홀려 궁으로 끌어들였다. 이 같은 사실이 아버지 태종 귀에 들어갔다. 어리는 궁에서 쫓겨났다. 양녕은 혼꾸멍이 났다.

그런데 1년 뒤 양녕의 집에 유모乳母가 들락거리는 장면이 목격됐다. 양녕이 어리를 데려와 딸까지 낳은 것이다.(1418년 3월 6일『태종실록』) 태종이 불같이 화를 내자 양녕이 상소를 이리 올린다. '전하의 시녀는 다 궁중에 들이는데 (…) 어리를 쫓아내시면 득보다 실이 훨씬 많을 것이외다(殿下侍女盡入宮中 (…) 禁此一妾所失多而所得少).'(1418년 5월 30일『태종실록』) 태종은 "(듣자하니) 모두 나를 욕하는 말(此言皆辱予)"이라 말했다. 사흘 뒤 양녕이 쫓겨났다.

경기도 광주로 쫓겨난 양녕은 반 년 뒤 담장을 넘어 야반도주했다. 태종은 양녕에게 현상수배령을 내렸다. 양녕의 허물을 모두가 어리에게 돌리니, 어리는 근심스럽고 분함을 이기지 못하여 이날 밤 목을 매어 죽었다(1419년 1월 30일『세종실록』) 양녕은 열여섯 살에 봉지련鳳池蓮을 시작으로 소앵小鶯, 초궁장楚宮粧 같은 기생과 놀아난 세자였다. 방미선이라는 자의 손녀가 예쁘다는 말에 그 집에 가서 하룻밤을 자기도 했다.

끝없는 부조리

초궁장은 큰아버지 정종의 첩이기도 했다. 봉지련 사건 때 태종이 봉지련을 하옥시키자 양녕은 단식투쟁 끝에 그녀를 석방시키고 비단까지 선물로 받아냈다.

이 같은 악행 뒤에는 세자를 등에 업고 귀에 발린 말을 해대는 무리들이 있었다. 방미선 손녀의 미색을 알려준 자도 그 무리였고, 세자 이불보까지 짊어지고 그 집으로 세자를 끌고 간 자도 그들이었다. 어리 사건 때 유모를 딸려준 사람은

서울 서초구 내곡동에 있는 헌릉. 맏아들로 골치를 썩은 태종 부부 무덤이다. 아주 화려하다.

김한로였다. 실록에는 이렇게 적혀 있다. '다시 김한로金漢老의 음험한 계책을 써서 어리를 궁중宮中으로 몰래 불러 들여 아기를 배어 낳기까지 하였는데'(1423년 2월 16일 『세종실록』) 김한로는 다른 사람도 아니고 양녕의 장인이었다. 말 다 했다.

여색女色은 성장한 이후 취미였다. 공부는 어릴 적부터 문제였다. "딱하다. 저 아이여! 내가 말하여도 캄캄히 알지 못하니, 슬프다! 언제나 이치를 알 것인가(嗟哉彼童! 我雖與言 茫然無知 噫! 何時而識理乎)?"(1403년 9월 22일 『태종실록』) 수업에 결석을 수시로 함은 물론, 책을 읽어도 외우지 못했다. 태종은 차마 아들은 때리지 못하고 시중을 드는 내시 볼기를 때렸다. 내시는 "어찌 이게 나의 죄인가(此豈奴之罪也)?"하고 세자에게 대들기까지 했다. 열한 살 먹은 세자는 '기뻐하지

아니하였다(世子不悅).(1405년 10월 21일『태종실록』)

이러저러한 행동에 세자를 폐하고 벌하라는 상소가 장맛비처럼 쏟아졌다. '자식 못 이기는 아비' 태종이 마침내 어리 사건에 인내심을 놓아버린 것이다.

'평온히 왕위를 양보하다'

밤이 깊도록 세자가 기생 초궁장을 끼고 술을 마시다가 공주에게 이르기를, "충녕忠寧은 보통 사람이 아니다(忠寧非常人也)."(1414년 10월 26일『태종실록』) 실록에 보이는 몇 가지 드문 언행에 '평온히 양보했다'는 뜻을 가진 '양녕讓寧'이라는 군호에, 사람들은 그가 동생 충녕의 인품을 보고 미친 척을 하고 세자 위를 내놓았다고 말한다.

논리가 성립하려면 객관적인 결과가 있어야 한다. 모든 악행은 세상 물정을 안 이후에 벌어졌어야 했다. 또 동생이 왕이 된 이후에는 악행을 그치고 왕을 보필했어야 한다. 그래야 '양녕'이 성립한다. 실록을 읽어본다.

'세자가 노하였으나 애써 충녕의 말을 따랐다. 이후 세자는 대군大君을 매우 꺼려하였다.'(1416년 3월 20일 『태종실록』, 「충녕대군의 충고에 대한 반응」) 뿐만 아니다. 어리 사건으로 정신이 없던 양녕이 길에서 충녕을 만났다. 세자가 화를 내며 "어리의 일을 반드시 네가 아뢰었을 것이다"하니 충녕대군이 대답하지 아니하였다.(1418년 5월 11일 『태종실록』)

세종이 왕위에 오른 뒤는 어떠하였는가. 쫓겨난 광주 땅에서 남의 첩을 내놓으라 행패를 부리고(세종 1년), 남의 논을 빼앗고(세종 2년), 백성을 동원해 집을 짓고 술을 먹여 죽게 한 뒤 '나를 벌하면 나와 전하 사이가 소원해질 것'이라 동생을

서울 동작구 상도동 양녕대군묘. 양녕대군 사당인 지덕사 경내에 있다.

협박하고(세종 4년), 중국 사신 접대를 무시하고 창녀와 놀고, 아버지 태종이 죽고 20일 만에 논에 가서 노래를 부르고(세종 5년), 인명 피해를 이유로 금지된 집단 돌싸움을 아들들과 함께 진두지휘했다(세종 20년). 왕이 된 동생을 보필하는 행동은 아니다. 한걸음 더 나아가 본다.

세종이 죽고 문종에 이어 단종이 즉위했다. 1452년이다. 주지하다시피 수양대군은 이듬해 조카 단종을 불법적으로 왕위에서 끌어내리고 권력을 차지했다. 그즈음 양녕은 자기 조카인 수양대군과 절친하게 되었다. "수양首陽은 천명天命이 있는 사람이다."(1452년 윤9월 27일 『단종실록』) 열흘 뒤 양녕의 집에서 술 잔치가 벌어졌다. 모두 쓰러지고 수양만 멀쩡했다. 양녕이 이리 말한다. "천하의 호걸豪傑이다(此天下豪傑也)."

1453년 10월 10일 수양의 쿠데타, 계유정난이 성공했다. 양녕은 주요 국가 행사에는 빠짐없이 참석했다. 사흘 뒤 세조가 동생인 안평대군 처리 문제로 고민하자 양녕은 '마땅히 목을 베라(請皆梟首)'고 종용했다.(1453년 10월 13일 『단종실록』) 4년 뒤 세조가 공식적으로 왕위에 올랐다. 양녕은 "속히 결정해 보류함이 없기를 바라고 있다"고 거듭 청한다.(1455년 1월 29일 『세조실록』) 조카 손주를 하루빨리 죽이라는 것이다. 재촉은 그해 겨울까지 거듭됐고, 평민이 된 조카는 큰할아버지 주청대로 되었다. 유배지 강원도 영월에서 사약을 받은 것이다. 실록에는 사약을 거부하고 목을 매 자살했다고 기록돼 있다.

이러한 행동에 대해 '덕이 지극히 높은 평온한 권력 이양'이라는 평가를 받은 것은 200년 뒤인 1675년이다. "양녕은 왕위를 스스로 양보한 지극한 덕이 있으니."(1675년 3월 26일 『숙종실록』) 서울 상도동에 있는 양녕대군 사당도 지덕사至德祠, 덕이 지극하다는 뜻이다.

고자질쟁이 세종

세종은 어떠했는가. 학문을 밝히고 영민한 왕자였다. 권력에는 뜻이 없는 군자였다. 그런데 이상한 기록이 있다.

금지된 사랑, 어리와 왕세자 양녕이 벌인 불륜을 도대체 태종이 어찌 알았을까. 저 아름답고 낭만적이기 짝이 없는 달밤의 사랑이 어떻게 세상에 알려졌을까. 사관史官이 왕세자의 뒤를 일일이 쫓아다닐 수는 없는 법. 실록을 본다. 1419년 세종 1년 1월 30일 자 기사는 이렇게 시작한다. "세자가 일찍이 금상今上더러 이르기를." 금상은 지금 왕이니, 세종이다. 그러니까 맏형이 동생에게 자랑스레 털어놓은 연애담이 한 자도 빠짐없이 아버지에게 전달된 것이다. 그러니 기생 어리 스캔들을 아버지에게 고자질했다며 자기를 다그치는 형에게 충녕이 묵묵부답할 수밖에. 실록 마지막 문장은 이렇다. '임금(세종)은 이 사실을 다 상왕(태종)에게 아뢰었다(其後上皆啓上王).' 한 자도 빼놓지 않고 고자질했다는 말이다. 왜 그랬을까. 문득 어릴 적 기록을 보니 미뤄 짐작해볼 구석이 있다.

'이 작은 왕자가 또한 장長을 다투는 마음이 있다(此小王子 亦有爭長之心).' (1409년 9월 4일『태종실록』) 이 작은 왕자는 효령과 충녕을 가리킨다. 서로 앞서려는 경쟁심이 어릴 적부터 있었다는 뜻이다. 왕자들의 교육을 담당한 김과金科가 한 말이다. 훗날 태종의 채근에 김과는 "왕자들이 네 살, 다섯 살 때 내가 그런 말을 분명히 했다"고 거듭 말했다.

땅에는 흔적이 남고 문헌에는 기록이 남는다. 미담이 괴담일 때가 있고 괴담도 미담일 때가 있다. 양녕, 정녕코 권좌에 뜻이 없었는가. 충녕, 당신도 정말 야심이 없었는가.

연주대가 있는 관악산 괴담

그리하여 양녕과 효령은 관악산 연주대에 올라 신세를 한탄했다. 세월이 지나서 관악산에 괴담이 쌓였다. 괴담이 난무했는데 서울대생 데모가 끝이 없었다. 자초지종을 알아보니 어이가 없었다. 일제 강점기 광화문을 재건한 이후 문 방위가 5도 틀어져 있던 것이다. 하여 문 앞 해태들은 허공을 바라보았고, 화기를 보충받은 서울대생 데모는 더 거세졌다. 남태령으로 관악산 지맥을 끊었어도 소용이 없었다.

낙성대 증축은? 서울대 남학생들이 말했다. '5척 단신 강감찬 장군 기에 눌려 서울대 남자애들 키가 170㎝를 넘지 못한다'고."

이제 광화문도 제 각도를 찾았고 해태는 똑바로 관악산을 바라본다. 서울대생들도 자랄 만큼 자랐다. 괴담도 사라졌다. 연주대를 본다. 다시 물어본다. 양녕, 정녕코 권좌에 뜻이 없었는가. 충녕, 당신도 정말 야심이 없었는가. 땅의 역사

광화문에 위치한 세종대왕 이도(李祹, 1397~1450)의 동상. 어릴 적부터 형제 간 권력 투쟁 조짐이 있었다.

04 자식 사랑 지나치니 역사가 바뀌더라

세종 며느리 잔혹사와 둘째 며느리 윤씨

오대산 월정사 전나무 숲. 조카로부터 권력을 빼앗은 세종의 둘째 아들 수양대군이 피부병을 고치러 들렀던 곳이다.

조선 4대 임금 세종은 열한 살이던 1408년 두 살 연상인 청송 심씨와 결혼해 4년 뒤 딸을 낳았다. 열 살에 요절한 정소공주다. 아빠가 된 나이가 열다섯 살이었다. 31년 뒤인 1439년 후궁 신빈 김씨 사이에 막내 담양군 이거李璖를 낳았다. 자식 농사, 대풍大豐을 거두었다. 그 가운데 세종이 가장 예뻐한 아들이 1434년 정비 소헌왕후가 낳은 막내 적자 영응대군 이염李琰이다. 세종은 정비와 후궁 합쳐서 부인이 6명이었다. 자녀는 22명이고, 그 가운데 아들이 18명이었다.

신하들에게 혹독한 상사였다. 본인 스스로 혹독한 일벌레였다. 아버지 태종을 걱정시킬 정도로 고기 없이는 밥을 먹지 않는 편식가였다. 건강에 나쁜 일은 골라서 했다. 이러저러한 이유로 세종은 당뇨와 안질, 비만 따위 성인병을 평생

앓았다.

아들이 많다보니 며느리도 많았다. 지위 고하를 막론하고 그 시대 부모들은 아들 잘 내조할 여자를 찾고 또 찾았다. 세종도 그랬다. 그런데 좀 많이 그랬다. 며느리 하나하나를 직접 챙겨 아들 장가보내고, 장가 간 아들을 강제로 이혼시켜 더 나은 규수를 며느리로 들였다. 아버지 세종의 며느리 간택 작업, 과연 성공했는가. 끝이 좀 잔혹했다. 자, 성군 세종의 며느리 잔혹사. 시작은 1425년 세종 7년 1월 5일 풀린 전국 결혼 금지령이다.

질투와 동성애 - 맏며느리들

실록에 따르면 이날 세종은 이조판서 허조에게 이리 명하였다. '세자빈을 간택하기 위해 13세 이하 처녀들 혼인을 금지시켰는데, 부모가 늙고 병들어 속히 혼인을 이루려는 자가 있을 것이니 합당한 자 2, 3명을 간택하고 나머지는 혼인을 허용하도록 하라.' 혼기가 찬 왕세자 문종 부인을 고르기 위해 내렸던 금혼령을 풀겠다는 말이다. 최고 규수를 다른 집안에 빼앗기지 않겠다는 조치였다. 그런데 뭐가 꼬였는지 결혼 금지령은 넉 달 뒤인 5월 1일에야 풀리고, 2년 뒤에야 장남 문종 혼례식이 거행됐다. 성대한 결혼식이었다. 안동 김씨 처녀는 훗날 휘빈 김씨에 책봉된다.

아비를 쏙 닮아 학문에 열중한 세자였다. 세종이 만들어준 경복궁 동궁 집무실에 틀어박혀 공부만 하는 남편이었다. 왕이 될 남편이었다. 학업에 열중하는 열세 살짜리 남편을 사무실에 두고, 휘빈 김씨는 속을 앓았다. 공부만 할 줄 알았던 남편이 덕금이, 효동이 같은 궁녀들과 놀아난다는 말도 돌았다. 하여 휘빈 김씨는 호초胡椒라는 시녀에게 '남편에게 사랑을 받는 술법'을 물었다. 술법은 이러했다. 궁녀들 신발을 태워 그 재를 술에 타서 남편에게 먹이기. 교미 중인 수컷 뱀의 정액을 천에 묻혀 가지고 다니기. 그러면 남편이 돌아온다고 했다. 며느리를 심문했던 세종이 이리 말하였다. "뜻밖에도 (며느리) 김씨가 미혹媚惑시키는 방법으로써 압승술壓勝術을 쓴 단서가 발각되었다." 주술을 썼다는 말이다. 세종 11년, 1429년 7월 18일 일이다. 세종은 호초를 옥에 가두고 며느리를 쫓아냈다. 이튿날 세종은 종묘에 모신 왕실 조상에게 이런 사실을 고하고 휘빈 김씨 아버지 김오문과 큰아버지 김중엄을 파면했다. 호초의 아버지 원주 목사 이반도 파면하고 호초는 목을 베 처형했다. 그날 전국에 다시 금혼령이 떨어졌다.(1429년 7월 20일『세종실록』)

석 달 만에 새로운 며느리가 간택됐다. 이번에는 순빈 봉씨다.

왕실의 평화, 7년 갔다. 1436년 10월 26일 세종이 이리 말한다. "괴이한 일이 있는데 이를 말하는 것조차도 수치스럽다." 그리고 한마디 더 한다. "부모일지라도 침실寢室 일까지 어찌 자식에게 가르칠 수 있겠는가."

세자와 세자빈 사이에 자식이 없었다. 고심 끝에 세종이 아들을 위해 후궁 셋을 들였다. 후궁 승휘 권씨가 임신을 하자 사달이 났다. 봉씨가 자기도 임신을 했다고 소동을 피우고, 궁궐 물건을 친정으로 빼돌리다가 발각된 적도 여러 번이다. 그리고 이해할 수 없는 괴이한 행동을 했다. '시녀들 변소에 가서 벽 틈으로부터 외간 사람을 엿보고' '시녀들과 잠자리를 한다'는 것이다. 세종이 놀라서 소헌왕후와 함께 소쌍召雙이라는 시녀를 불러 캐물으니 이리 답했다. "빈께서 윽박지르므로 마지못해 옷을 반쯤 벗고 병풍 속에 들어갔더니, 나머지 옷을 다 빼앗고 강제로 들어와 눕게 하여 남자의 교합하는 형상과 같이 서로 희롱하였습니다."(1436년 10월 26일『세종실록』) 세종은 그날로 며느리를 쫓아내고 이리 명했다. "추잡한 일은 빼고 다른 일만 적어서 세상에 알리라."

쫓겨난 봉씨 대신 경혜공주를 낳은 승휘 권씨가 세자빈으로 승격됐다. 권씨는 세자가 왕위에 오르기 전 죽어 현덕왕후에 추증됐다. 문종은 새로운 왕비를 맞지 않았다. 왕비 없이 권좌에 있던 유일한 왕이다. 물론 후궁은 여럿 있었지만.

골머리를 앓은 시아버지, 세종

며느리에 관해 골치 아픈 일은 한두 가지가 아니었다. 순빈 봉씨를 내쫓기 3년 전, 세종이 정승들에게 타는 속을 털어놓았다. 넷째 며느리 남씨에 관해서다. "남씨가 12세가 넘었는데 아직 오줌을 싸고 눈빛이 바르지 못한 데다 혀가 심히 짧고 행동이 미친 듯하다."(1433년 6월 14일 『세종실록』) 하도 이상하여 세종이 탐문한 바, 남씨는 어릴 때 미친병이 생겨 치료를 받았고, 운수가 좋아서 대군의 배필이 되었다는 것이다. "오히려 믿지 못하여 날마다 두고 보았더니, 행동이 방자하여 떳떳함이 없으므로 좌우에서 웃었으나 조금도 괴이히 여기지 아니하였으니 과연 소문과 같다." 아홉 살에 궁중으로 시집온 남씨는 3년 만에 쫓겨났다.

다섯째 며느리 평산 신씨는 엄한 성리학 시대에 불교를 숭상했다. 남편 광평대군이 요절하자 스스로 비구니가 되었다. 그리고 시아버지가 내려준 막대한 재산 절반을 털어 절을 지었다. "초파일에 법회를 여니, 그 수가 1000명이 넘었다."(김수온, 『식우집拭疣集』, 「견성암법회기」) 한강 남쪽에 세웠던 이 웅장한 절 견성암이 지금 서울 강남 봉은사다. 토지가 70결이 넘고 노비가 1000명이 넘었다. 세종 시대 토지 1결은 1등급 땅이 3000평 정도였으니 절 땅이 자그마치 21만 평이다.(한국민족문화대백과) 조정에서 신씨를 처벌하자고 했지만 손자 격인 성종은 묵살했다.(1471년 9월 14일 『성종실록』)

막내며느리 송씨와 정씨

세종 나이 서른일곱. 지금으로 치면 쉰이 넘은 늘그막에 세종과 소헌왕후 사이에 아들이 태어났다. 영응대군이다. 세종은 막내를 무르팍에 올려놓고 떼놓지 않았다. 다른 아들들이 궁중 예법에 따라 그를 '진상進上'이라 불렀지만 영응에게는 '아버지'라 부르게 했다.(영응대군 신도비) 함께 사냥에 나가서 지친 짐승이 보이면 일부러 아들에게 몰아주기도 했다. 기력이 쇠하자 세종은 영응대군 집으로 들

월정사 동자상 복장에서 나온 회장저고리. 피부병 진물 흔적이 남아 있다.

어가 죽음을 맞았다. '어부御府에 대대로 전해 내려오던 보화寶貨가 모두 염에게로 돌아갔다.' (1467년 2월 2일 『세조실록』, 「영응대군 졸기」) 전 재산을 막내아들에게 줬다는 뜻이다.

1444년 7월 세종은 직접 경복궁 사정전에서 처녀들을 면접하고 막내며느리를 골랐다. 대방부부인 여산 송씨다. 영응대군 열 살 때다. 그런데 5년 뒤 세종은 송씨를 또 쫓아낸다. '병에 걸려서' 쫓겨난 것이다. 실록에는 병명이 적혀 있지 않으니, 사람들은 '아들 못 낳는 병'이라 추정한다. 아들 영응대군은 해주 정씨 규수와 강제로 결혼했다.

그런데 막내아들은 아버지 등쌀을 참지 않았다. 재혼한 뒤에도 첫 아내 송씨 집을 수시로 찾아가 정을 나누더니 딸까지 낳았다. 그것도 둘씩이나. 급기야 둘째 부인 정씨와 이혼하고선 송씨와 또 다시 결혼을 해버렸다. 실록은 기록한다. '부왕 명령에 송씨를 버렸고 정씨는 버릴 만한 죄가 없는데도 사랑과 미움으로 내쫓고 받아들였다.'(「영응대군 졸기」) 정씨는 스스로 기별부인棄別婦人(이혼한 여자)라 칭하며 홀로 살았다. 정작 송씨는 '남편이 죽자 보물을 모두 팔아서 불찰佛刹을 영건營建하니, 그 경비가 1백만이었다.'(1469년 10월 6일 『예종실록』) 막내 왕자의 이혼과 재혼. 이후 왕실 스캔들은 역사를 바꾸는 사건으로 확대된다. 주인공은 영응대군의 둘째 형, 수양대군이다.

며느리 잔혹사의 승자, 정희왕후

첫 아내를 못 잊는 막내를 데리고 다닌 사람이 둘째 형 수양대군이다. 수양은 조카 단종이 등극한 뒤 영응 손을 잡고 송씨 집을 들락거렸다. 송씨 오빠 송현수가 수양의 친구였다. 수양은 세상 손가락질을 받으며 막냇동생에게 사랑을 돌려줬고, 대신 권력에 한걸음 다가갔다. 그리고 송현수의 딸을 자기 조카, 단종에게 시집보냈다. 그녀가 정순왕후다.

허울만 있는 권력자 주변을 측근으로 채운 수양이 마침내 정적들을 죽이고 권력을 잡았다. 그가 세조다. 수양이 김종서를 찾아가 던진 질문이 영응대군 처리 문제였다. "영응대군 부인 일을 탄핵하려고 하는데, 정승이 지휘하십니까?"(1453년 10월 10일『단종실록』) 말 없는 김종서 머리에 철퇴가 떨어졌다. 죽인 자 가운데에는 절친한 동료 송현수도 있었다. 송현수의 사위이자 자기 조카이자 왕인 단종도 있었다.

자, 이제 며느리 잔혹사 마지막 장章, 세종의 둘째 며느리 정희왕후 윤씨 이야기다.

'처음에 정희왕후 언니와 혼인 말이 있어 감찰각시가 집에 가니 (정희왕후가) 짧은 옷과 땋은 머리로 주부인의 뒤에 숨어 보는 것이었다. 범상치 않게 본 감찰각시 추천으로 언니 대신 동생이 세종 며느리가 되었다.'(이희,『송와잡설松窩雜說』) 보통 여자가 아니었다. 1428년. 수양은 열두 살, 정희왕후는 열한 살이었다. 시아버지 세종 또한 생전에 그녀를 총애하였다. 맏며느리 휘빈 김씨에 질린 탓도 있었다.

남편 나이 서른다섯 살 때 부엌에 있는 가마솥이 징징대고 울었다. 이에 비파라는 무당이 아내 윤씨를 찾아와 이리 말했다. "남편이 서른아홉 살에 등극할 징조요." 4년 뒤 계유정난이 났다. 쿠데타를 일으키러 나가는 남편 수양에게 갑옷을 입혀 격려한 사람도 그녀였다. 머뭇대는 남편 등을 떠밀었다는 기록도 있다.

마침내 수양이 왕이 되었다. 세조는 13년 권세를 누리다 죽었다. 아들 예종이 요절하고 손자 성종이 열세 살에 왕이 되었다. 정희왕후는 이후 6년을 수렴청정하며 성종을 다스리고 권력을 완성했다. 스스로 "나는 글을 읽지 못하니 자격이 없다"고 말할 정도로 자신감 넘치는 여걸이었다. 그 여걸이 경기도 포천 광릉에 남편 세조와 위풍당당하게 나란히 잠들어 있다. 골짜기 하나를 사이에 두고 햇살을 함께 받고 있다.

나비효과다. 성실한 천재, 세종이 칭조한 며느리 세계였지만 야심만만한 아들 수양이 그려왔던 큰 그림 속에서 그 세계는 내부에서 붕괴됐다. 아버지가 펄럭인 날갯짓에 세상이 온통 바뀌었다. 수양이 승자였다. 그 승자 뒤에는 아내 윤씨가 있었다. 땅의 역사

세종 며느리 잔혹사 최후의 승자 정희왕후의 능

05 일 중독자 세종 사후 18년, 그 무덤을 옮기매

세종대왕릉 영릉과 성주 왕자 태실의 비밀

세종대왕릉인 경기도 여주 영릉. 내곡동 태종릉 옆에 있던 세종릉을 이곳으로 옮기며 적지 않은 민폐를 끼쳤다.

뚱뚱한 우리 임금님

친형제를 죽이고 왕위에 오른 냉정한 권력자 태종이지만, 아들 건강에 관한 한 그저 아버지였다. 왕위를 물려받은 셋째 아들 세종이 고기만 밝히는 데다 운동도 하지 않는 책벌레이니 걱정이 태산 같았다. 왕이 되었으니 직접 말은 하지 못하고 신하들을 불러 따로 조언을 한다. '내 아들은 고기가 없으면 밥을 못 먹습니다. 절대로 채식은 안 합니다. 내 아들은 노는 걸 좋아하지 않아 뚱뚱해졌으니 반드시 운동을 시켜야 합니다(主上不喜游田 然肌膚肥重 須當以時出遊節宣).'(1418년 세종 즉위년 10월 9일『세종실록』) 그리하여 성군聖君 세종대왕은 왕위 등극 두 달 만에 아버지를 따라 강제로 사냥과 군사훈련에 참가해야 했다.

임금님 수라상과 건강은 이후 초미의 관심사가 되었다. 가뭄에 절식을 하겠다는 세종에게 오히려 의사들이 이렇게 말할 정도였다. "'내 아들은 고기나 생선 없이 찬을 줄여 내면 먹지 않는다'는 태종 임금 말씀이 귓가에 쟁쟁합니다. 어찌 이러십니까."(1440년 6월 29일 『세종실록』) 이보다 4년 전, 약술을 드시라는 신하들 말에 세종은 이렇게 말했다. "내가 하루에 네 끼를 먹는데, 이걸로 족하다."(1436년 윤6월 7일 『세종실록』) 하루에 네 끼. 요즘 '먹방'이 떠오르는 대화다.

채식 또한 편식을 했다. 성현(1439~1504)이 쓴 『용재총화』에 따르면 '지금까지 궁궐에 가득 찬 앵두는 문종 임금이 손수 심은 것이다.' 왕세자 시절 문종이 후원에 손수 심은 앵두를 아버지 세종에 올리니, "외간外間에서 올린 것이 어찌 세자世子의 손수 심은 것과 같을 수 있겠는가?"라며 기뻐하였다.(1452년 5월 14일 『문종실록』)

53년 인생, 재위 기간 32년 동안 세종은 기록할 수 없을 정도로 많은 일을 행했다. 편식을 줄이고 공부 또한 조금만 게을렀다면 환갑 지나고 고희 지나 더 업적을 남겼을지도 모른다. 아버지 태종이 '장엄하고 엄중한(莊重)' 사람이라 평했던(1418년 6월 17일 『태종실록』) 아들이었지만, 건강을 돌볼 줄 몰랐다.

고생하는 관료들

최고 권력자가 건강을 팽개치고 국사를 돌보는데, 그 신하들이 게으를 수가 없다. 황희 정승 사직서 제출사를 본다.

1427년 10월 7일 부모상을 당해 3년 동안 휴직계를 낸 정승 황희를 100일 만에 업무에 복귀시켰다. 그때 황희는 예순네 살이었다.

그해 11월 12일 세종은 "앞으로 국정에 관계되는 이가 아니면 상중에는 복직시키지 않겠다"고 약속했다. 조선 시대 관료들은 부모상을 당하면 3년 동안 휴직이 의무였다. 하지만 특별한 때에는 이들을 상중에도 복직시킬 수 있었다. 이를 '기복起復'이라 한다. 기복 금지 약속은 지켰다. 하지만 거기까지였다.

보름 뒤 11월 27일 세종은 세 번 복직 명령 철회를 신청한 황희를 기어이 복직시키며 직접 불러 고기를 먹였다. 황희는 결국 "어찌 감히 따르지 않으오리까"하며 머리를 조아리고 자리에서 나아가 울면서 고기를 받아먹었다(於是稽顙哭泣就坐而食).(1427년 11월 27일 『세종실록』) 5년 뒤 황희가 고령을 이유로 사직서를 제출했다. 세종은 "갑자기 물러가 한가롭게 지내기를 청하는가"라며 거부했다.

7년 뒤 1439년 황희가 동료 도승지 김돈을 시켜서 다시 사직의 뜻을 올렸다. 김돈이 "황희가 아래로 피를 흘리고 귀와 눈이 어둡다고 한다"고 넌지시 보고했다. 세종은 "진짜 그러한가 직접 봤냐"고 따져 물었다. "귀는 어두우나, 정신은 혼미하지 않는 듯…"이라 우물쭈물대는 김돈에게 세종은 황희의 재택근무를 명했다.(1439년 6월 11일 『세종실록』) 황희 나이 일흔여섯이었다. 1449년 5월 가뭄이 들었다. 황희 나이 여든여섯이었다. 5월 27일 황희가 또 말했다. "나이가 구십에 가까운데 공이 없이 월급만 받으니 하늘이 노한 것이오. 그러니 사직서를 받아주시길." 이 또한 거부됐다. 세종은 그해 10월 5일에야 은퇴致仕(치사)를 허가했다. 이듬해 세종이 죽었다. 2년 뒤 황희가 죽었다. 지금 나이로 아흔 살이었다.

1434년 12월 판중추원사 허조許稠도 질병을 이유로 사직서를 냈다가 거절당했다. 5년 뒤 1439년 11월 21일 좌의정이 된 허조가 세 번째 사직서를 제출했다. 세종이 말했다. "근래 밤낮으로 근무하기에 병이 나은 줄 알았다. 그런데 과로가 병이 될 줄 몰랐다. 안심하고 몸 관리하시라." 사표는 반려했다. 실록에 따르면 허조는 '한 달 뒤인 12월 28일 일흔한 살로 졸卒하였다'.

세종 재임 기간 유능한 관료들에게 집안 상사喪事는 핑계가 되지 않았고, 고령과 질병도 문제가 되지 않았다. 오로지 일이었다. 하지만 실록이나 다른 사료 어디에도 악덕 고용주급인 세종의 부당 노동행위에 대해 악담 한마디 찾을 수 없으니, 최고 지도자 스스로 보여준 덕목과 업적이 장중하고 큰 덕이다.

'종합병원' 같았던 세종

그 결과 늙은 관리들은 병에 시달렸다. 관리들뿐만 아니라 최고 지도자 세종은 심했다. 세종이 신하들에게 털어놓은 병만 다섯 가지였다. 한쪽 다리가 치우치게 아팠고(그래서 별명이 단족短足 대왕이었다), 등에 종기가 나고, 목이 자주 마르는 소갈증이 있었고, 바늘로 찌르듯 아픈 요로결석을 앓았고, 지나친 운동으로 왼쪽 눈을 다쳐 안대를 했으며, 오른쪽 눈 또한 한 걸음 밖 사람 형체만 알아볼 정도였다.(1439년 6월 21일 『세종실록』)

세종이 마흔다섯 살인 1442년 겨울 창덕궁에서 대소동이 벌어졌다. '백관百官으로 하여금 창덕궁에서 거애擧哀하기를 무릇 3일 동안 하게 하였다.'(1442년 11월 18일 『세종실록』) '거애'는 장례 때 곡哭을 했다는 말이니, 모두가 세종이 죽었다고 생각할 정도로 중병으로 누웠다는 말이다.

1450년 2월 15일 막내아들 영응대군 집에서 생활하던 왕이 반역범과 강력범을 제외한 잡범들에 대해 대사면령을 내렸다. 이틀 뒤 '처음부터 끝까지 올바르게만 했던(終始以正)' 왕이 훙薨(왕의 죽음)하였다.(1450년 2월 17일 『세종실록』) 쉰세 살이었다. 세종이 죽고 조정에서는 "아버지 가까이 묻으라"는 유언에 따라 태종 무덤인 헌릉 옆에 왕비인 소헌왕후와 합장됐다. 서울 서초구 내곡동 국정원 안쪽이다.

이야기는 지금부터다.

이어지는 괴담과 천장(遷葬)

맏아들 문종이 왕위 계승 2년 만에 요절했다. 그의 나이 서른여덟 살이었다. 1457년 9월 왕이 된 둘째 아들 수양대군의 장남 이장李暲이 가위에 눌려 죽었다. 열아홉 살이었다. 두 달 뒤 수양대군이 조카 단종을 죽였다. 열여섯 살이었다. 수양은 형제인 안평대군과 금성대군도 죽였다. 수양의 큰아버지이자 세종의 형인

양녕과 효령이 살해를 부추겼다.(2권 4장 〈3. 태종 이방원의 아들들, 권력 투쟁 전말기〉 참조)

왕이 된 수양대군은 평생 피부병을 앓다가 쉰한 살에 죽었다. 세조의 둘째 아들 예종이 왕위에 올랐다. 예종의 왕비 장순왕후가 아들을 낳다가 죽었다. 아들도 곧 죽었다. 예종도 열아홉 살에 요절했다.

소름 끼치는 변고의 원인으로 사람들은 세종 묏자리를 꼽았다. 흉지凶地라는 것이다. 결국 예종 즉위년 이장이 결정됐다. 그리고 1급 지관들이 전국을 뒤져 찾아낸 땅이 지금 세종릉이 있는 경기도 여주 능서면 왕대리였다.

최고의 지관인 관상감정觀象監正 안효례가 뒤지고 또 뒤져 제왕의 땅을 찾아내고 보니, 거기에 묵은 이색의 후손이자 세조 반정을 도운 공신 한산 이씨 이계전과 역시 공신인 광주 이씨 이인손의 묘가 있지 않은가. 실록은 두 가문의 후손에게 지극 정성으로 사례를 하고 세종을 천장했다고 기록하고 있다. 실록에 따르면 안효례가 찍은 자리는 이계전의 묘였고, 이인손의 묘는 그 옆이었다.

이인손 문중에는 이런 말도 전한다. '이인손이 후손에게 일렀다. 내가 죽으면 여기 묻되, 묘 앞 개울에 다리를 놓지 말고 재실이나 사당 따위 건물도 짓지 말라고. 그런데 명당 덕에 가문이 번성하자 후손들이 큼직한 재실을 지어놓으니, 훗날 소낙비를 만난 지관 안효례가 비를 피하러 돌다리 건너 들어간 건물이 그 재실이요 거기서 본 언덕이 천하명당이었다.'

풍수가들에 따르면 '다리 짧은 대왕이 영원히 쉴 자리(短足大王 永乏之地, 단족대왕 영폅지지)'라는 비기가 무덤 속에서 나왔다. 천장 직후 예종이 요절하고 성종이 즉위했다. 성종은 16남 12녀를 낳았다. 훗날 풍수술사 사이에서 영릉 천장으로 인해 조선 왕조 수명이 100년 늘어났다는 말이 돌았다. 알 수는 없는 일이다.

1468년 12월 27일 왕대리가 천릉지로 결정됐다. 이듬해 2월 천릉이 완료됐다. '부역군赴役軍 5000명, 공장工匠 150명이 20일간 투입됐다. 쌀 1323석과 소금 41석이 소요됐다. 상여를 메는 담부擔夫는 1500명을 삼운三運으로 나누어 양여兩輿를 운구하여 천릉하였다.'(1469년 2월 23일『예종실록』)

이인손과 이계전의 묘는 각각 여주 땅 다른 곳으로 이장됐다. 한산 이씨 이계전의 묘는 연산군 시대 폐비 윤씨 사건에 후손이 연루돼 봉분 파괴라는 횡액을 겪기도 했다. 세종은 죽어서 본의 아니게 두 이씨 가문에 민폐를 끼친 권력자가 되어버렸다.

성주 세종대왕자태실

자식 복이 많은 세종은 18남 4녀 가운데 아들들 태胎를 모아 한 곳에 묻었으니 경북 성주 세종대왕자태실이다. 태실을 둠으로써 지역 세력가들을 위압하는 효과를 거뒀기에 역대 왕들은 모두 태실을 각처에 두었다. 맏아들 문종을 뺀 17명의 왕자와 손자인 단종 태실이 있다. 18개라야 옳은데, 실제로는 19개다. '塘(당)'이라고 이름만 적힌 표석이 하나 있는데 이 사람이 누구인지는 제대로 된 기록이 없다.

나중에 단종이 된 손자가 태어나자 세종은 그 태를 성주에 묻으라 명했다. 조정에서 풍수를 담당했던 사람은 태종의 서녀 숙혜옹주의 남편인 성주 이씨 이정녕이다. 세종의 서매제다.

그런데 하필이면 성주 태봉산에서 찾아낸 명당자리에 이정녕의 조상 이장경의 무덤이 있었다. 왕실 무덤이나 태실이 있으면 그 주변 무덤은 파묘와 이장이 원칙이다. 조상 무덤 지키려고, 이정녕은 조상 묘가 있다는 사실을 누락하고 명당이라 보고했다. 차곡차곡 세종 아들들 태실이 그곳에 들어섰다.

훗날 보고 누락 사실이 발각됐다. 세종은 즉각 이장경 묘 이장을 명했다. 이정녕과 내통해 이 사실을 숨긴 풍수가 윤통은 곤장 60대와 노역형 1년을 받았다. 대신 돈으로 속전하도록 했다. 이정녕은 해임됐다. 왕의 매제라 귀양살이나 신체형은 면했다.(1444년 2월 27일 『세종실록』)

수양대군 세조 태실 또한 이곳에 있다. "왕이 되셨으니 태실을 별도로 만들어야 한다"는 신하들 주청에 세조는 "형제는 같이 있어야 한다"며 불허했다. 세조 태실 앞에는 거대한 비석이 서 있다. 세조 태실 반대편 끝에 조카 단종 태실이 앉아 있다. 수양대군에 반대한 다섯 동생 태실 석물들은 계곡으로 던져지고 파묻혔다. 성군 세종에 얽힌 풍수 이야기였다. 땅의 역사

경북 성주에 있는 세종대왕자태실. 이 또한 이곳에 있던 토박이 이장경 묘를 옮기며 많은 분란이 빚어졌다.

06 보아라, 폭군의 흔적이 여기 있다

고양 칠공자 묘와 연산군 금표비

우산군 이종 가문의 멸족

조선 3대 임금 태종 이방원과 후궁 영월 신씨의 둘째 아들 온녕군溫寧君 이정(1407~1453)은 아들이 없었다. 하여 동생 근녕군謹寧君 이농의 둘째 아들 우산군牛山君 이종을 양자로 들였다. 우산군과 아내 문화 류씨 사이에 여섯 형제가 태어났다. 모두 총명하여 입신양명하니 가문이 번창하였다. 둘째 아들 무풍군 이총은 특히나 시문과 글씨에 뛰어났다. 1504년 이총이 죽었다.

무오사화로 함경도로 유배 중이던 이총은 갑자사화 때 서울로 끌려와 고문을 당한 뒤 거제도로 다시 유배당했다. 그리고 교수형을 당했다. 조정에서는 사람을 보내 시신에게 살점을 조금씩 도려내는 형벌, 능지陵遲 형을 가했다. 그 목은 서울 거리에 걸어놓았다.

이미 오래전에 죽었으나, 이총과 뜻을 함께했다는 이유로 예조참판을 지낸 김제신도 부관참시됐다. 왕은 조각난 김제신 목을 거리에 걸어놓으라 명했다. 1504년 윤4월 29일이다. 그런데 이틀 뒤 승정원에서 다급한 보고가 올라왔다. "김제신金悌臣 등만을 효수梟首하라 하셨는데, 승지 손주孫澍가 잘못 의금부義禁府에 전하

경기도 고양시 대자동에 있는 연산군 금표비. 경기도 전역을 자기 사냥터로 만든 폭군의 흔적이다.

여, 한명회韓明澮·정창손鄭昌孫·심회沈澮·두대豆大·어리니於里尼의 이름을 함께 써서 아뢰어 이미 윤허를 내리셨으니, 어떻게 처리하리까?" 왕이 말했다. "다 함께 효수하라."

이총은 남은 시신도 온전하지 못했다. 이듬해 1월 26일 실록에는 왕이 내린 명령이 이리 적혀 있다. "이총의 뼈를 부순 후 가루를 강 건너에 날려버리라(骨屑越江飄風)."

이날 뼈를 부수고 날려버린 사람은 모두 18명이었다. 이 가운데 어리니라는 여자는 단종의 누나 경혜공주의 유모였다. 죽어서 또 한 번 더 죽은 이 여자에 대해서도 언젠가 누군가가 이야기할 날이 있을 것이다.

총명하되 불우했던 사내가 바람에 날아가고 한 해가 지났다. 이총의 아버지 우산군 이종, 맏형 이원과 네 동생 정, 간, 변, 건이 죽었다. 각기 다른 곳에 유배됐던 사내들이 같은 날 사약을 받고 죽었다. 1506년 6월 24일이다. 우산군을 포함해 이들 일곱 부자를 칠공자七公子라 한다. 사람 목숨 혹은 존엄함을 벌레만도 못하게 생각하고, 한 가문을 흔적도 없이 없애버린 그 군주는 연산군燕山君 이융이다.

팔극조정과 환가탄생

조선 9대 임금은 성종이다. 풍수학에서 전하는 설화다. 어느 날 조정회의에 문득 보니 장차관 가운데 극克 자 돌림을 쓰는 자가 여럿 보였다. 영의정 이극배부터 극감(형조판서), 극증(병조판서), 극돈(이조판서·병조판서), 극균(좌의정), 극규(병조참의), 극기(공조참판), 극견(좌통례)까지 국무총리부터 의전 담당 비서까지 여덟이나 되었다. 이 가운데 극배부터 극균까지는 친형제이고 극기와 극규, 극견은 사촌지간이다. 모두 광주 이씨다. 세간에서는 이를 일러 팔극조정八克朝廷이라 했다.(이들이 동시에 정승 자리에 있던 때가 없으니 이는 후대에 지어낸 전설이다)

한 가문이 그리 창대하니 왕이라고 부러움이 없을 리 없다. 하여 성종은 지금 서울 정동에 있었던 광주 이씨 종가를 빌려 자손을 낳았다. 풍수학에서는 이를 환가탄생換家誕生이라 부른다. 공식적으로 성종은 왕후 4명과 후궁 8명으로부터 왕자 16명, 공주와 옹주 12명을 두고 나이 서른일곱 살에 죽었다. 실록에 따르면 성종의 첫아들은 대궐 안에서 태어났다고 돼 있으니 환가탄생에 따른 덕과 득은 이 왕자에게 미치지 못했다. 그 아들이 연산군이다.

폭군 연산군

성종의 맏아들로서 세자가 된 연산군은 그 누가 보더라도 조선 왕실 정통성을 잇는 후계자였다. 문제는 연산군 어머니 윤씨였다. TV 드라마는 물론 영화 소재로도 단골로 등장하는 폐비 윤씨와 연산군 이야기다.

'(…) 어느 순간 성종 사랑을 상실한 윤씨가 임금님 얼굴에 손톱자국을 내버리고, 평민으로 내쫓긴 윤씨는 결국 사약을 먹고 죽었다. 영민했던 아들 연산군은 왕이 되고 10년이 지나서야 이 사실을 알고 '미쳐버려' 극악무도한 만행을 저지르다 폐위되었다.'

친모 이야기를 듣고서 연산군은 '윤씨 묘'로 남아 있던 어머니 묘를 왕릉으로 격상시키고 회릉이라 명했다. 회릉은 원래 지금 서울 경희의료원 자리에 있었다. 그래서 회릉 주변 지역을 지금 회기동이라고 한다. 회릉은 고양 서삼릉으로 옮겨져 있다. 그러니까 연산군은 불우한 가정사가 만든 폭군이었지 날 때부터 괴물은 아니었다는 이야기다.

조선 정치사는 왕권王權과 신권臣權의 투쟁사다. 정도전으로 대표되는 신흥사대부 세력이 이성계를 왕으로 추대한 이래, 전주 이씨 왕실 권력과 사대부 관료 권력은 주도권 경쟁을 벌이며 500년을 존속했다. 연산군 시대는 약화된 권력을 신권으로부터 과격하게 회수하려는 시대였다. 이런 관점에서는 "연산군은 과격한 왕권주의자였지 폭군은 아니었다"라는 평가도 가능하다.

하지만 정치는 백성을 위함이다. 폭력으로 권력을 장악한 이방원도 선정善政을 베풀었고, 세조 또한 마찬가지였다. 백성까지 폭력으로 탄압하면, 폭군暴君이다.

연산군 금표(禁標)

1994년 11월 중순 경기도 고양시 대자동에 있는 한 묘역에서 오래된 비석이 발견됐다. 높이 1.38m, 폭 54㎝, 두께 22.5㎝짜리 비석에는 이렇게 새겨져 있었다. '禁標內犯入者 論棄毁制書律 處斬(금표내범입자 논기훼제서율 처참)'. '금표 내에 침범한 자는 기훼제서율에 따라 참형에 처한다.' '기훼제서율'은 임금이 정한 법률을 어기는 죄다.

대표적인 기훼제서율이 1504년 연산군이 공포한 한글 사용 금지법이다. 언문으로 임금을 비난하는 글이 난무하자 아예 한글을 금지한 법률이다. '앞으로는 언문을 가르치지도 말고 배우지도 말며, 이미 배운 자도 쓰지 못하게 하며, 모든 언문을 아는 자를 한성의 오부五部로 하여금 적발하여 고하게 하되, 알고도 고발하지 않는 자는 이웃 사람을 아울러 죄주라.'(1504년 7월 20일『연산군일기』)

대자동에서 발견된 이 비석은 금표 구역 침입범을 이 한글 사용 금지법 위반자와 동일하게 처벌한다는 내용을 담고 있다. '處斬(처참)'은 참형에 처한다는 뜻이다. 참형은 목을 잘라 죽이는 형벌이다. 도대체 이 금표는 무엇인가.

집권 초기부터 토지에 관심을 보이던 연산군은 궁궐 주변에서 시작해 민가를 철거시키고 땅을 자기 소유로 만들어갔다. 집권 9년째인 1503년 11월에는 선친 성종 후궁들이 살고 있는 자수궁과 수성궁까지 철거하라고 지시했다. 반발하는 신하들에게 연산군은 "부득이한 일이다"라며 무시하고 관철시켰다. 며칠 후 "겨울이라 민가 철거가 어렵다"는 보고가 올라왔다. 관대한 지도자가 이리 답했다. "출입을 일단 금한 후 봄을 기다려 집을 철거시키라(禁出入 待開春卽撤)."(1503년 11월 6일『연산군일기』)

백성들을 내쫓고 차지한 땅에 연산군이 세운 비석이 금표禁標다. 실록 기록에만 남아 있던 그 금표가 근 500년 세월이 지난 1994년에 고양시에서 실물로 발견된 것이다.

대파멸의 해 1504년

1504년은 조선 역사상 대파멸의 해였다. 파멸은 창조의 밑거름이 되나, 연산군이 저지른 파멸은 순수 파멸이었다.

"남산에 봉수대가 있는데, 금표 안에 있으니 어찌하리까." "봉수는 변방 일의 유

금표가 발견된 칠공자 묘역 우산군 묘

무를 보고할 뿐이니, 모든 봉수를 폐지하라."(연산군 10년·1504년 11월 1일)

"금표 안을 범한 사람 천동千同은 머리를 베어, 전례대로 금표 근처에 내걸고 사람들로 하여금 보도록 하라."(1504년 11월 3일)

급기야 연산군은 서울을 에워싼 수도권 지역을 자기 사냥터와 유락지로 선포하고 이 지역에 사는 백성들을 강제 이주시켰다. 그 지역이 고양, 파주, 양주, 포천, 광주, 김포였다. 하루가 멀다 하고 쏟아져 나오는 철거 현황이 실록에 자세하게 기록돼 있다. 인용해본다.

우찬성 이계동李季仝이 동·서·북 금표 지도를 가지고 아뢰기를, "동쪽은 한강 삼전도, 광진, 묘적산, 추현, 천마산, 마산, 주엽산으로부터 북쪽은 석점, 홍복산, 해유점까지 서쪽은 파주 보곡현까지 남쪽은 한강 노량진, 용산 양화도까지인데, 동쪽은 70리, 서쪽은 60리, 북쪽은 65리, 남쪽은 10리입니다." 보고를 받은 연산군이 곧바로 이렇게 지시했다. "한강 망원정望遠亭 근처를 다시 살펴보아 표를 세우라."(연산군 10년·1504년 11월 9일)

"예로부터 제왕은 누구나 연회를 베풀고 놀이하는 곳이 있었다. 장의문 밖의 산이 밝고 물이 고와 참으로 절경이므로 금표禁標를 세우고 이궁離宮 수십 칸을 지어 잠시 쉬는 곳으로 하고자 한다."(연산군 11년·1505년 7월 1일)

고양에 사는 목동은 소에게 풀을 먹이지 못하게 되었고 김포에 사는 뱃사공은 물길로 나갈 수 없게 되었다. 목숨을 걸고 법을 어기지 않으면 살 수 없는 세상이 도래하였다. 그가 이리 말했다. "임금 땅 아닌 곳이 없는데 누가 감히 자기 것이라 하겠느냐(莫非王土誰敢認爲己物)?"(연산군 10년·1504년 8월 7일)

연산군이 달리 폭군이 아니다. '백성이 곧 하늘'이라는 정치의 제1원칙을 어겼기 때문에 폭군이다. 결국 연산군 재위 12년, 다음과 같은 세상이 오고야 말았다.

"부역이 번거로워 백성들은 살 길이 없으므로, 많이 모여서 도둑이 되어 사람과 물건을 겁탈했다. 길 가는 사람이 끊어지기도 하고 각 도에서 바치는 공물까지 약탈당했다. 금표 제도가 생기면서부터 도둑들이 금표를 보금자리 삼아 날로 죽이고 약탈했다. 아무리 서울의 즐비하게 모여 사는 동네라도 꺼리지 않고 어둡기만 하면 떼를 지어 다니면서 겁탈하였다. 집을 불태우고 재물을 빼앗아 가도 사람들은 모두 피하여 숨고 감히 잡지 못하였다. 더욱 간악하고 교활한 것은, 왕명을 받들었다고 일컬으면서 똑바로 인가에 들어가 보화와 재물을 빼앗아 가는데도 사람들은 모두 허둥지둥 달아나 숨을 뿐 따져볼 수가 없으므로 매우 괴로워하였다."(1506년 2월 2일『연산군일기』)

'왕명을 사칭해도 따져볼 수도 없는 세상'임을 알지도 못하고, 다음 날 연산군은 또 이리 말한다. "듣건대 백운산白雲山에서 송이버섯이 난다 하니, 모두 금표 안에 들게 하라." 백운산에 금표를 세우고 일곱 달 뒤 폭군은 폐위됐다.

칠공자와 폭군의 악연

대자동 금표는 그 폭정을 눈으로 확인시켜주는 증거다. 폐위와 함께 철거된 금표가 21세기를 6년 앞두고 드러난 것이다.

그런데 이 금표가 발견된 곳이 하필이면 연산군에게 폐족당한 칠공자 가문 가족묘가 아닌가. 연산군 폐위로 왕위에 오른 중종이 곧바로 칠공자 가문 신원을 회복시키고, 이들의 가문 묏자리로 준 땅이 바로 폭군의 사냥터, 고양 대자동이었다. 아버지부터 여섯 형제가 떼죽음을 당한 우산군 후손들은 지금까지 "원수의 비석을 철거해 달라"고 대한민국에 요청 중이다.

이들 칠공자 가족묘, 그리고 연산군 금표 길 건너 산 속에는 경혜공주의 묘가 있다. 경혜공주는 단종의 누나다. 연산군이 두 번 죽인 여자, 어리니가 젖을 먹여 기른 여자다. 남편 정종 또한 단종 복위 사건에 연루돼 처형됐으니 경혜공주 또한 가련한 여자였다. 경혜공주의 묘 옆에는 시신 없는 남편 정종의 제단이 함께 마련돼 있다. 묘역에는 쑥부쟁이가 가득 피었다. 경혜공주의 아들은 세조의 아내가 몰래 궁궐로 들여와 키웠다. 남편 세조가 이를 알게 됐지만 지극정성으로 돌보아주었다. 그 아들 이름이 정미수다. 정미수는 연산군이 폐위되고 중종이 왕위에 오르고도 7년을 살다가 죽었다.

폭군 그 후

연산군은 폐위 후 강화도 교동으로 유배되고 두 달 뒤 죽었다. 죽기 전에 '아내를 보고 싶다'고 했으나 원은 이루지 못했다. 교동에는 연산군 유배지가 두 군데 있다. 옮기며 살았다는 말이 아니라, 기록이 없는 탓에 추정과 구전으로 두 군데가 서로 유배지라 주장한다는 말이다.

교동 어딘가에 있던 무덤은 8년 뒤 아내 거창 신씨 요청에 서울 방학동에 있는 태종 후궁 조씨 묘역으로 이장됐다. 멀고 험한 섬이라 제사 지내기가 어렵다는 게

인천 강화도 교동도에 있는 연산군 유배지

이유였다.

생전에도 왕이라 불리지 못했고, 무덤도 왕릉이 아니라 묘墓다. 연산군 사돈 능성 구씨 가문에 이어 구씨 가문 사돈 덕수 이씨 문중에서 연산군 제사를 지내고 있다. 1997년 발족한 연산군숭모회에서는 초등학생을 대상으로 예절교육과 세종대왕 한글 창제 교육을 실시하고 있다. 예절과 한글은 담을 쌓고 살았던 사내였다. 여기까지 연산군과 금표에 얽힌 이야기였다. 땅의 역사

연산군 금표(禁標)

5장

식민 시대

지우려 해도 지울 수 없는, 그 흔적

서울 서대문 형무소

01 1904년 대한제국 시대, 돈값은 똥값이었다

경악한 기자 로버트 던과 인천 미두취인소

"심부름꾼이 소리쳐서 나가보니 골목에 돈이 산더미처럼 쌓여 있었다. 돈더미는 둘레가 60피트(18m)에 높이는 3피트(90cm)였다. 서울에 있는 환전소들이 150달러를 바꿔주고는 금고가 바닥나 모두 문을 닫았다."

- 1904년 5월, 미화 150달러를 조선 돈으로 환전한 미국 주간지『콜리어스』사진기자 로버트 던

정조 청부 살인 비용, 15냥

1776년 3월 5일 영조가 죽었다. 닷새 만에 손자 이산이 경희궁에서 왕위를 이었다. 스물네 살이었다. 집권당인 노론 벽파는 몸을 떨었다. 새 왕의 아버지인 사도세자를 죽여야 한다고 주장해 뜻을 관철시킨 집단이 아닌가.

앉아서 죽느니 뭐라도 하고 죽겠다고, 벽파는 왕을 죽일 계획을 세웠다. 이듬해 7월 28일 전흥문과 강용휘라는 자객이 궁궐에 잠입했다. 두 사람은 궁궐 앞 보신탕집에서 개 한 마리를 잡아먹고 경희궁으로 들어갔다. 밤이 되었다. 전흥문은 칼을, 강용휘는 철편鐵鞭(쇠몽둥이)을 들고 궁궐 지붕 위를 넘나들었다. 건물 아

THE PROUD OWNER OF WHAT LOOKED LIKE A WHOLE CITY BLOCK OF REAL MONEY—MONEY ENOUGH TO SINK A SHIP, MONEY PILED IN HEAPS AND HEAPS"

COPYRIGHT 1904 BY COLLIER'S WEEKLY

A "CASH" TRANSACTION IN KOREA

1904년 6월 4일 미국 주간지 『콜리어스』 기사. 러일전쟁 종군 사진기자인 로버트 던이 150달러를 환전한 조선 돈을 골목에 늘어놓고 기념사진을 찍었다. 돈값은 똥값이었다.

래에는 암살단 50여 명이 대기 중이었다. 경비대에 걸려 암살단은 일망타진됐다. 황해도 관찰사 홍술해의 아들 홍상범이 사주한 일이었다.

열사흘 만에 전모가 드러났다. 일에 가담한 이유를 전흥문은 이리 말했다. "강용휘가 돈 1500문文과 여자 노비를 주며 함께 일하자고 요구했기에 승낙을 했다." (1777년 8월 11일 『정조실록』) 대조선 왕국 22대 왕을 암살하는 청부 살인 대가가

1500문(푼), 15냥이다. 정확한 가치는 알 수 없으나 일의 경중을 따져보면 15냥은 보통 돈이 아님은 분명하다.

1633년 인조 때 처음 발행됐던 엽전, 상평통보는 유통이 중지됐다가 1678년 숙종 4년 다시 발행됐다. 그때 조선 정부는 400푼을 은 1냥으로 정했다.(1678년 1월 23일『숙종실록』) 이후 19세기 후반까지 노비 몸값은 평균 5~20냥이었다.(김용만,「조선시대 사노비 연구」, 1997년) 그러니까, '다섯 냥'이면 노비를 부리고 '열다섯 냥'이면 국왕을 죽일 수 있었다. 조선 돈은 그렇게 가치가 꽤 높은 돈이었다. 그런데.

"눈 녹듯 사라진 돈더미"

정조 암살 미수 사건 후 127년이 지난 1904년 5월 어느 날 미국 사진기자가 조선에 들어왔다. 이름은 로버트 던(Dunn)이고 미국 주간지『콜리어스(Collier's)』 소속이다. 목적은 조선 땅에서 벌어진 러일전쟁 취재. 평양으로 떠나기 직전 던은 구리타라는 일본인 안내인에게 환전을 부탁했다. "돈이 많이 필요하다"는 구리타 말에 던은 미화 150달러를 건넸다. 150달러는 지금 시세로 약 4050달러(433만원) 정도다.(미연방준비은행 소비자물가 통계) 석양 무렵, 묵고 있던 호텔 심부름꾼이 던에게 뛰어왔다. 큰일 났다고, 구리타가 돈을 들 수가 없다고.

그리하여 찍은 기념사진이 앞서 239쪽 사진이다. 엽전이라 흔히 부르는 상평통보 1개는 1문, 그러니까 한 푼이다. 사진에 나오는 돈이 모두 얼마인지는 기사에 없다(세어볼 엄두는 났을까). 대신 1904년 6월 4일 기사에 던은 이렇게 기록했다. "1개 부대가 있어야 운반할 수 있는 돈이었다. 돈 몇 줄을 들고 2주 취재를 마치고 왔다. 그 사이 장정 스무 명이 밤낮으로 내 재산을 지켰다. 돈을 지키고 있던 사람들에게 일당을 지급하고 나니 돈더미가 녹듯이 사라졌다." 15냥이면 청부 살인까지 할 수 있던 조선에서 도대체 무슨 일이 벌어졌을까.

허생(許生)의 경고

연암 박지원의 청나라 기행문 『열하일기熱河日記』에 소설 「허생전許生傳」이 나온다. 글만 죽도록 읽던 딸깍발이 선비 허생은 돈 벌어오라는 아내 성화에 진짜로 돈을 벌었다. 한양 갑부 변 부자에게 빌린 1만 냥으로 제수용 과일을 매점하고 갓 만들 말총을 매점했다. 얼마 못 가 조선 팔도에 제사를 지낼 이가 없었고 갓 쓰고 망건 쓴 사람이 없었다. 5년 만에 허생은 100만 냥을 벌었다. 허생이 중얼댄다. '나라 꼬라지 알 만하구나.'

허생이 한양으로 돌아와 변 부자에게 10만 냥을 주며 말한다. "조선은 배가 외국에 통하질 않고 수레가 나라 안에 다니질 못한다. 온갖 물화가 제자리에 나서 제자리에서 사라진다. 만 냥만 있으면 촘촘한 그물로 훑어내듯 독점할 수 있다." 가난한 조선에서 매점매석으로 돈 벌기는 쉽다는 말이다. 그리고 덧붙인다. "이는 백성을 해치는 길이다. 후세 공무원(司者)이 이 방법을 쓴다면 나라를 병들게 만들 것이다."

1780년 박지원이 청나라를 다녀와 1793년에 『열하일기』를 썼으니, 「허생전」 배경은 18세기 말이다. 정조 암살 미수 사건은 1777년이다. 돈값은 여전히 좋았다. 그런데 세상은 허생의 경고를 듣지 못했다. 정확하게는 1911년 사학자 김택영이 『연암집』 속집을 출판할 때까지 세상은 「허생전」 자체를 '알지 못했다'. 과격한 주장이 담긴 『열하일기』는 필사본으로 소수 독자층에만 읽혔다. 종군기자 로버트 던이 돈더미 앞에서 망연자실했던 첫 번째 이유다.

20세기가 되도록 조선 땅에는 돈으로 사기에는 물건이 너무 적었다. '조선인은 너무 가난해서 비싼 서양 상품을 살 수도 없다. 무기, 총, 가구, 포도주와 술은 가격이 너무 비싸서 독한 술로 한국 민중을 타락시킬 개연성이 없다.'(윌리엄 길모어, 『서양인 교사 윌리엄 길모어 서울을 걷다』, 1894년) 농업 생산력은 급증했지만 제조업은 성장하지 못했다. 관리들은 부족한 재화를 독점하거나 수탈로 해결했다. 삼정三政(전정·군정·환곡)은 문란했고 국부國富 편중과 독점은 심화됐다. 두 번째 이유는, 당백전當百錢이다.

경복궁 공사와 당백전(當百錢)

1865년 홍선대원군은 조선 왕실 권위 회복을 위해 경복궁 재건 공사에 돌입했다. 임진왜란 때 도주 행각을 벌인 선조에게 분노한 백성들이 불을 지른 이래 경복궁은 300년 가까이 폐허로 남아 있었다. 공사 현장과 목재 창고에 두 번 불이 났다. 대원군은 사유림에서 목재를 베어오도록 명했다. 마을 서낭당을 해체해 석재를 반출했다. 한양 성문 출입에 세금을 물렸다.

인천 제물포구락부 정원에 있는 조계지 표석. 제물포를 차지한 외국 '영토'를 표시하는 비석이다. 제물포구락부는 조계지를 차지한 외국 관리들 친목회였다.

공사는 물론 고종 시대 근대식 군대 창설에도 많은 돈이 투입됐다. 그리하여 1866년 11월 새로운 화폐를 찍었다. 당백전이다. 그해 11월부터 6개월 동안 발행한 당백전은 1600만 냥이다. 액면가는 당시 유통 화폐인 상평통보의 100배였다. 상평통보는 민가 금고 속에 숨었고 당백전은 유통되지 않았다. 사헌부 하급관리 최익현이 상소했다. "토목공사를 중단하고 가혹한 세금을 없애고 당백전을 혁파하라."(1868년 10월 10일 『고종실록』) '나쁜 돈'은 6개월 만에 발행이 중단됐다. 하지만 체제는 붕괴되고 있었다.

일본인이 세운 곡물거래소

1883년 인천이 외국에 문을 열었다. 인천은 조선 수도와 인접해 정치, 경제적으로 중요한 공간이었다. 제물포항을 중심으로 세계 각국 주거지가 정해졌다. 조계지租界地라고 한다. 조선법이 아니라 자국 국내법이 적용되는 공간이다. 외국인 중에는 조선을 선점한 일본인이 가장 많았다.

일본인들이 주도해 1896년 5월 5일 인천에 곡물거래소가 설립됐다. 이름은 인천 미두취인소米豆取引所다. 미두는 쌀과 콩이고 취인소는 일본어로 거래소라는 뜻이다. 현물이 아니라 미래의 가격을 예측하고 거래를 하는 선물거래소였다. 석유, 명태, 면직 같은 상품도 거래하다가 얼마 안 있어 쌀이 주거래 상품이 됐다. 지금 증권거래소와 유사한 개념이다.

쌀은 조선에서 경쟁력이 가장 강한 상품이었다. 인천에는 조선인이 만든 미곡 유통조직이 탄탄했다. 이 유통조직을 우회해 미곡에 접근하려는 통로가 미두취인소였다. 일본인 상공회가 주도하고 일본영사관이 허가한, 조선 땅에 있는 일본 거래소였다.

중개는 일본인이 독점했다. 쌀은 하루 100석, 콩은 50석이 거래됐다. 현물 없이 보증금만으로 거래가 이뤄졌다. 실물이 없는데, 어마어마한 돈이 오갔다. 일본인, 조선인 할 것 없이 이 투기장에 뛰어들었다. 요릿집, 술집, 여관이 항구에 들어섰다. 떼돈을 번 소수는 그 향락에 젖었다. 절대다수는 패가망신했다. '인천은 피를 빨아먹는 마굴魔窟'이었다.(『개벽』 56호, 1925년)

일본인 밑에서 일하던 조선인 반복창潘福昌(1900~1938)은 시세를 정확하게 예측해 큰돈을 벌었다. 1920년 1년 만에 40만 원(현 시세 400억 원)을 벌었다. 인천에 저택을 짓고 장안 최고 미녀 김후동과 결혼도 했다. 인천에서 서울까지 2등칸 열차를 전세 내 하객을 서울까지 모셨다. 서울역에서는 세단 승용차들이 하객을 조선호텔로 모셨다. 사람들은 그를 '미두신米豆神 반지로潘次郎'라 불렀다.

정확하게 1년 뒤 미두신은 추락했다. 쌀 시세가 예측불허로 급변하면서 취인소에 처박은 전 재산이 날아갔다. 미두신은 "오른다", "내린다"고 중얼대며 취인소 주변을 방황하다가 1938년 10월 18일 죽었다. 20일 후인 11월 7일 취인소도 폐쇄됐다. 식민 조선에서 공급받은 물자로 중일전쟁이 한창인 때였다. (전봉관, 『럭키 경성』, 「미두왕米豆王 반복창의 인생유전」)

로버트 던이 보았던 돈더미는 반복창의 몰락, 조선의 몰락을 알리는 묵시록이었다. 지금 인천 중구청 주변 옛 조계지에는 100년 전 흔적이 남아 있다. 그 쓰린 추억을 잊지 않기 위하여, 일부 거리는 옛 모습을 재현해놓았다. 인천개항박물관에는 그때를 되살린 대형 그림이 걸려 있다. 어찌 이리도 유사한 것인가. 딸깍발이 허생이, 글 잘 쓰는 박지원이, 종군기자 로버트 던이 이를 본다면 뭐라 말할 것인가. 땅의 역사

인천 근대사박물관에 있는 100년 전 조계지 풍경화(위)와 2018년 조계지 풍경(아래)

02 흰 소나무는 보았다 주인 잃은 집터와 나라를

재동 헌법재판소의 비밀과 경술국치

서울 종로구 재동 83번지에 있는 백송. 지금 헌법재판소가 있는 이곳에서 엄청난 일들이 벌어졌다.

서울특별시 종로구 재동 83번지에는 헌법재판소가 있다. 이 자리에 헌법재판소가 들어서기까지 땅 주인 이력을 간략하게 본다. 읽다 보면 분통이 터질 터이니, 크게 심호흡 한번 하고 읽는다.

재동 사는 늙은이

18세기 후반, 서울 재동에는 덩치 큰 늙은이가 살았다. 붉은 얼굴에 구레나룻이 듬성듬성했고 귀밑까지 광대뼈가 뻗었는데 이마에 주름을 잡고 입을 열면, 그 목소리가 수십 보 떨어진 담장 밖까지 들렸다.

사내는 글을 잘 썼다. 붓을 들면 책이 출판되기도 전에 사람들이 필사해서 돌려보고 흉내를 낼 정도였다. 어느 정도였냐 하면, 그때 임금인 정조가 이리 말한다. "요즈음 문풍이 이리 된 것은 모두 박아무개(朴某)의 죄다. 『열하일기熱河日記』가 세상에 유행한 뒤에 세상 문체가 이리 되었다."(박종채, 『과정록過庭錄』) 박종채는 이 사내 아들이다.

『열하일기』는 사내가 청나라를 여행하고 쓴 기행문이고, 사내 이름은 박지원이다. 호는 연암이다. 정작 과거시험에 들어서는 답안지에 그림을 왕창 그려놓고 나오는 기행도 했다. 하여 벼슬은 보잘것없었다. 그런데 생각하는 바가 남달랐다.

백탑파와 18세기 조선

그 글 잘 쓰는 박지원이 젊을 적부터 집에 많은 사람이 모였다. 홍대용, 이덕무, 박제가, 유득공이 대표적이다. 집에서 멀리 원각사 십층석탑이 보인다 해서 이들을 백탑파白塔派라 불렀다. 공통점이 있다. 오랑캐, 혹은 되놈의 나라라 불렀던 북쪽 청나라에서 대오각성을 하고 나라를 개혁하려는 의지. 성리학과 허영에 절어 망가지고 있는 나라를 오랑캐가 습득한 신문물로 고치겠다는 말이다. 이들을 북학파北學派라 부른다.

그때 나라는 이랬다. 열 가구가 사는 마을에 하루 두 끼를 먹는 자가 몇 명 없다. 어려울 때를 대비해 준비한 곡물이란 것도 옥수수 몇 자루나 고추 수십 개를 그을음으로 검게 탄 초가집 벽에 달랑 매달아 놓았을 뿐이다. '중국이 사치로 망한다고 할 것 같으면, 조선은 반드시 검소함 탓에 쇠퇴할 것이다. 자기에게 물건이 없어 쓰지 못하면서 검소함이라고 한다.'(박제가, 『북학의』)

북학파가 내건 기치는 '법고창신法古創新'이었다. 法(법)은 본받는다는 뜻이다. 옛것을 본받되 새롭게 만들라. 서양은 물론이거니와 되놈도 왜놈도 부국강병으로 치닫는데 조선만 상거지 꼴이니 개혁과 개방이 필요하다고 그들은 믿었다. 그런데 1800년 북학파 주장을 인정했던 정조가 급사했다. 이후 북학파는 돌연변이 취급을 받았다. 박지원은 1805년 재동에서 죽었다. 훗날 박지원의 아들 박종채가 회고했다. "선친 문집을 발간하려다가 내용에 놀라 준비를 멈춰버렸다." 당대에 공개하기에는 북학파의 주장이 불온했다는 뜻이다.

재동에서 태어난 젊은이

박지원이 죽고 2년 뒤 재동 집에서 손자가 태어났다. 할아버지를 닮은 이 아이 이름은 박규수다. 재능이 격세로 유전돼, 박규수 또한 문재文才와 세계관이 남달랐다. 박규수 또한 재동 주변에 살던 야심 찬 양반 자제들을 불러 세상을 가르쳤다.

그 자제들 가운데 유길준이라는 청년을 받아준 인연은 특이했다. 조부 박지원과 유길준의 고조부 유한준은 집안 묘지 이장 문제로 다투다 '백세의 원수', '매우 잡스러운 인간'이라며 원수 집안이 되었다. 그런데 1871년 박규수가 홍문관 대제학 시절, 장원급제한 답안을 보니 응시생 이름이 유길준이 아닌가. 양가에서 "원수를 어찌!" 하는데, 박규수가 유길준에게 이리 말했다. "어른들이 풀지 못했던 감정을 우리가 풀어드린다." 둘은 목숨을 건 사제지간이 되었다.

손자 사랑방에서 오간 메시지는 조부 세대 때와 동일했다. 이들과 동시대를 살았던 단재 신채호는 박규수 사랑방에서의 대화를 「지동설의 효력」이라는 수필로 이렇게 묘사했다.

'박규수가 벽장에서 지구본을 꺼내 김옥균에게 보였다. 박규수가 지구본을 한 번 돌리고선 가로되 "저리 돌리면 미국이 중국이 되며 이리 돌리면 조선이 중국이 되어 어느 나라든지 중국이 되나니, 오늘에 어디 정한 중국이 있느냐?" 개화를 주장하던 김옥균도 그때까지 중국을 높이는 것이 옳다 하는 사상에 속박되어 국가 독립을 부를 일은 꿈도 꾸지 못하였다가 크게 깨닫고 무릎을 치고 일어났다. 박규수의 지구 돌림에 김옥균의 손바닥이 울려 혼魂이 돌았다.'

-신채호, 「지동설의 효력」

신채호가 한 줄 덧붙였다.

"이 끝에 갑신정변이 폭발되었더라."

북학파가 개혁을 논하던 집, 그리고 손자 박규수가 옆집 사는 홍영식과 재동 골짜기 아래 살던 김옥균, 박영효와 서광범, 유길준과 함께 개화를 꿈꾸던, 커다란 백송白松이 서 있는 그 집터가 지금 서울 종로구 재동 83번지 헌법재판소 자리다. 조선이 망하고 대한제국이 멸망하는 과정이 응축돼 있는 공간이다.

개화파의 요람 재동

역관 오경석과 한약사 유홍기, 대감 박규수를 개화파 3인방이라 한다. 선배인 북학파 멤버는 재야 학자와 불우한 서자, 중인 출신이었다. 개화파에는 박규수라는 고관대작이 있었다.

1866년 평안도 관찰사였던 박규수는 대동강에 들어온 미국 상선 제너럴셔먼호를 불태웠다. 비록 개화를 꿈꾼 관리였지만, 국법에 의해 금지된 바는 그대로 이행해야 했다. 하선 금지 요구를 하고, 그리고 이를 이행하지 않자 평양 성민들과 함께 화공으로 배를 태웠다.

쇄국정책을 펴던 흥선대원군 눈에 그 박규수가 들었다. 박규수는 3년 뒤 서울 시장인 한성부 판윤과 형조판서에 겸직 임명됐다. 대원군 아들인 임금 고종도 그를 총애했다. 개화파 거물이 권력 한가운데에 진입한 것이다. 고관대작 박규수는 역관과 한약사와 함께 흰 소나무 아래 모여 신천지를 설계했다.

경복궁 동쪽 골짜기 아래 북촌마을 양반 자제들에게 이들은 세상을 가르쳤다. 선배 북학파가 좌절했던 원인, 그러니까 불우한 권력 주변부 인사라는 약점이 이들에겐 없었다. 제자들은 개혁이 아니라 혁명을 꿈꿨다.

그런데 재동 박규수를 찾아온 사람은 혁명가뿐 아니었다. 그리고 숱한 방문객 가운데 한 사람이 요절하지 않았다면 세상은 달리 굴러갔을지도 모른다. 그 사람 이름은 이영(1809~1830). 조선 23대 국왕 순조 아들 효명세자다.

박규수와 효명세자

'을유년 여름 세자께서 경우궁을 거쳐 후원문에서 나와 공公의 집에 들렀다. 연암 선생의 옛집이다.'(『환재집瓛齋集』, 「환재선생행장초」)

1825년 5월 6일 순조 임금 생모 수빈 박씨 사당인 경우궁에 효명세자가 참배했다.(1825년 5월 6일 『순조실록』) 효명세자는 창덕궁 후원에 있는 작은 집에서 주로 생활했다. 그리고 그날 효명세자가 재동 박규수 집을 찾았다. 걸어서 10분 거리다. 박규수는 열여덟 살이었고 세자는 열여섯 살이었다. 연암 박지원의 명성과 세계관을 알고 있던 그 세자가 그 가문을 찾은 것이다. 두 사람은 삼경(밤11시~새벽1시)까지 대화를 나눴고 이후 박규수는 궁궐을 수시로 드나드는 사이로 발전했다.

박규수의 아버지 박종채는 이렇게 기록했다. '기축년(1829년) 세자가 아버지

창덕궁 서쪽 문인 요금문. 개화파 박규수와 요절한 효명세자가 비전을 기획하던 문이다.

(박지원)가 남긴 글을 올리라 분부했다. 훗날 반환된 책을 보니 책마다 접어둔 곳이 한두 군데가 아니었다. 대개 나라를 다스리는 방책을 강구한 대목 중 자기 생각과 부합하는 게 있으면 표시를 해둔 것이다.'(『과정록』)

아버지 순조 뒤를 이어 대리청정을 하던 세자였다. 지식인과 관료 모두가 대환영했던 미래의 개혁군주였다. 세상은 안동 김씨 세도정치 시대였고 나라는 가난했다. 그런데 이듬해 세자가 스물한 살에 죽었다.

세자와 함께 개혁을 벼르던 박규수는 '환재'라는 자기 호의 앞 글자를 굳셀 환桓에서 재갈 환瓛으로 바꾸고 20년 칩거에 들어갔다. 그 사이 순조가 죽고 헌종이 등극하고 허수아비 같은 철종이 왕이 되고 조선은 시대정신과 무관하게 역주행해갔다. 세자와 개혁사상가가 교류하던 후원 문은 요금문曜金門이다. 일제 강점기 이리저리 찢겨나간 창덕궁 서쪽 담장에 숨어 있다. 굳게 닫혀 있다.

재동 83번지의 운명

그리 되었다. 좌절한 박규수가 죽고서 7년 뒤 제자들은 급진 혁명을 일으켰다. 1884년 갑신정변이다. 삼일천하로 혁명은 끝났다. 김옥균은 망명 생활 끝에 암살됐다. 홍영식은 재판 없이 처형돼 시신이 갈가리 찢겼다. 나머지도 모두 해외로 달아났다.

홍영식 집안은 아버지 명에 의해 독약을 먹고 집단자살했다. 피바다가 된 채 방치됐던 홍영식 집에는 이듬해 미국 선교사 겸 의사 알렌 요청으로 제중원이라는 병원이 들어섰다. 역시 헌법재판소 부지 안쪽이다. 여러 기록에 따르면 박규수 집은 역시 개혁파 인사로 훗날 독립협회 초대 회장이 된 안경수에게 넘어갔다. 안경수는 고종 부부를 미국 공사관으로 옮기려다 미수에 그치고 일본으로 도피했다.

1900년 돌아온 안경수는 동지들과 고종 암살을 시도하다가 법무대신 이유인에 의해 고문으로 죽었다. 이유인은 고종과 민비에게 빌붙어 국정을 농락하던 무당 진령군의 수양아들이다.(1권 1장 <9. 국정을 농단한 무당, 진령군> 참조) 박규수의 집은 당시 경무사 이윤용에게 넘어갔다. 이윤용은, 이완용의 형이다.(대한제국 탁지부 주사를 지낸 독립운동가 윤효정, 『풍운한말비사』)

이후 재동 83번지는 병원이 들어서고, 여학교가 들어서고, 이제 국민의 법률 중병을 수술하는 헌법재판소가 되었다. 그 사이 흰 소나무는 망국과 전쟁과 해방과 나라의 부활을 모두 목격하며 저리 늙어버렸다.

1910년 8월 29일 경술국치

박규수 집을 둘러싼 동네는 가회동이다. 가회동 1번지는 극악무도한 친일파 민영휘와 변절한 혁명가 박영효가 차지했다. 2519평이다(『총독부 지적원도』, 1912년). 두 사람은 일본 왕실로부터 작위를 받은 조선 귀족이다. 1920년에는 가회동 산 1번지 임야도 두 사람이 가져갔다. 3만 3500평이다. 10번지 3163평과 26

번지 2708평 대지는 이완용 졸개 한창수가 가져갔다. 31번지 5447평은 민대식이 가져갔다. 민영휘의 아들이다. 이들을 일일이 다 열거하자니, 종이가 아깝다.

경복궁 서편 옥인동 산 2번지 임야 1만 평은 윤덕영이 가졌다. 순종 사돈으로 역시 친일파다. 자그마치 1만 3평짜리 47번지 대지도 가졌다. 2번지 대지 646평은 이완용이 가졌다. 이완용은 19번지 2817평 땅도 차지했다. 두 필지 모두 네모반듯한 대지다. 1909년 12월 22일 오전 11시 애국 청년 이재명이 명동성당 앞에서 이완용을 칼로 열세 번 찔렀다. 두 군데만 결정타였다. 일본인 의사의 정성 어린 수술 끝에 죽다 살아난 이완용은 1926년 2월 12일 옥인동 19번지 저택에서 죽었다.

옥인동에서 사직동 건너에 독립협회 사무실이 있었다. 독립협회는 그 앞 로터리에 독립문을 세웠다. 협회장은 안경수였다. 2대 회장은 이완용이었다. 1924년 7월 15일 『동아일보』에는 이런 기사가 게재돼 있다. "독립문 현판 글씨 세 글자는 이완용이가 쓴 것이랍니다. 다른 이완용이가 아니라 조선 귀족 영수 후작 각하올시다." 세상은 북학파와 개화파 설계대로 굴러왔는가. 백송은 여전한데, 우리는 혹시 뭔가를 망각하고 살지는 않은가. [땅의 역사]

서울 서대문에 있는 독립문. '독립문' 세 글자는 독립협회 2대 회장 이완용 글씨다.

03 폐허가 된 쌀 창고에서 역사를 읽었다

1894년 정읍과 의인 박잉걸

사람들은 숨긴다. 창피한 일을 숨기고 남 손길 탈까 두려워 귀한 일도 숨긴다. 그래서 역사가 은폐되고 왜곡된다. 기록이 없어도 다행히 흔적은 남아, 역사의 흔적을 여행하는 사람들은 즐겁다.

의인 박잉걸(朴仍傑)과 지금의 정읍

1676년 칠보면 백암리에서 태어난 박잉걸朴仍傑은 의인이었다. 부지런한지라 젊을 적부터 큰돈을 만졌는데, 환갑 되던 해에 온몸에 비늘이 나는 병을 앓게 되었다. 돈도 소용없었고 노력도 소용없었다. 먼 곳에 장가간 아들이나 보고 죽겠다고 굴치라는 고개를 넘는데, 고갯길에서 마주친 수염 하얀 노인이 이리 말하는 것이었다. "적선積善을 하시게." 바람처럼 사라진 노인 말에 박잉걸은 눈을 떴다. 그 길로 박잉걸은 재산을 털어 고갯길 2개를 넓히고 홍수 때마다 무너지는 다리를 보수하고 마을 어귀에 움막을 짓고 옷가지와 신발을 걸쳐놓고 아무나 가져가게 만들었다. 남정네가 죽어나가고 흉사가 잇따르는 마을 주민들 읍소에, 당산나무 아래에 잘 생긴 남근석男根石을 세워 재앙을 막았다.

전북 정읍 화호리에 남아 있는 구마모토 농장의 쌀 창고 폐허와 1950년대 자혜병원 기념사진. 근현대사 회오리바람이 폐허 속에 몰아친다.

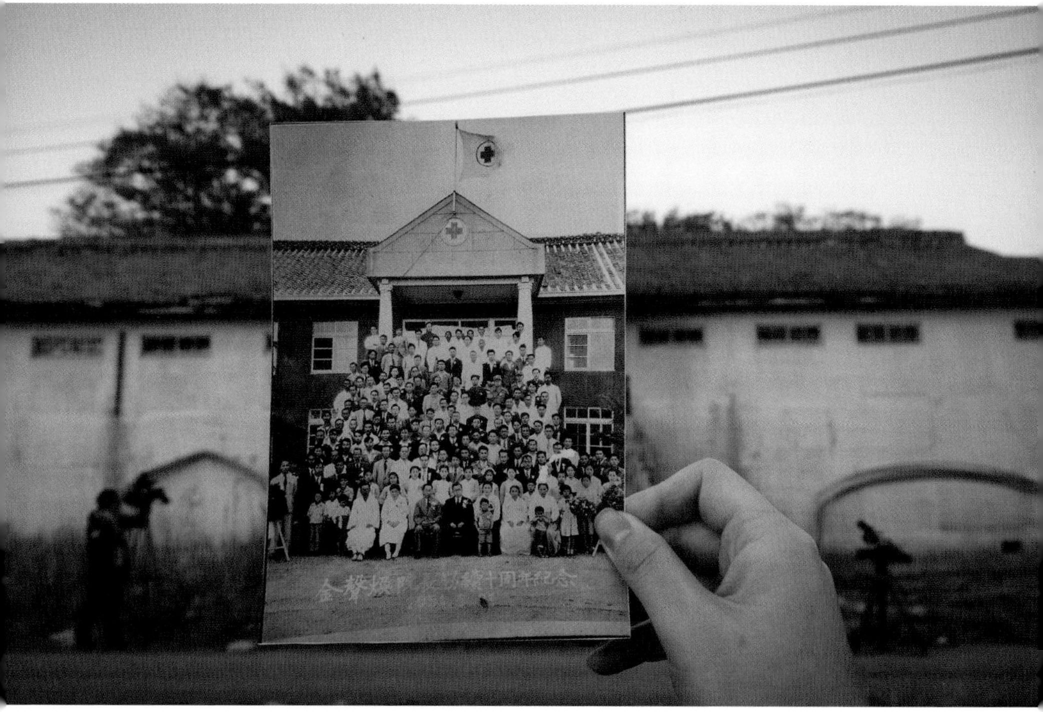

1700년대 갑부 박잉걸이 세운 '자지바우(남근석)'. 마을 땅 기운을 누르기 위해 세웠다.

그 고갯길이 굴치와 구절치다. 움막이 있던 그 마을 입구가 '걸치기마을'이다. 마을 입구에는 걸치기방앗간, 걸치기휴게소, 걸치기세탁소가 있다. 속칭 자지바우라는 그 남근석은 백암마을 앞에 서 있다. 착한 부자 박잉걸 후손들은 효자였다. 5대손인 박덕래는 호랑이를 감동시켜 타고 다녔다. 호랑이에 씌웠던 굴레와 가죽끈이 가문에 남아 있다. 증손자 박연진朴延鎭은 효자이기도 했고 도학에 정통한 학자이기도 했다. 일문삼효一門三孝, 삼대에 효자를 낳은 가문이었다.

1820년 효자 박연진과 관찰사 이서구

1820년 어느 날 박연진에게 전라 관찰사 이서구李書九(1754~1825)가 찾아왔다. 이서구는 조선 후기 실학 시대 4대 시가 중 한 사람이다. 시詩는 물론 토목, 수리,

전북 고창 선운사 마애불. 박잉걸과 교류한 전라 관찰사 이서구가 복장 유물을 꺼내다가 벼락살을 맞았다.

천문, 예언에 능하고 행정에 능한 인물이었다. 이 감찰사는 박연진과 도학을 논한 끝에 옆 동네 고창 선운사를 찾았다. 선운사 절벽에 새겨진 미륵불 배꼽에 세상을 바꿀 비결祕訣이 있는데, 벼락살도 함께 들어 있어서 꺼내는 순간 벼락 맞고 죽는다는 것이다. 공포심과 함께 욕심이 한껏 돋았다. 다른 실학자들이 비루한 서자庶子 투성인 반면에 이서구는 왕실 가문 출신이었다. 권력과 행정력을 갖췄으니, 비결에 대한 욕심은 단순한 호기심에서만은 아니었다.

예순여섯 살 먹은 이 늙은 도지사가 낑낑대며 올라가 마애불 복장 감실을 열었다. 과연 책이 한 권 있었고, 표지를 넘기니 이렇게 적혀 있었다. '李書九開托(이서구개탁)'. '이서구가 열어본다'는 것이다. 이서구는 식겁을 하고서 책을 밀어넣고 달아났다고 했다.

그로부터 72년이 지난 1892년 고창에서 동학東學 접주 손화중 무리가 미륵불을 찾았다. 스님들 제지를 뿌리치고 손화중은 절벽으로 올라가 비결을 꺼냈다. 이미 이서구한테 벼락살이 떨어졌으니, 날벼락은 치지 않았다. 정작 꺼내보니 비결이라는 책이 정약용이 쓴 『목민심서牧民心書』라 허탈해 했다는 말도 있다. 동학 비서 탈취 사건은 여러 문서에 기록돼 있는 사실史實이다. 그런데 세상은 변하였는가.

1894년 동학농민혁명과 정읍

1892년 4월 탐관오리 조병갑이 고부 군수로 부임했다. 아귀 같은 자였다. 돈 되는 곳에는 모조리 빨대를 들이대고 백성들 기름과 피를 빼먹는 자였다. 닥치는 대로.

동진강 들녘 배들평야는 넓디넓다. 백성들은 동진강에 자발적으로 보洑를 짓고 평야에 물을 대고 농사를 지었다. 흉년이 나도 만석이 나온다고 '만석보萬石洑'라 이름 지었다. 조병갑은 그 아래를 또 거대한 보로 틀어막고 물세를 받았다. 신新 만석보라 했다. 물이 넘쳐 오히려 농사를 망쳤지만 개의치 않았다. 물세 감면을 호소하는 농민들을 잡아 죽였다. 그 가운데 동학 지도자 전봉준의 아버지 전창혁도 있었다. 흉흉한 민심에 익산으로 도망간 조병갑은 2년 뒤 고부로 재부임했다. 일관성 하나는 끝내주는 학정虐政에 마침내 농민들이 낫으로 대나무를 베고 창을 만들었다. 전봉준이 이끄는 농민군 손에 고부 관아가 부서지고 쌀 창고문이 열렸다. 조병갑이 세운 만석보는 반파됐다. 조병갑도 쫓겨났다. 새 세상이 온 줄 알았다.

그런데 중앙 정부에서 보낸 관료 이용태가 더한 놈이 아닌가.(1권 1장 〈10. 1894년 청일전쟁과 무력한 권력자들〉 참조) 새 세상? 한가로운 꿈이었다. 그리하여 1894년 동학농민혁명이 개시됐다. 사령관은 전봉준과 손화중, 김개남이었다. 군수 처단

차원을 넘어 제폭구민除暴救民과 보국안민輔國安民을 내건, 혁명이 시작됐다. 폭정을 없애고 백성을 구하며, 나라를 되살리고 백성을 안정시킨다. 생각해보라. 300년도 아니고 200년도 아닌, 불과 120여 년 전 이야기다. 고부 관아 터도 남아 있고, 만석보 만들 때 박은 말뚝도 남아 있다.

1894년 3월 고창 무장에서 봉기한 농민군은 5월 황토현 고개 첫 전투에서 관군을 대파하고 승리했다. 청과 일본이 개입했다. 신무기로 중무장한 일본군은 한성에서 세 갈래로 남하하며 농민군을 토끼 몰듯 공주 우금치로 끌고 갔다. 11월 우금치에서 동학군은 전멸했다. 명분과 의지가 전력戰力까지 이길 수는 없었다. 고창에 있는 동학혁명발상지도, 황토현 전적지도 우금치도 그대로 남아 있다. 혁명은 실패했다.

그들의 최후

팔도가 농민군으로 들끓었고 만석보를 만든 가렴주구의 표상, 고부 군수 조병갑은 전남 완도 고금도로 유배됐다. 1894년 5월 4일이다. 다섯 달 뒤인 10월 6일 중앙 거물 이도재가 전라 감사로 부임했다. 그 또한 갑신정변 때 고금도에 유배된 적이 있다.

두 달 뒤 동학 지도자 전봉준과 김개남이 이도재 지휘하에 연달아 체포됐다. 김개남은 "대원군 밀지를 따라 움직였다"고 진술했다.(황현, 『오하기문梧下記聞』) 이도재는 과격파 김개남을 심문한 후 목을 잘라버렸다. 재판도 없었다.(1894년 12월 16일 『고종실록』) 시신은 갈라서 양반들에게 나눠줬다. 2개월 감봉 처분을 받은 이도재는 두 달 뒤 체포한 전봉준을 법대로 서울로 압송했다. 왜 김개남을 재판 없이 잔인하게 처형했는지는 아무도 모른다.

김개남이 사형당하고 7개월 뒤 고금도에 유배당했던 조병갑이 관직에 복귀했다. 3년이 지나고 1898년 7월 21일 동학 2대 교주 최시형이 교수형을 당했다.

동학혁명기념탑과 동학 접주 박성빈

황토현 전적지에는 기념관과 기념탑, 농민들을 기리는 사당이 서 있다. 사당 앞 광장 왼쪽에는 5공화국 때 만든 '황토현 전적지 정화淨化 기념비'가 서 있다(도대체 무엇을 정화하겠다는 것인가). 사당 뒤편 언덕에 갑오동학혁명기념탑이 서 있다. 5·16 군사 쿠데타 2년 뒤인 1963년 10월 건립됐다. 군사 쿠데타를 동학혁명 연장선으로 미화했다는 비난을 받는 탑이다. 탑에 적힌 구호 가운데 보국안민輔國安民의 '輔' 자는 '保' 자로 그릇되게 적혀 있다. 이야기를 잠깐 돌려본다.

박성빈이라는 선비는 경상도 동학군 접주였다. 무과에 합격했지만 동학에 동참해 전투를 하다가 생포돼 구사일생으로 살아났다. 이후 초야에 묻혀 가난하게 살았다. 박성빈에게 아들이 여럿 있었는데, 셋째 아들 박상희는 일제 강점기 사회주의 혁명을 꿈꿨다. 해방이 되고 박상희는 남로당 당원으로 건국준비위원회 활동을 하다가 1946년 10월 대구에서 총에 맞아 죽었다. 박상희의 동생도 남로당원이었다. 형이 죽고 2년 뒤 여수와 순천에서 벌어진 군부대 반란 사건에 간여해 징역 15년형을 선고 받고 사면됐다. 훗날 대통령이 된 이 사내 이름은 박정희다. 동학에 '난동' 꼬리를 떼고 '혁명'이라 처음 명명한 사람도 박정희다.

역사라는 게 대개 이렇다. 앞에서 보면 군사 쿠데타 미화 도구요, 뒤에서 보면 숨은 가족사가 보인다. 구한말 의병장 최익현은 동학을 동비東匪라 불렀다. 안중근은 동학을 폭동이라 규정하고 황해도에서 동학군을 토벌했다. 정읍 땅에 서면, 역사가 입체적으로 보인다.

동학 봉기 4년 뒤인 1898년 동학 2대 교주 최시형이 대한제국 법원에서 사형 선고를 받았다. 재판장은 조병직, 배석판사는 주석면과 조병갑이었다. 농민 고혈을 짜내다 쫓겨간 탐관오리, 바로 그 조병갑이다. 제대로 된 나라가 아니었다. 1907년 1대 교주 최제우와 2대 교주 최시형의 죄를 없애고 사면하기를 고종에게 요청한 사람은 총리대신 이완용이었다.

구마모토 농장 언덕 위에 있는 구마모토 농장주 관사

페허가 된 역사, 구마모토 농장 쌀 창고

그리고 1945년 구마모토 농장

개판 일 분 전인 대한제국은 결국 망했다. 논이 호수처럼 넓은 정읍 화호리禾湖里 마을에는 오사카 출신 자본가요 고리대금업자 구마모토 리헤이熊本利平가 들어왔다. 오사카 지주들을 끌어들여 논을 대거 매입했다. 땅값이 바닥일 때 그 논들을 사들여 왕국을 건설했다. 쌀이 나오면 모조리 일본으로 가져갔다. 미곡 창고만 다섯 채가 있었다. 가끔 일본에서 출장 나오면 농장 언덕에 지은 별장에 묵었다. 별장 양옆에는 농무과장, 경리과장 관사가 있었다. 언덕 뒤편에는 노무자 사택도 있었다. 자체 병원도 있었다. 농장 둘레에는 돌담을 쌓고 그 위에 탱자나무를 심었다. 해방 후 창고 한 채는 병원으로 쓰이고 훗날 여자고등학교 교실로도 쓰였다.

허물어졌지만 모든 게 남아 있다. 왕국을 내려다보던 구마모토 별장도, 과장들 관사도, 담벼락도, 쌀 창고도. 흔적이 남아 있기에 볼 수 있다. 두 눈 똑바로 뜨고 역사를 볼 수 있다. 누가 어떤 덕을 쌓아서 대한민국이 여기까지 왔는지, 누가 어떤 짓을 숨기려고 작당했기에 대한국인들이 분노하고 있는지. 흔적을 보았기에 가슴 벅찼고, 그래서 몹시 몹쓸 여행이었다. 땅의 역사

04 일인(日人) 갑부 우치다니 집에는 여전히 봄볕이

식민 흔적이 남은 목포와 현대판 문익점 와카마쓰

목포 유달산 아래 일본인 신시가지에 남아 있는 동양척식주식회사 건물

목포의 '목'은 여울목, 길목 할 때 쓰는 그 목이다. 목포는 서해와 남해 바닷길 길목에 있는 포구였다. 해안선이 복잡하고 펄이 깊어 사람 살기보다는 군사 요충지로 역사가 오래다. 그래서 목포 역사는 매립의 역사다. 바다를 메워 집을 짓고 펄을 덮어 큰 배가 정박할 항구를 만들며 목포가 성장해왔다. 목포 땅 80%는 바다였다. 호남선 목포역 또한 바다 한가운데에 있었다.

고하도, 이순신과 와카마쓰

정유재란 초기 조선 해군사령관 이순신에게 닥친 일은 끔찍했다. 모함을 쓰고서 고문을 당했다. 계급장이 뜯긴 채 육군사령관 권율 밑에서 전투에 임하다 모

친상을 당했다. 후임 사령관 원균은 칠천량 전투에서 병력을 궤멸당하고 죽었다. 맨손으로 사령관에 복귀해 배 13척으로 133척 일본군을 대파했다. 일본군으로서는 어떻게 졌는지 이해가 안 되는 패배였고 조선군으로서는 어떻게 이겼는지 이해가 안 되는, 하늘이 도운 승리였다. 그리고 적군을 피해 군산 앞바다까지 퇴각하다가 막내아들 부음을 들었다. 이 가장 참담한 시간을 이순신은 고하도高下島에서 보냈다. 그해 10월부터 이듬해 3월까지 100일이 넘는 시간이다. 고하도는 전남 목포에 있다.

고하도에서 이순신은 군량미와 군함과 병력을 보충하고 진도 고금도로 떠났다. 이듬해 11월 19일 노량해전에서 일본군을 섬멸하고 본인도 죽었다. 고하도 옛 선착장에는 그를 기리는 모충각과 그가 건설했던 진지 흔적이 남아 있다.

식민 조선에 육지면을 도입한 와카마쓰 도사부로(若松兎三郎, 1869~1953) 그리고 고하도 이순신 모충각에서 언덕 너머 무화과밭에 있는 육지면 시배지 비석

모충각에서 언덕을 하나 넘으면 무화과밭이 나온다. 무화과밭 한가운데에 비석이 서 있다. '朝鮮陸地棉發祥之地(조선육지면발상지지)'라 새겨져 있다. 일제강점기에 만든 기념비다. 비석 뒤에 이름 다섯 자가 나온다. 若松兎三郞(와카마쓰 도사부로·1869~1953). 1904년 조선 땅에 신품종 목화를 들여온 사람이다.

1960년대까지 대한민국 사람들은 솜이불을 덮고 무명옷을 입었다. 와카마쓰가 들여온 미국산 신품종 육지면을 덮고 입었다. 와카마쓰는 도쿄제국대 재학 중 외교관 시험에 수석 합격한 수재였다. 1903년 목포에 영사로 부임한 와카마쓰는 일본 면직 산업 원료를 조선에서 공급할 계획을 세웠다. 이순신이 "서북풍을 막음직하다"고 결론 내린 고하도에 시배지를 만들고 1년에 걸쳐 13개 품종을 시험했다. 킹스 임프루브드(King's Improved)종이 재래종에 비해 수확이 월등히 많고 병충해에도 강했다. 일본 의회 지원을 받은 육지면 재배는 일부는 강제적으로 일부는 고소득을 노리는 농민에 의해 자발적으로 확대됐다. 1936년 당시 조선 총독이던 우가키 가즈시게宇垣一成가 시배지임을 알리는 비석을 이 자리에 세웠다.

비석 자리는 지금 무화과밭이다. 밭주인인 농부 김남석이 말했다. 김남석은 2018년 여든다섯 살이니, 해방 전 일을 소상히 알고 있다. "아버지 때부터 목화를 했다. 강제로 목화 재배하라는 얘기는 없었다. 돈 많이 벌었다. 해방 되고 '나이롱' 들어오면서 관뒀고."

쌀, 목화, 소금 이렇게 삼백三白이 모이고 일본으로 내보내던 도시 목포는 19세기 말 1000명도 되지 않던 인구가 1940년대 8만 명으로 급증했다. 와카마쓰는 부산부윤(시장)을 거쳐 사업을 하다가 1926년 본국으로 돌아갔다. 1940년대 교토의 조선인 교회가 강제 폐쇄되자 경찰에 이를 항의해 복구시키기도 했다. 와카마쓰를 연구한 일본 대동문화대 명예교수 안몽필은 "본국의 이해관계에 충실했다고만 평가하기에는 휴머니스트적인 행적이 많다"고 했다.

"저놈의 바윗덩이 때문에"

1897년 대한제국은 목포를 개항했다. 다른 개항 도시와 달리 자주적인 개항이었다. 계획해놓은 신시가지를 열강에 판매했다. 대한제국은 네덜란드 기사 스테든에게 용역을 주고 시가지 설계를 맡겼다. 도로 폭은 8~15m 네 종류로 엄격하게 구분했다. 택지 또한 용도와 매립 여부를 철저히 구분했다.

유달산 남쪽 너른 신시가지를 일본이 매입했다. 이순신이 거대한 볏짚으로 위장해 왜군을 도망가게 했다는 노적봉 아래다. 대한제국은 13년 뒤 망했다. 목포와 조선은 일본 땅이 됐다. 일본인은 "저놈의 바윗덩이에 속아서 300년이 걸렸다"고 축배를 들었다. 그 흔적이 곳곳에 남아 있다. 노적봉 아래 일본 영사관 건물도, 토지 수탈의 상징인 동양척식회사 건물도. 해방 후 영사관은 시청으로, 도서관으로 사용됐다. 동척 건물은 해군 건물로 사용됐다. 5·18 민주화운동 때는 고문 장소로 사용됐다.

유달산의 미스터리, 88불

유달산은 산신 신앙의 대상이며 목포의 자존심이다. 정상 일등바위까지 오르는 등산로는 1928년 완공됐다. 일본풍이 확연하다. 곳곳에 시멘트 기단 흔적이 보인다. 드물게 '후쿠오카인福岡縣人 목포부木浦府' 같은 글이 보인다. 그 흔적이 88개다. 바위에 새겨 넣은 제단도 있다. 정상에 이르면 일등바위 기슭에 홍법대사라 새겨진 마애상과 험상궂은 부동명왕상이 나타난다.

홍법대사는 일본 진언종 창시자다. 부동명왕은 진언종에서 섬기는 천왕이다. 일본 시고쿠 고야산이 총본산인 진언종은 그 주변 사찰 88개를 성역화하고 순례코스로 지정했다. 유네스코 세계문화유산이기도 하다. 이 사찰들을 직접 찾기 어려운 사람들을 위해 진언종은 팔십팔영장이라는 상징적 공간을 일본 곳곳에 만들어 놓았다.

유달산 절벽에 새겨져 있는 부동명왕상. 일본 식민 잔재다.

유달산 88불은 이 사찰들을 상징한다. 조성 시기가 1928~1932년이니 일본이 실질적으로 이 땅을 차지하고 한 세대가 지난 시점이다. 일본인들이 이 땅에 영원토록 살 줄 알았다는 뜻이다. 일본인 신시가지에서 언덕을 오르면 노적봉이 나온다. 노적봉에서 유달산으로 오르는 등산 코스가 바로 이 88불, 팔십팔영장이 서 있는 순례길이다. 광복 후 불상들은 대부분 파괴되거나 민가로 사라졌다.

1990년대 그 치욕의 흔적을 없애자는 움직임이 나왔다. 소위 '역사 바로 세우기'다. 영사관 뒤편 봉안전은 깨끗하게 철거됐다. 홍법대사상과 부동명왕상은 철거를 맡은 업자가 악몽을 꾸고서 작업을 차일피일 미루다 살아남았다.

그러다 또 다른 시각이 나왔다. '부순다고 역사가 바로 서는가?' 목포대학교 도서문화연구원 교수 최성환이 말했다. "광복 후 대한민국이 사용했던 역사가 더

길다. 또 수탈의 현장을 지워버린다면 그게 무슨 의미가 있나. 그래서 지금 생생한 교육 자료로 살아남았다."

〈목포의 눈물〉과 〈부용산〉

미곡상과 면화업으로 호남 제일 갑부가 된 우치다니 만페이內谷萬平는 일본 신시가지 대저택에 살았다. 일본 시가지와 조선 시가지의 국경, 오거리를 사이에 두고 목포 사람들은 시를 썼고 〈목포의 눈물〉을 불렀다. 1935년 조선일보 공모전에 문일석이 써서 당선된 시에 손목인이 곡을 쓰고 이난영이 불렀다. 모두 목포 사람이다.

해방이 되고 세상이 바뀌었다. 1947년 시인 박기동이 요절한 누이를 위해 시를 지었다. 이듬해 그 시에 목포여고 동료 음악선생 안성현이 곡을 붙였다. 제목은 〈부용산〉이다. 품위 있는 슬픔을 담은 이 노래는 만인의 사랑을 받았다. 그런데 세상이 다시 어지러워지더니 분단 정국에 '빨치산과 운동권이 불렀다'는 이유로 금지곡이 되었다. 〈엄마야 누나야〉의 작곡자이기도 한 작곡가 안성현은 의문 속에 북으로 갔다. 시인 박기동은 안기부 사찰에 시달리다 1980년대 호주로 이민을 떠났다.

고하도 모충각에 있던 이순신 추모 비석은 일제 강점기 뒤편 언덕에 쓰러져 있다가 해방 후 다시 섰다. 언덕 너머 조선육지면발상지 비석은 해방 후 뿌리째 뽑혀 무화과밭에 뒹굴다 1970년대 초 다시 세워졌다. 일본 영사관과 동양척식주식회사 건물은 근대역사관으로 바뀌었다. 우치다니의 저택은 주말이면 문을 열고 역사를 증언한다. 가수 이난영은 1965년 죽어서 경기도 파주 공동묘지에 묻혔다. 그리고 2006년 삼학도 배롱나무 아래로 이장됐다. 1997년 노래 〈부용산〉이 금기에서 풀렸다. 2003년 목포여고에 시비詩碑가 섰다. 모두 21세기 목포다.

목포 갑부 우치다니 만페이(內谷萬平) 저택

05 돌탑이 묻는다 나는 언제 귀향할 것인가

중앙박물관 석물의 비밀과 장물아비 와다 쓰네이치

서울 남산에는 쌍회정雙檜亭이라는 정자가 있었다. 선조 때 정승 백사 이항복이 지었다. 먼 훗날 구한말에 영의정을 지낸 이유원이라는 이항복 후손이 정자를 두고 흥선대원군과 크게 다투고 이름을 홍엽정이라 바꿔버렸다. 그 정자에서 독립운동가인 아들 이석영, 회영 형제가 국가를 걱정하다가 만주로 떠났다. 그 자리에 민족학교가 생기고 담배회사가 생기고 양잠회사가 생기더니 이완용이 헐값에 사서는 나라에 세 배 값으로 팔아치웠다. 나라가 망하고 일본인 와다 쓰네이치가 정자 주인이 되었다. 그런데 경성에 이상한 소문이 돌았다. 와다가 사는 집에 아름다운 석물들이 즐비하다는 것이다. 와다의 집을 거쳐 지금 서울 용산 국립중앙박물관 앞뜰에 서 있는 그 석물들에 얽힌 이야기다.

남산 쌍회정

조선 광해군 때 대동법 시행을 위해 선혜청을 만들었다. 그 쌀 창고가 숭례문과 남대문 시장 사이 언덕에 있었다. 창고가 있다고 해서 주변을 창동이라고 했다. 지금 북창동, 남창동이 이 지역이다.

서울 용산에 있는 국립중앙박물관에는 야외전시장이 있다. 원공국사승묘탑은 그 전시장에 있는 석물 중 하나다. 백사 이항복 집터에 살던 일본인 와다 쓰네이치가 일제 강점기 자기 집에 가져갔던 승탑이다.

창동은 경치가 아름다워 역대 고관대작들 별장과 정자가 많았다. 선조 때 살았던 검소한 정승, 백사 이항복도 창동에 살았다. 집은 작았다. 대청마루는 무릎을 들여놓을 정도였고 두 칸짜리 바깥채는 바닥에 종이도 바르지 않았다. 다만 정자 하나와 회나무 두 그루를 심고 완상했을 뿐이다.

그 후손이 7, 8대에 이르러 가세가 기울어 집을 팔았다. 집을 산 이는 정자를 쌍회정이라 이름 지었다. 헌종, 철종, 고종 대에 영의정을 지낸 후손 이유원이 마침내 집터를 되찾았다.(이유원, 『춘명일사』)

이유원은 돈에 관심이 많았다. 매천 황현은 이유원을 일러 "자택이 있는 양주 가오실에서 서울까지 80리 왕래길이 모두 그의 밭두렁이라 다른 사람 땅은 단 한 평도 밟지 않고 다닌" 사람이라고 했다.(황현, 『매천야록』) 회나무 한 그루가 죽고 없길래, 이유원은 한 그루를 가져와 심고서 쌍회정 낙성식을 성대하게 열었다. 그때 흥선대원군에게 현판을 부탁하니, 대원군이 '雙檜亭'이라 일필휘지하고선 이리 말했다. "중국 주나라 때 재상 셋에 버금가는 나무로다!" 이유원은 정신이 아득해지면서 크게 기뻐하였다.

그런데 바깥에서는 홍선이 이렇게 떠들고 다니는 게 아닌가. "송나라 때 폭신暴臣 진회秦檜는 이름에 '檜'가 하나인데, 이유원은 회나무가 둘이니 그 해害가 크리라." 놀림 당한 사실을 안 이유원은 이를 갈며 회나무를 베어버리고 단풍나무를 심었다. 정자 이름도 홍엽정紅葉亭이라고 바꿨다.(윤효정, 『풍운한말비사』) 이후 정자에서 벌어진 일들은 조선이 식민지가 되는 과정과 한 치 어긋남 없이 똑같다.

이완용이 팔아치운 홍엽정

이유원이 죽고 양자 이석영이 재산을 물려받았다. 조상 이항복의 기개도 물려받았다. 동생 이회영도 그랬다. 1898년 9월 동생 이회영은 이상설, 여준과 함께 홍엽정에 올라 국민 계몽과 정치가 규합, 그리고 확고한 정책 수립을 논의했다. 이상설은 훗날 간도로 가서 민족학교 서전서숙을 세웠고 헤이그 밀사로 파견됐다.

이듬해 5월 홍엽정에서 광성실업학교가 설립됐다. 교장 박기양, 교감 서상면, 교사 신해영인데, 입학생이 폭주하자 곧바로 옆 동네로 이전했다.(1899년 5월 3일 『황성신문』) 그 자리에는 향연합자회사라는 담배회사가 설립됐다. 그해 11월 담배를 진상 받은 고종이 말했다. '민간에 재력이 홍왕하면 국세가 자연히 부하리니 부디 권면하라.'(1899년 11월 10일 『독립신문』) 향연합자회사는 이듬해 3월 대한제국 인공 양잠합자회사를 만들었다. 사장은 김가진이고 평의장은 박기양, 간사는 서상면과 서병숙이었다. 계몽과 자강自强 정책 실천이 이 홍엽정에서 출발한 것이다.

그다음 주인은 만천하가 다 아는 친일파 이완용이다.

1908년 4월 8일 블라디보스토크에서 발행된 한인 언론 『해조신문』에 따르면 '총리대신 이완용 씨가 홍엽정을 13만 원에 정가하여 탁지대신에게 총리 관사로 사라 강청하니 탁대가 부득이하여 6만 원에 낙가하여 결정하였다. 국고금은 이 총리의 사사 전대로 다 들어가리라더라.'

『대한매일신보』에 따르면 이완용이 정자를 산 돈이 13만 '냥'이다. 1원은 5냥이 통상이었다. 자그마치 다섯 배 폭리를 노리고 팔아서는 '총리 관사' 명목으로 자기가 눌러앉겠다는 억지였다. 터무니없는 놀부 심보요 나라를 상대로 부동산 투기를 한 흔적이다. 2년 뒤 이완용은 나라를 팔아넘겼다. 홍엽정 원주인 이석영과 동생 이회영을 비롯한 여섯 형제는 전 재산을 다 팔아 독립운동 자금을 만들어 만주로 떠났다.(1권 2장 <6. 만주로 떠난 이회영 형제와 투사의 아내 이은숙> 참조)

이완용에 이어 홍엽정을 차지한 사람은 와다 쓰네이치和田常市라는 일본인이었다. 총독부가 만든『경성부사』에는 이렇게 기록돼 있다. '경성 거류민 가운데 선각자로 공을 세운 와다 쓰네이치가 이 정자와 부근 땅을 구입해 자택으로 삼았다.' 1925년 조선상업은행 6대 주주로 적혀 있으니 대단한 부자였다(7대 주주는 조선총독이었다). 백사 이항복의 집을 친일파에 이어 일본인이 차지한 것이다.

1912년 총독부가 작성한 토지대장에는 홍엽정이 있는 남미창정南米倉町 202번지 소유자가 와다로 적혀 있다. 약종상, 무역상, 광산 개발까지 다방면에 사업을 확장했던 인물이었다.

그 많은 사업 속에서 그가 시종일관한 일이 있으니, 바로 조선 문화재 '장물아비'다. 그 장물을 그러모아 놓은 창고가 바로 홍엽정이다. 지금 주소는 남창동 202번지고, 일신교회가 들어서 있다.

장물아비 와다 쓰네이치

'원주에는 철불, 석불, 석탑이 흔해 빠지게 널려 있는 것이 경주도 놀라 맨발로 도망을 갈 정도입니다.'(총독부,『조선고적조사약보고』, 1914년)

총독부가 고려청자와 신라 고도 경주에 집중해 있는 사이, 일본 학자들은 원주 땅에서 노다지를 찾아냈다. 고려 수도 개경에서 한강 이남으로 가는 군사·교통 요지인 데다 왕실이 후원하는 큰 절들이 많았다. 세월 속에 폐사된 절터에는 그 영화榮華를 알리는 석물들이 흩어져 있었다. 지금도 그러한데 20세기 초에는 더했을 것이다.

1911년 가을 명동에서 잡화점을 하는 도굴꾼 모리 무라타로森村太郎가 원주 법천사지에서 지광국사 현묘탑을 강탈해왔다. 와다는 이 탑을 구입해 명동 한 병원에 전시했다가 자기 집으로 가져갔다.

아주 아름다운지라, 일본 오사카에 사는 후지타 헤이타로藤田平太郎라는 귀족이 이를 알고 큰돈을 주고 오사카로 가져갔다. 불법 반출이었다. 그때 총독 데라우치가 이를 알고 와다를 협박해 다시 가져와 경복궁에 가져다놨다. 데라우치는 조선이 영원히 일본 땅이리라 생각하지 않았을까.

정체불명의 칠층석탑과 귀면鬼面이 새겨진 좌대도 와다의 남창동 정원에 있었다. 원주 거돈사지에 있던 원공국사승묘탑도 있었다. 1928년 와다가 죽고 6년 뒤 원공국사승묘탑은 보물 제314호로 지정됐다. 지금은 대한민국 보물 제190호다.

용산 국립중앙박물관의 석물 9개

조선총독부는 1915년 조선 지배 5주년을 기념하는 성대한 잔치를 열었다. 잔치 이름은 조선물산공진회였다. 경복궁 광화문과 근정전 사이 건물들을 모조리 철거하거나 팔고, 잔디밭과 근대 건물을 만들었다. 너른 잔디밭에는 '옮기기 편한 석물들을 찾아' 팔도에서 모은 탑들을 전시했다. 공진회가 끝나고 석물들은 제자리로 가지 못하고 그대로 잔디밭에 남았다.

해방이 되고 전쟁이 터지고 나라가 제자리를 찾게 되었다. 석물들은 고향으로 가지 못했다. 대신 이것들은 1960년 6월 2일 대한민국 국보가 되었다. 나라가 해방된 지 25년이 지났는데, 국보로 지정한 법령은 총독부가 만든 '조선보물고적명승천연기념물보존령'이었다. 이후 석물들은 귀향을 포기했다.

해방 후 총독부청사는 정부청사가 되었다. '중앙청' 이름은 국학자이자 정치

국립중앙박물관 야외에 전시된 염거화상탑과 홍법국사탑

인 정인보가 지었다. 1986년 중앙청은 국립중앙박물관이 되었다. 1996년 총독부 건물이 철거됐다. 2005년 국립중앙박물관이 용산으로 이전했다. 석물들도 따라 갔다.

이들 가운데 9개가 박물관 남쪽 노천 전시장에 모여 있다. 와다가 사들였던 원주 거돈사 원공국사승묘탑(보물 제190호)이 맨 동쪽에 있다. 서쪽 끝에서부터 염거화상탑(국보 제104호), 진경대사 보월능공탑(보물 제362호), 대경대사 현기탑비(보물 제361호), 홍법사 진공대사 탑과 석관(보물 제365호), 홍법국사탑(국보 제102호)과 탑비(보물 제399호)가 줄지어 서 있다. 염거화상탑은 어디서 왔는지도 알 수 없다.

귀향을 기다리는 석물들

해방 후 보물 목록을 검토하던 미군정 문화재 당국은 1948년 원공국사승묘탑을 서울 성북동 개인집에서 발견했다. 와다 가족으로부터 남창동 집을 구입했던 이 아무개가 해방 후 미국인에게 집을 팔면서 가져간 것이다. 이 또한 경복궁으로 반환됐다. 정체불명의 칠층석탑과 귀면 좌대 행방은 아직 미궁이다.

와다 쓰네이치가 팔아먹었다가 경복궁으로 돌아온 지광국사 현묘탑(국보 제101호)은 해방 후 6·25전쟁 때 어디선가 날아온 박격포탄을 직통으로 맞고 1만 2000조각으로 부서졌다. 미군 공습이라고도 하고 인민군 박격포 사격이라고도 했다. 1956년 대통령 이승만의 지시에 기적처럼 복원됐지만, 복원이 완전하지 않아 '불면 꺼질세라' 옮기지 못하고 경복궁 잔디밭에 남았다. 지금은 문화재청이 첨단 기법으로 해체 복원 중이다.

원주에서는 총독부가 가져간 법천사 지광국사탑과 거돈사 원공국사탑을 돌려달라고 주장한다. 문화재는 제 자리에 있을 때 가치가 있는 법이라고. 이렇게 되묻는 사람도 있다. 절터로 귀향하면, 탐욕스러운 자들로부터 안전하게 지킬 수 있냐고. 석물에 귀와 입이 달려서, 똑같이 묻는다면 어찌할 것인가. 낙락장송 다 사라진 남산에서 쌍회정 지키지 못한 우리가 그리 할 수 있을 것인가. 땅의 역사

원공국사승묘탑이 있던 강원도 원주 거돈사지. 텅 비었다.

6장

민초, 우리들

그래도 사람이 살던 세상

동백처럼, 우리는 민초다. 동백처럼, 떨어져도 붉다.

01 은인자중(隱忍自重)하여라 우리는 나라를 등진 사람이니라

항왜(降倭) 김성인과 임진왜란

1620년 10월 사여모沙汝某라는 무장武將이 광해군으로부터 교지敎旨를 받았다. 임명된 직급과 직책은 가선대부 동지중추부사다. 가선대부는 종2품이고 중추부는 무임소 관료 조직이다. 그 이전 직책은 기록에 없다. 1년 뒤인 1621년 광해군은 사여모의 아들을 조선 중앙군인 5위 부대 중 하나, 호분위 장교인 상호군上護軍에 임명했다. 직급은 정3품 당하관 어모장군이다. 또 1년 뒤 6월 아버지 사여모는 정2품 자헌대부로 승진했다. 장관급이다. 같은 날 아들은 정3품 당상관인 절충장군으로 승진했다. 훗날 아버지는 병자호란 때 퇴각하는 조선군을 지키다 쌍령 전투에서 전사했다. 그런데 이상하다. 사여모였던 아버지 이름이 장관급 교지를 받을 때는 김성인金誠仁으로 바뀌었다. 게다가 아들 이름은 김귀성金貴成이다. 성을 바꿨다? 사연이 길고 깊다.

426년 전 조선에서 벌어진 동아시아 세계대전, 임진왜란 때 조선으로 투항한 일본군이 있다. 많은 이가 조선 정부로부터 성과 이름을 받고 정착했다. 이들을 항왜降倭 혹은 향화向化라 한다. 김성인 부자가 그, 항왜다. 임진왜란 발발 426년 만에 찾아간, 항왜 이야기.

전쟁, 바닥없는 지옥

1590년 도요토미 히데요시가 일본 전국 통일을 완성했다. 2년 뒤 각 번藩 군사를 모아 전쟁을 일으켰다. 일본에서 '분로쿠의 역文禄の役', 중국에서 '만력조선역萬曆朝鮮役'이라 부르는 국제전, 임진왜란壬辰倭亂이다. 1592년 4월 13일 시작된 전쟁은 정유재란까지 7년을 끌었다. 예비 병력을 포함해 20만 대군이 조선을 침략했다.

전쟁은 지옥이다. 바닥없는 지옥, 무저갱無底坑이다.

일본 지도층 모두가 동의한 전쟁은 아니었다. 도요토미는 조선 침략 대본영인 나고야성城에 각 영주 식솔을 가둬놓고 전쟁을 독려했다. 군사를 숨겨둔 영주들은 처벌됐다. 부산진에 상륙한 일본군은 파죽지세로 한양으로 진격했다. 조선 국왕 선조는 아들 광해군을 서둘러 왕세자에 책봉하고 정부 지휘를 맡겼다. 나머지 아들 임해군과 순화군을 관북 지역, 함경도로 보내 모병募兵과 백성 위무를 맡겼다. 자신은 평양을 거쳐 의주로 달아났다. 조선 백성은 원치 않는 전쟁에 징발된 일본군 앞에 내팽개쳐졌다.

이듬해 1월 명나라 원군이 압록강을 건넜다. 총사령관은 성주 이씨 중시조인 고려 문벌 이장경의 후손 이여송이다. 그가 이끄는 조명연합군이 고니시 유키나가小西行長가 차지한 평양성을 함락시켰다. 이순신이 활약한 바다에 이어 육지까지 전세가 역전됐다. 이후 밑도 끝도 없는 전쟁터에서 이상한 일이 벌어졌다.

'왜적이 (이여송) 제독의 군전에 투항해 100명에 이르는데 제독이 대부분 죽이지 않고 군대를 따라 정벌에 나아가게 했다.'(1593년 5월 23일 『선조실록』) 그러니까, 한꺼번에 100명에 이르는 일본군이 집단 투항을 했다는 것이다. 명군은 이들을 죽이지 않고 본국으로 끌고 갔다.

희귀하게도, 조선 정부는 명나라 말이면 무조건 동의하던 관례를 깨고 이 조치에 항의했다. 항복을 가장한 첩자들이 명나라로 가는 길에 평안도 정세를 파악해

항왜(降倭) 여여문이 활약했던 울산왜성. 여여문은 조선 관료들의 무능을 힐난하며 스스로 적진에 뛰어들었다가 명나라 군사에게 죽었다.

달아날 우려가 있다는 이유였다.(선조 26년 5월 22일) 그런데 남쪽 전선戰線에서 '항왜는 군사적으로 필요한 존재'라는 무신들 보고가 이어졌다. 의주 피란지 책상머리에서 상상의 나래를 펴던 문신들 생각은 바뀌었다. 이듬해 4월 선조는 이렇게 결론을 내렸다. '항왜를 죽이는 것은 도움이 되지 않는다. 굶주리지 않게 하고 직책도 제수하여 마음을 위로하라.'(1594년 4월 17일『선조실록』)

집단 투항한 사람들, 항왜

위로는 전쟁을 원치 않는 장교들이 있었고 아래로는 강제징용을 당한 병사들이 있었다. 쉽게 이길 듯했던 전쟁이 무기한 늘어졌다. 이들이 대오에서 이탈해 투항 행렬을 이뤘다. 전쟁이 끝날 때까지 이들 항왜 숫자는 1만 명에 이르렀다.(1597년 5월 18일『선조실록』)

전쟁 동안 포로로 끌려갔던 선비 강항은 이렇게 기록했다. '그들은 평생 부모 형제를 보지 못하고 태반이 처자가 없다(平生不見父母兄弟 太半無妻子). 또 조선을 토지가 비옥하고 의식이 풍족하다고 생각한다. 언제나 조선은 즐거운 나라이고 일본은 더러운 나라라고 읊는다(朝鮮誠樂國也 日本誠陋邦也).'(강항, 『간양록』, 「적중봉소」) 돌아가도 살 방도가 없고, 처자식도 없는 자들이었다.

지옥을 탈출하기 위하여, 첨단 무기 조총으로 무장하고 전국 전쟁으로 갈고닦은 실전 병력이 떼로 들어왔다. 목숨을 부지하기 위해 항복한 사람들이다. 그런데 조선 지도자들을 부끄럽게 만드는 바가 있었다.

항왜, 그들의 처연한 삶

전쟁이 장기화되면서 조선 정부는 항왜들을 함경도로 보냈다. 대륙 신흥 세력인 여진족 방어용이었다. 그런데 그 숫자가 많아지고 오지奧地에 대한 불만이 터지자 정부는 이들을 한산도로 내려 보냈다.(1594년 9월 14일 『선조실록』) 바로 이순신이 삼도수군통제사로 있는 조선해군사령부다. 그곳에서 많은 항왜들이 주로 노 젓는 군인으로 근무했다. 그렇듯 전쟁은 대개 무명無名이다. 그러나 이름을 남긴 항왜 또한 부지기수다.

사백구라는 항왜는 김해 부사 백사림을 구해주었다. 죽음을 무릅쓰고 일본 군영에 들어가 식량을 구해 살려주었다. '우리나라 유식한 무리들도 가장이나 처자식을 구제하지 않고 있는데 사람으로서 부끄럽게 여겨야 할 것이다.'(1597년 9월 8일 『선조실록』) 그해 11월 22일 의령에서 벌어진 전투에서 항왜 연시로는 말에서 떨어져 칼을 맞고 죽었고, 사고여무와 요질기, 사야가, 염지가 적의 목을 베었으며 다수 무기와 소 4마리, 말 1필과 포로 100여 명을 빼앗았다.(『선조실록』)

여여문呂汝文이라는 항왜는 이리 말했다. '일본이 다시 출동하면 전라도부터 범할 것이 틀림없다. 성 밑 나무까지 다 베어 목책을 만들어야 하는데, 지금까지 설치하지 않고 있으니 매우 잘못되었다. 우리 조선에 마음을 다하는 자를 가려서 적장을 모살하면 자기가 죽더라도 할 사람이 있을 것이다.'(1597년 1월 4일『선조실록』) 여여문이 덧붙였다. '우리 조선 사람들은 계획만 세우고 의논은 많으나 실행이 적다. 할 수 있는 일은 급히 실시하여 기회를 잃지 말아야 마땅하다.'

일본군 작전까지 꿰뚫고 있었으니, 여여문은 고위급 장교였음이 분명했다. '우리' 조선이 입만 살아 있음을 한탄하니, 조선 지도층 행태도 제대로 파악했음이 틀림없다.

그 여여문은 1598년 1월 울산왜성 전투 때 가토 기요마사 휘하 병사 넷의 목을 베고 퇴각하던 중 전사했다. 명나라 군사가 죽였다. 오인이었는지, 공이 탐나서인지는 모른다. 석 달 뒤인 4월 10일 기오질기와 사이소가 거창에서 일본군 17명을 투항시켰다. 경상 우병사 정기룡이 이 가운데 열한 사람 목을 베어 자기 공으로 돌렸다. 군중軍中 모두가 잘못된 일이라 했다.

마침내 선조가 불같이 화를 낸다. "항왜에 대해 의심하지 않는 이가 없었는데 나만 그렇지 않다고 밝혔으나 군신들 저지에 끝내 시행하지 못하였다. 그런데 보아라. 지금 항왜들이 자기 몸이 다쳐도 돌아보지도 않고 있으니, 항왜만 충성을 제대로 바치고 있다. 과연 너희 관리들 말처럼 적과 내응하고 적을 끌어들였는가. 모두 당상으로 승진시키라."(1597년 8월 17일『선조실록』)

자헌대부 항왜 김성인

전쟁이 끝났다. 항왜는 대부분 궁벽한 북쪽 국경 지대로 가서 군인이 되었다. 대개가 글 모르고 가난한 자들이라, 혹자는 그 궁벽함을 견디지 못하고 1624년 함경 북병사 이괄의 난 때 반란군에 가담했다.

공을 세운 몇몇은 나라에서 본관과 성姓과 이름을 받았다. 그중 한 사람이 사여모다. 사여모는 임진왜란 발발 이튿날 상관인 사야가沙也可와 함께 투항했다.

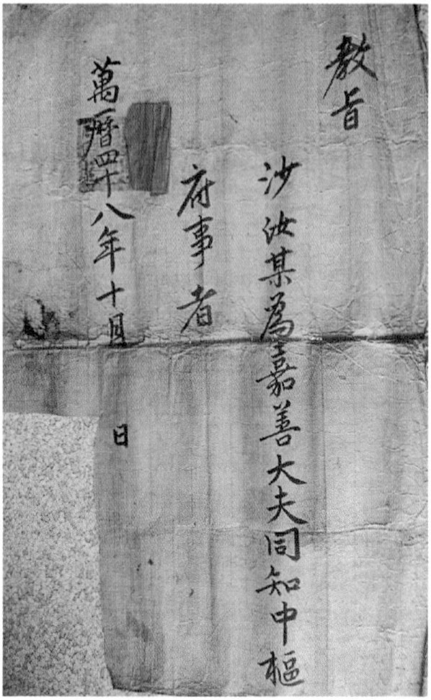
教旨
沙汝某爲嘉善大夫同知中樞
府事者
萬曆四十八年十月 日

항왜 사여모(김성인)가 광해군으로부터 받은 가선대부 교지

그리고 일본군과 싸웠다. 광해군 때 사여모는 북방 국경 수비를 자원해 나라로부터 김해 김씨 성과 성인이라는 이름을 받았다. 사야가 또한 선조로부터 김충선金忠善이라는 성명을 받았다. 김성인 행록에 따르면, '김성인과 김충선과 김계충은 이 전쟁이 명분 없음을 일찍 알고 예의의 나라에 투항했다.'(김충선, 『모하당문집』, 「김성인 행록」)

병자호란이 터졌다. 못난 지도자 인조가 남한산성으로 도주했다. 김성인은 동료 김계수, 아들 김귀성, 상관 김충선과 함께 쌍령에서 청나라 군사를 저지하다 전사했다. 늙은 김충선을 대신해 싸우다 죽었다. 아들 김귀성 또한 북방 경계를 자원해 평생을 살았다.

그리고 경상북도 청도군 함박골에 들어와 살았다. 이후 사여모 김성인 가문은 잊혀 살았다. 사여모 김성인의 11세손 김병육이 말했다. "귀화했으되 섞여 살기는 힘들지 않았을까. 하여 이 첩첩산중에 숨어 은인자중하며 살지 않았을까."

일제 강점기가 끝나고 해방이 되고 그 후손들이 모여 본관을 '함박'이라 고치고 지금껏 청도에 산다. 할아버지들이 받은 교지 석 장, 청도 함박골과 주머니골 조상 묘소를 400년 동안 부둥켜안고 산다. 단순한 종잇조각, 무덤이 아니다. 뿌리다. 후손 김병육이 말했다. "교지를, 뿌리를 지켜온 선조들이 그저 고맙다"고.

벚꽃 찬란하던 봄날 밤이었다. 주머니골 산중山中을 헤맨 끝에 별빛 아래 김성인 부자 묘를 만날 수 있었다. 밤하늘만큼이나, 먹먹했다. 땅의 역사

항왜 김성인의 무덤

02 무엇이 해방이더냐

문경새재 강도 사건과 혁명가 허균

강원도 강릉 사천진 해변 교문암(蛟門岩). 이무기가 바다로 간 바위다.

어무적魚無迹은 조선 연산군 때 사람이다. 무적無迹은 흔적이 없다는 뜻이니 본명은 아니다. 그가 이런 시를 쓴다. 제목은 「유민탄流民歎」이다. '떠도는 백성을 탄식함'.

백성이여 어렵고 어렵구나/갈수록 가난해 먹지조차 못하네/나는 너희를 구제할 마음은 있으나/구제할 힘이 없구나.(蒼生難蒼生難/年貧爾無食/我有濟爾心/而有濟爾力) (…) 저들은 구제할 힘은 있으나/구제할 마음이 없네/저 소인배들 마음을 돌이켜/군자로 생각게 하고/군자의 귀를 빌려/귀 기울이게 하고 싶노라.(彼有濟爾力/而無濟爾心/願回小人腹/暫爲君子慮/暫借君子耳/試聽小民語)

세상이 어지럽던 연산군 시대다. 정치 똑바로 하라고 충고하는 내시 김처선의 다리를 부러뜨리고 혀를 잘라내고 창자를 끄집어내 죽이는(『연려실기술』) 왕이었다. 그럼에도 두려움이 없었으니 어무적은 보통 사람은 아니었다. 광해군 때 사람 허균은 「유민탄」을 조선 최고의 시라 평하고 시 모음집인 『국조시산』에 끼워놓았다.

허균이 죽고 79년 뒤인 1697년 『국조시산』을 편찬한 전라 관찰사 박태순은 2년 뒤 파직됐다. 내용도 내용이거니와 문제는 시인 그 자체였다. 어무적이 덧붙인다. '나는 하류下流에 처해 있기 때문에 누구보다 잘못된 현실을 바로 관찰할 수 있다'고.

어무적은 얼자孼子다. 아비는 양반이되 어미는 노비였다. 어미 신분을 따라, 어무적 또한 노비였으니 「유민탄」은 조선 왕조 신분 질서 뿌리를 뽑겠다는 반란가叛亂歌가 아닌가. 어무적은 나라를 바로잡자고 상소도 올렸으나, 실록은 '(왕으로부터) 회보回報가 없었다'고 기록한다.(1501년 7월 28일 『연산군일기』) 이제, 조선 왕국 만악萬惡의 근원 서얼 차별을 살펴본다. 서얼, 첩妾의 자식 이야기다.

태종 이방원과 왕자의 난

1415년 태종 15년 6월 25일 육조에서 정부시책 33조를 올렸다. 이 가운데 우부대언 서선徐選 등 6인이 올린 진언은 이러하다. '종친과 각품의 서얼 자손은 현관직사顯官職事에 임명하지 말아서 적첩嫡妾을 분별하소서.' 진언은 그대로 시행됐다. 서자는 양민인 첩의 자식이고 얼자는 천민인 첩의 자식이다. 서선이 이를 진언하고 태종이 이를 허가한 이유가 있다.

아버지 이성계가 배다른 동생 방석을 세자로 지명했다. 열한 살짜리 이복동생에게 이방원은 분기탱천했다. 방석은 이성계 둘째 부인 신덕왕후의 아들이다. 이방원에게 신덕왕후는 작은어머니가 아니라 첩이었다. 그 자식인 방석은 서자였다. 본인은 왕위를 이을 적통이었고. 게다가 방석을 지지한 정도전까지 모계로 노비였다. 피비린내 나는 왕자의 난이 벌어졌다.(2권 4장 〈2. 의정부 '함흥차사'의 진실과 불우한 철학자 박세당〉 참조) 방원은 방석과 정도전을 죽이고 권력을 차지했다. 이어 허수아비였던 형 정종이 물러나고 왕이 됐으니, 이제 왕위 정통성을 확보해야 했다. 그때 서선이 등장한다. '적통嫡統이 왕실을 이어야 하고, 서얼 출신인 정도전 같은 패악한 무리가 나오지 않도록 아예 서얼의 벼슬을 막아야 한다.' 난을 합리화할 핑계를 찾고 있던 태종에게 호재였다.

그런데 실상은 어처구니가 없다. 모든 일은 정도전에 대한 서선의 앙금에서 비롯됐다. '서선이 정도전이 총애하던 종에게 욕을 본 일이 있어 그 원수를 갚을 길만 생각하고 있었다. 정도전이 패망하자 견강부회하여 죽은 뒤에 감정풀이를 한 것이다. 그 법이 반드시 행해지리라 생각한 것은 아니었다. 그런데 정도전이 죄를 지어 막 처형당한 때이다 보니 그 법이 성립하기 쉬웠던 것이다.'(박지원, 『연암집』, 「서얼 소통疏通을 청하는 소」)

조선을 옥죈 서얼차별법

복수심은 조선 법전인 『경국대전』에 성문화됐다. '죄를 범하여 영구히 임용할 수 없게 된 자, 탐관오리의 아들, 재가하거나 행실을 잘못한 부녀의 아들 및 손자, 서얼자손庶孼子孫은 문과, 생원, 진사시에 응시하지 못한다.'

1555년 법률 주석서인 『경국대전주해』를 제작하면서 이 조항에 이런 해석이 붙었다. '이상의 조문에서 자손은 바로 '자자손손'을 뜻한다(乃謂子子孫孫也).' 서얼은 영원무궁토록 관직이 금지된 것이다.

시대에 따라 경중은 있었으나 이후 조선이 패망할 때까지 첩의 자식들은 고위직에 오를 수가 없었다. 1597년(선조 30)부터 1735년(영조 11)까지 138년간 서얼 출신 문과 급제자는 42명뿐이었다. 1695년(숙종 21)과 1724년(영조 즉위년) 각각 988명, 5000명 서얼이 상소를 올렸으나 무용지물이었다.(『한민족문화대백과사전』) '명색은 사람이지만 사실은 사람이 아닙니다(名爲人而實非人也).'(1874년 2월15일 『승정원일기』, 「서얼차별을 풀어달라는 홍찬섭의 상소」) 피해 의식에 사로잡힌 권력자와 원한을 품은 사내가 합작한 악법은 500년을 갔다.

문경새재 은 강도 사건

1608년 광해군 시대가 도래했다. 광해군은 선조와 후궁 공빈 김씨 사이에 태어난 서자다. 조선 팔도 서자들이 만세를 불렀다. 바로 그해 서얼인 박응서, 심우영, 서양갑, 박치의, 이경준과 박치인, 허홍인이 상소를 올렸다. 차별을 없애달라고 했다. 무시당했다. 좌절한 이들은 스스로를 '죽림칠현'이라 부르며 경기도 여주 여강변에 토굴을 짓고 음풍농월吟風弄月하며 살았다.

1613년 이들은 나무꾼, 소금장수 따위를 가장해 전국에서 강도 행각을 벌였다. 그해 3월 문경새재에서 은을 싣고 가던 상인을 죽이고 수백 냥어치 은을 탈취했다. 신출귀몰하는 화적떼를 잡아 문초를 해보니 고관대작의 서자들이 아닌가.

허균(1569~1618)

이들은 광해군을 몰아내고 왕실 적자인 영창대군을 옹립할 군자금으로 강도짓을 했다고 자백했다. 영창대군 외할아버지 김제남이 배후 인물로 드러났다. 피비린내가 장안을 진동했다. '계축옥사' 혹은 '칠서지옥'이라 한다. 그런데 5년 뒤인 1618년 또 다시 역모가 발각됐다. 역시 영창대군을 내세운 반란이었다. 수괴는, 허균이었다.

허균과 홍길동

허균은 조선 최고의 문장가요 과격한 인문주의자였다. 5년 전 역모를 꾀했던 칠서의 정신적 지주였다. 아버지 허엽, 큰형 성, 둘째 형 봉, 우리가 난설헌이라 부르는 누나 초희와 함께 허씨 5문장이라 불린다.

허균은 손곡 이달에게 글을 배웠고, 이달로부터 세상을 보았다. 뛰어난 문장과 열린 눈을 가진 사내였지만, 이달은 서자였다. 제자가 입신양명하는 모습을 지켜봐야 하는 글 노예였다. 그 스승 모습에서 허균은 세상을 보았다. 조선 사회에 팽배한 숱한 모순 가운데 서얼 차별은 응당 폐지해야 할 악이었다. 그리하여 1610년(추정) 그가 쓴 한글 소설이 '아비를 아비라 부르지 못하고 형을 형이라 부르지 못한' 『홍길동전』이다.

허균에 대한 평가는 이렇다. '이 자는 사람이 아니다. 그 모습 또한 우리와 다르니 필시 여우, 너구리, 뱀, 쥐 같은 따위의 정령일 것이다.'(유몽인, 『어우야담』)

허균이 태어난 곳은 강원도 강릉이다. 강릉에서도 외가인 교산蛟山이다. 너른 들판에 가늘게 달리는 산줄기 능선에서 태어났다.

허균은 그 교산을 자기 호로 삼았다. 교산은 이무기의 산이다. 능선은 바다로 사라지고 백사장에 커다란 바위들이 앉아 있다. 바위 이름은 교문암蛟門岩이다. 구렁이가 튀어나와 바다로 사라졌다는 바위다. 용이 되지 못한 구렁이 산, 교산. 정신 나간 게 아니라면 허균은 만천하에 자기 운명을 공포한 것과 마찬가지다.

실로 그러하였다. 여우의 정령 같은 글재주로 광해군의 외교를 도맡아 처리하고 승승장구한 관료였다. 그런데 느닷없이 역모를 꾀한 사실이 발각된 것이다. '포악한 임금을 치러 하남 대장군이 온다.' 그 전해 남대문에 나붙은 벽서가 빌미였다. 벽서를 붙인 이는 허균의 측근 현응민이었다.

혁명가 허균의 마지막 말

허균의 정적 기자헌과 이이첨의 폭로로 역신 무리들이 줄줄이 체포됐다. 정작 허균은 결백을 주장하고 모함이라 주장했다. 실록을 본다. '허균이 잡히던 날에

옥문을 깨뜨리고 역적 균을 탈취해 가겠다고 많은 사람들 가운데서 큰 소리를 쳐서 듣는 자들이 놀라지 않는 이가 없었다.'(1618년 8월 22일 『광해군일기』) '죄인을 잡았으니 온 나라 경사다. 허균에게는 다시 물을 만한 일이 없다.'(8월 23일) 허균이 결백하다는 자들은 농성을 했고, 유죄를 주장하는 자들은 이상하리만치 허둥댔다.

그래서 다음 날 광해군이 직접 허균을 심문했다. 실록에 따르면, '이이첨 무리들은 어쩔 줄을 몰라 하면서 왕으로 하여금 다시 캐묻지 못하게 했다. 허균은 비

경기도 용인시 원산면 맹리 산 61에 있는 양천 허씨 문중 묘역. 오른쪽 맨 끝이 허균의 허묘다.

로소 깨닫고 크게 소리치기를 "하고 싶은 말이 있다" 했으나 상하가 못 들은 척했다.'

허균은 심문 조서에 끝까지 도장을 찍지 않았다. 그리고 그날 저잣거리에서 처형됐다. 시체는 팔도에 뿌려졌다. 허균을 밀고한 기자헌조차 '죄인 도장도 없이 사형으로 나간 적은 없으니 훗날 이론이 있을 것'이라고 했다.(1618년 8월 24일 『광해군일기』)

허균이 하고 싶은 말은 무엇이었을까. 문득 보니 칠서의 난에서도, 허균의 난에서도 그 누구 하나 자기가 역모를 했다고 자백한 이는 없었다. 서얼 그리고 그들을 무한 신뢰한 허균, 그들의 진실은 무엇일까.

해방되지 못한, 女子

이제, 새 세상을 희구한 그대 서얼들에게 묻는다. 당신들의 어머니와 딸은 안중에 있었는가. 그 어떤 사료를 들여다봐도 대답은 '없다'다. 『경국대전』에는 과거시험 응시 자격이 '양민良民'이라 돼 있다. 양민, 곧 '남자'다. 여자라는 존재는 아예 예정돼 있지 않았다.

일곱 서자들이 꿈꾼 이상세계도 적자 남자들과 동등한 입신양명이었다. 허균이 말했다. '남녀의 본성은 하늘이 준 것이며 도덕은 그 아래다.' 그 본성, 남녀 모두 즐겼는가. 허균에게는 첩이 둘 있었다. 허균이 만든 인물 홍길동은 조선 국왕으로부터 병조판서를 제수받고 율도국 왕에 오른다. '길동에게 부인이 셋인데 둘은 정통 양인이었다.'(『홍길동전 완판본』) 허균의 분신分身, 홍길동과 그 이상향이다.

그 사이 하늘이 내린 시선詩仙, 허균의 누나 허초희는 나이 스물일곱에 죽었다. 선계를 그리는 시를, 선계에서 벼슬을 하는 시를 남기고 죽었다. 시 내용은 이랬다.

'스물이라 일곱 송이 부용꽃은 붉은빛 다 가시고, 달빛은 서리에 찼답니다(芙蓉三九朵 紅墮月霜寒)'(「몽유광상산夢遊廣桑山」 부분)

1969년 서울 서초동 등지에 흩어져 있던 양천 허씨 허엽 문중 묘들이 경기도 용인에 모였다. 경부고속도로 공사 부지로 묘지가 편입되자 문중에서 내린 결정이다. 강원도 원주에 있던 허균 아내 묘도 따라왔다. 묘에는 허균의 옷가지가 함께 있었다.

허씨 5문장이라 불렸던 아버지 허엽과 두 형 성과 봉, 허균 그리고 누나 초희가 옹기종기 모여 볕을 쬔다. 그런데 볕의 강도는 조금씩 다르다. 허균 묘는 옷가지만 있는 허묘다.

묘역 입구에는 허초희 시비가 서 있다. 그녀 무덤은 경기도 광주시 지월리 시댁 묘역에 있다. 시비 뒷면은 시 한 수, 앞면은 난설헌 이력이다. 동북아 3국을 울린 시인의 일생이 이렇다. '일곱 살에 시를 쓴 여자 신동이었고 서당 김성립에게 출가했다(七歲能詩女神童 西堂金誠立出嫁)' 신동, 그리고 출가. 그게 전부다.

1894년 서얼제, 아니 서얼제의 뿌리인 처첩제가 폐지됐다. 조선 왕조 500년 내내 남자들이 무시했던 문제의 근본, 그 처첩제가 폐지됐다. 그런데, 어무적은 아직도 떠도는 백성들을 탄식하고 있지 않을까.

양천 허씨 문중 묘역 초입에 있는 난설헌 허초희 시비(詩碑). '어릴 때 신동이고 김성립에게 시집감'이라고 인생이 정리돼 있다.

03 '당신들의 천국'에서 마주친 서글픈 역사

소록도 이야기

소록도와 시인 한하운

함경도 청년 한태영은 열일곱 살 되던 1936년 자기가 나병에 걸린 사실을 알았다. 공식 명칭은 한센병이지만 사람들은 그저 문둥병이라 했다. 한태영은 지주집 아들이라 먹고살 걱정은 없던 청년이었다. 병원에서 의사가 이렇게 말했다. "소록도에 가면 나을 병이니 걱정 마시라." 그때 소록도에는 나병 환자를 수용·치료하는 갱생원이 있었다.

아무도 몰래 직장 생활을 했지만 9년 뒤에는 누가 보더라도 문둥이라 한태영은 고향에 처박혀 죽은 듯이 살았다. 1947년 38선 이북에 지주 계급 때려잡는 공산 정권이 들어섰다. 한태영은 서울에서 걸식 생활을 했다. 시詩를 팔았다. 주객酒客이 낭만을 마시고 토해내는 명동에서 팔았다. "문둥이가 시를 팔고 다닌다"는 소문이 돌았다.

주객 가운데 하나가 시인 정지용이었다. 1949년 정지용이 문둥이 시인에게서 받은 시는 「파랑새」였다. 내용은 이러했다. '나는/나는/죽어서/파랑새 되어//푸른 하늘/푸른 들/날아다니며//푸른노래/푸른 울음/울어 예으리//나는/나는/죽

전남 고흥 소록도 중앙공원. 앞쪽 바위에는 '문둥이' 시인 한하운의 시가 새겨져 있다.

어서/파랑새가 되리' 혹자는 정지용이 그에게 구름처럼 살라고 '하운何雲'이라 이름을 주었다고 했다.

그해 명동 낭만파들이 주선해 시집이 나왔다. 필명은 한하운이고 시집명은 『한하운 시초』다. 시 한 편 또 읽어본다. '(…) 낯선 친구 만나면/우리들 문둥이끼리 반갑다//천안 삼거리 지나도/쑤새미 같은 해는 서산에 남는데 (…)/버드나무 밑에서 지까다비를 벗으면/발꼬락이 또 한개 없다//앞으로 남은 두 개의 발꼬락이 잘릴 때까지/가도 가도 천리 먼 전라도길'(「전라도길-소록도 가는 길에」 중)

한하운은 줄곧 시를 쓰고 한센병 환자들을 위해 일을 하다가 1975년 죽었다. 화가를 꿈꾸던 군산중학교 2학년 고은高銀은 길에서 한하운 시집을 주워 보고서

'영혼에 송두리째 불이 나는' 경험을 하고 시인이 되었다. 한하운은 경기도 김포에 묻혀 있다. 한하운이 '발꼬락이 없어지도록 걸어간' 섬 소록도는 전라남도 고흥에 있다.

소록도 1917~2018

소록도는 하늘에서 보면 아기 사슴 밤비처럼 생겼다. 하늘 날 방법이 없던 옛 사람들이 이 사실을 어찌 알았을까. 섬 이름이 '아기 사슴 섬' 소록도小鹿島다. 1917년 5월 17일 소록도 자혜의원이 문을 열면서 사람들 편히 살던 사슴 섬이 완전히 바뀌었다. 자혜의원은 나병 환자 치료 및 수용 시설이다. 이름은 훗날 갱생원으로, 국립소록도병원으로 바뀌었다. 소록도는 일제 강점기부터 최근까지 금단의 공간이었다.

세간이 한센병에 가지는 편견과 두려움에 특별한 목적 없이 사람들은 섬으로 드나들 생각을 하지 않았다. 하고많은 병 가운데 한센병은 하늘이 내린 벌, 천형天刑이라고 했다. 2009년 고흥반도와 소록도를 잇는 소록대교가 건설됐다. 자혜의원이 생기고 92년, 근 100년 만이다. 지금 소록도에는 관광객이 넘쳐난다. 한센병에 대한 편견도 사라졌다. 그 사이에 소설보다 더 소설 같은 일들이 섬에서 벌어졌다.

하나이 젠키치와 스오 마사스에

1921년 부임한 2대 원장 하나이 젠키치花井善吉는 제대로 된 의사였다. 일본식을 강요하지 않고 환자들 요구를 수용했다. 조선 솜옷을 허용하고 기독교를 허용했다. 식량도 확충했다. 그러다 1929년 급사했다. 이에 환자들이 돈을 추렴해 창덕비를 세웠다. 이후 해방이 되고 일제 잔재 청산에 휩쓸릴까 우려한 환자들은 창덕비를 땅에 파묻어 숨겼다. 전쟁이 터지고, 전쟁이 끝나고, 자유당이 무너졌다. 1961

2대 원장 하나이 젠키치(花井善吉) 창덕비. 조선인 환자를 차별하지 않고 의술을 베푼 의사였다. 비석은 해방 후 환자들이 땅에 숨겨둬 파괴를 피했다.

년 환자들은 비석을 땅에서 파내 다시 세웠다. 비석은 옛 자혜의원 앞에 서 있다.

1933년 부임한 4대 원장 스오 마사스에周防正季(소록도 자료에는 '수호'라고 표기돼 있다)는 악한이었다. 병원 확장과 이를 통한 입신양명이 스오 삶의 목표였다. 원생들을 동원해 벽돌 공장을 만들고 그 벽돌로 건물을 짓고 도로를 만들었다. 1937년 중일전쟁이 터졌다. 원생들은 병원 확장은 물론 송진과 가마니와 토끼 가죽과 숯을 만들어 군부에 바쳐야 했다. 1940년 8월 20일 스오는 자기 동상을 강제로 건립하고 매월 20일을 보은報恩 감사일로 정했다. 감사 대상은 자기 자신이었다.

1942년 6월 보은 감사일, 스물일곱 먹은 원생 이춘상이 오른쪽 팔에 묶어놓은 식칼로 스오 가슴을 찔렀다. 스오는 한 시간 만에 죽었다. 이춘상은 사형을 선고

병원 입구에서 열리곤 했던 환자와 자녀 면회식(왼쪽). 감염을 피하기 위해 아이들은 바람을 등에 지고 서서 만났다. 남자 환자들에게 강제로 정관 수술을 실시하던 수술실(아래)

받았다. 일본의 나병 전문가 미쓰다는 "조선인을 위해 노력한 이토 히로부미가 하얼빈에서 흉한兇漢에게 쓰러졌고, 스오도 일개 흉한으로 인하여 목숨을 빼앗겼다"고 했다. 의미는 다르지만 어찌 적확한 비유가 아니겠는가.

스오가 강제로 만든 동상은 이듬해 전쟁 물자로 징발됐다. 스오 원장 동상 자리에는 지금 개원 40주년 기념비가 서 있다. 기념비 앞 풀밭에는 큰 바위가 있다. 스오가 육지에서 강제로 가져온 바위다. '메도 죽고 놓아도 죽으니 차라리 놓고 죽자는 바위다. 옮기느라 허리 부러져 죽고, 놓으면 매 맞아 죽었다는 바위다. 바위에는 한하운이 쓴 시 「보리피리」가 새겨져 있다. 지금은 사슴이 내려올 정도로 아름다운 공간으로 변했다.

그들의 천국, 소록도

'문둥이'. 누구라도 듣기 싫은 이 소리에 환자들은 서로를 문씨라고 불렀다. 그러다 공식 명칭이 한센병으로 바뀌었다. 사람들은 서로를 한씨라고 불렀다. 섬 바깥은 '사회'라 불렀다. 자기네 섬은 'S도'라 불렀다. 병원 입구 도로 양쪽 소나무 숲은 면회장이었다. 환자들 사이에 생긴 아이는 미감아未感兒라 불렀다. 아직 감염되지 않았다는 뜻이다.

미감아들과 부모는 따로 수용돼 한 달에 한 번 면회가 허용됐다. 입구 소나무 숲은 그 면회장이었다. 부는 바람에 균이 옮을까, 아이들은 바람을 등지고 부모는 바람을 맞으며 한 줄로 서서 하염없이 바라만 봤다. 손을 만질 수도 껴안을 수도 없이 바라만 봤다. 슬픔, 탄식이 터졌다. 그래서 수탄장愁嘆場이라 했다.

환자들은 부당 처우에 대들면 감금실에 갇혔다. 갇혔다 나올 때는 정관 수술을 받았다. 검시실에서 해부를 거쳐야 장례를 치르고 화장을 했다. 병에 걸려서, 해부 당해서, 장례해서 소록도 사람들은 세 번 죽었다. 죽음도 자유롭지 못했다. 살아도 죽었고 죽어도 죽었다.

조창원 원장이 만든 구라탑(救癩塔)

화장한 유골은 언덕에 있는 납골당에 안치됐다. 수탄장도, 검시실도, 감금실도 모두 남아 있다. 광복이 되고 일주일 뒤 일본인이 철수했다. 조선인 의사와 행정 직원 사이에 세력 다툼이 벌어졌다. 다툼은 원생들의 집단 시위로 번졌다. 직원들이 고흥 치안유지대를 불렀다. 원생들을 묶어놓고 총으로 쏴죽이고 불태웠다. 84명이 죽었다. 이를 기리는 탑이 서 있다.

원장 조창원과 '우리들의 천국'

1961년 군의관인 육군 대령 조창원이 소록도에 14대 원장으로 부임했다. 서른여섯 살 먹은 이 젊은 원장은 병동과 직원 관사 사이 철조망을 없앴다. 그때까지 남아 있던 벽돌 공장을 보란 듯이 폭파했다. 1963년 공원 한가운데에 대천사 미카엘이 창으로 한센균을 찌르고 있는 구라탑救癩塔을 세웠다. 불임수술도 철폐했다. 축구부도 만들어 전국체전 예선에 출전했다. 전남 예선에서 우승했다. 모두 울었다.

그리고 대역사를 시작했다. 북쪽 무인도 오마도까지 주민 스스로 간척 공사를 해서 "우리들이 천국을 만들자"고 했다. 주민들은 붕대 감은 손으로 '구루마'에 돌을 싣고 바다를 메웠다. 인근 주민들이 극렬하게 반대했다. 문둥이와 몸 부대끼며 못 살겠다고 했다. 투석 작업이 85%가 이뤄진 무렵 결국 공사가 중단됐다. 투서가 난무하는 가운데 조창원은 마산으로 전근당했다. 1964년 벌어진 일이다.

"소록도 주민들이 혹사당한다"는 소문에 『조선일보』 기자 이규태가 소록도에 잠입했다. 가보니 혹사가 아니라 자발적으로, 스스로 살 땅을 만들고 있지 않은가. 그리하여 소록도 르포 기사가 신문에 실렸다. 잡지 『사상계』에도 실렸다. 제목은 '소록도의 반란叛亂'이었다. 바다 건너 장흥 진목마을에 사는 소설가 이청준이 그 글을 보았다. 이청준은 이규태를 만나고 원장 조창원을 만났다. 그리하여 나온 소설이 명작 「당신들의 천국」이다.

우리들의 천국, 소록도

진목마을 뒷산에 오르면 득량만 건너 소록도가 보인다. 2009년 그 풍경화 속에 다리 하나가 추가됐다. 소록대교다. 고흥반도 녹동항에서 600m 남짓 떨어져 있는 이 섬이 마침내 연결된 것이다. 꿈같은 일이 벌어졌다. 모두가 거부하고 모두가 쉬쉬하던 그 섬으로 모두가 몰려드는 것이다. 주민들이 사는 공간을 제외하고 모든 공간이 개방돼 사람들을 맞는다. 위에 언급한 모든 역사가 흔적으로 남아 있다. 악한 스오의 흔적, 시인 한하운의 흔적, 문씨와 한씨들의 서글픈 흔적까지.

그 600m를 건너 섬에 발을 내디디며 사람들은 놀란다. 바다와 하늘은 물론 소록도 주민들이 온몸으로 만들어놓은 공간이 아름답기가 그지없는 것이다. 수탄장 숲에서 시작한 산책로는 국립소록도병원 본관까지 이어진다. 감탄하던 관광객들은 곳곳에 서 있는 흔적들을 보며 침묵에 빠진다. 그리고 바위에 새겨진 한하운의 시를 다시 읽어본다. '보리피리 불며/인환의 거리/인간사人間事 그리워 피-ㄹ닐니리' 그리움과 감탄과 침묵이 끝없이 교차하는 섬나라 이야기였다. 땅의 역사

04 그때 경성에는 천국이 있었고 악마가 있었다

종교 도시 경성과 악마 집단 백백교(白白敎)

서울 종로구 경운동에 있는 천도교 중앙교당. 일제 강점기 많은 민족종교가 명멸했다.

나라는 사라졌다. 조선말도 함부로 쓰지 못하게 되었다. 나라를 살리려는 사람들은 줄줄이 끌려갔다. 사는 거, 재미없었다.

재미가 아니라 지루하거나 힘들었다. 악의 근원은 일본이었다. 선택지는 몇 되지 않았다. 친일을 하거나 항일을 하거나 소시민으로 자족하며 살거나. 친일 행각 없이 입신양명하기는 글러 먹었으니, 돈이 장땡이었다. 가급적이면 민족자본이 좋았다.

아니면 어떤 사람들은 신神에게 의지했다. 19세기 말 동학농민혁명이 좌절됐다. 동학은 천도교로 얼굴을 바꿨다. 동학에서 파생된 다른 종교 또한 숱하게 많았다. 민족주의 냄새가 진한 이들 종교는 후천개벽을 꿈꿨다. 왜놈에게 점령당한 세상을 뒤집어엎고 조선민족이 부활하는 그 세상을 꿈꿨다. 불교도 있었고 기독교도 있었지만, 민족을 내세운 종교가 더 좋았다.

그리하여 식민 시대 조선의 경성京城은 종교의 도시가 된다. 영성으로 민족을 부흥시키고 현세에 개벽을 이루려는 민족 종교들이다. 그 가운데 민족 대신 돈이 장땡이라 여겼던 악마 집단, 백백교白白敎도 있었다.

민족에 의한, 민족을 위한

1860년 4월 5일 도를 깨친 수운 최제우는 동학을 창시하고 경전 집필에 착수했다. 한문으로 『동경대전』을 짓고, 한글로 『용담유사』를 지었다. 이 두 책은 지금도 천도교 경전에 포함돼 있다. 최제우가 처형되고 2대 교주 최시형에 이어 1905년 12월 3대 교주가 동학을 천도교로 바꾸니, 그가 의암 손병희다. 손병희는 3·1운동을 이끌고 3년 뒤 죽었다.

3·1운동 1년 전인 1918년 4월 천도교는 서울 종로 경운동 88번지에 대교당 시공식을 가졌다. 원래 그해 12월 완공 예정이었으나 1921년에야 완성됐다. 건축자금 상당 부분이 3·1운동 자금으로 전용돼 돈이 부족했고, 총독부에서 허가도

쉽게 내주지 않았다. '보국안민輔國安民'을 기치로 내건 동학이 그 전신이었고, 동학 우두머리 손병희가 펄펄 살아서 천도교를 이끌고 있었으니까.

천도교 교리를 명시한 용담유사 「안심가」 구절을 본다.

'개 같은 왜적 놈을 한울님께 조화 받아
일야에 멸하고서 전지무궁 하여 놓고'

지금 말로 풀면 '간악한 일본을 신의 이름으로 멸망시키겠다'는 뜻이다. 그 '왜적 놈'이 「안심가」에 세 번 나온다. '왜적 놈아, 너희 신명 돌아보아라'에서 '원수 같은 왜놈들을 멸하고서 태평가를 부르겠다'까지. 게다가 이 포덕가 제목은 '안심가安心歌', 그래야 마음이 편하다는 얘기다. 종로경찰서가 지적인 경운동에서 왜놈을 때려잡아야 속이 후련하다고 노래를 불러대니 보통 종교가 아니었다. 천도교는 1945년 8월까지 요시찰 단체로 낙인찍혔다.

1936년 8월 14일 4대 교주 박인호는 간부 회의를 열고 일제 패망을 기원하는 집회 및 독립운동 자금 모집령을 내렸다. 2년 뒤인 1938년 무인년 황해도 신천에서 간부 회의에서 내려 보낸 기도문이 발각됐다. 내용은 이러했다. '무궁한 내 조화로 개 같은 왜적 놈을 일야간에 멸하고서 한의 원수까지 갚겠나이다.' '무인멸왜기도운동戊寅滅倭祈禱運動'이라 불리는 이 사건으로 천도교 집행부가 대거 구속됐다. '민족'을 내세운 종교라면 해야 할 일이었다.

영혼이 외로웠던 시대였다. 부도덕과 불합리에 저항할 용기가 없던 소시민들은 천도교에 몰려들었다. 한때 천도교는 신도 수가 300만 명이 넘었다.

총독부의 종교정책

그 시대 조선총독부에서 천도교를 관할하는 부서는 경무총감부였다. 지금으로 치면 범죄를 관리하는 경찰국이다. 신도·불교·기독교는 학무부에서 맡았다. 그러니까 천도교는 종교가 아니라 범죄 조직이었다는 말이다. 총독부가 펴낸『경성부사』는 이렇게 기록했다. '사회가 불안해지자 생겨난 것이 종교 유사 단체였고, 그 수괴가 최제우에 의해 창립된 동학이었다. 서민 가운데 신봉하는 무리가 많았다.'(『경성부사』 3권, 1941년)

『경성부사』는 '이후 다양한 교단이 나왔으나 대부분 미신에 불과해 종교로 인정할 영역에 이르지 않았다'며 '종교 유사 단체'의 예를 들었다. 이러하다. '천도교·시천교·청림교·보천교·태을교·태극교·대종교大宗敎·단군교·대종교大倧敎·관성교 등.' 이들은 종교가 아니라 유사 종교였고 미신이었다.

조계사 대웅전에 남은 보천교

1894년 겨울 충남 공주 우금치에서 동학농민군과 조선 중앙군·일본군 연합부대가 맞붙었다. 동학군은 참패했다.(1권 1장〈10. 1894년 청일전쟁과 무력한 권력자들〉 참조)참전했던 동학 접주 차치구車致九는 관군에 처형됐다. 1921년 그 아들 차경석은 보천교普天敎를 창시했다. 증산교 창시자인 증산 강일순의 제자다. 보천교 교리 또한 후천개벽이었다. 천지개벽의 문이 열리고 조선은 세계의 종주국이 된다는 것이다. 그 중심에 차경석 자신이 있었다. '시국時國'이라는 국호까지 내세웠다.

식민의 시대, 새 국가를 이미 세웠다고 선포했으니 사람들 이목이 쏠렸다. 갑자년 혹은 기사년에 차경석이 왕위에 오른다는 말이 돌았다. 사람들은 차경석을 '차천자車天子'라 불렀다. 1922년에 잡지『보광』을 발행하고, 1924년에는『시대일보』의 경영권을 인수했다. 1922년 백두산 소나무를 가져와 전북 정읍에 보천교 공동체를 건설했다. 본전 이름은 십일전十一殿이라 했다. 십일(十一)은 흙(土)을 뜻했다. 신도 수가 600만 명에 이른다는 통계까지 나왔다(서울대 종교학과 교수

서울 종로구 견지동 조계사 대웅전 벽면에 있는 민화(民話). 이 건물은 전북 정읍에 있던 보천교 본전 십일전(十一殿)을 이전해 만든 건물이다.

故 윤이흠). 보천교가 한 일은 이러했다.

상해임시정부 설립 자금 5만 원 지원, 1924년 김좌진에게 군자금 2만 원 제공(1924년 11월 26일 일본 외무성 기록), 1925년 만주 정의부 군자금 모금 사건으로 간부 체포. 1920~1940년 독립운동과 관련해『조선일보』에 실린 보천교 기사는 모두 83건이었다.(안후상,「보천교와 물산장려운동」)

막강한 조직력과 신도 수, 그리고 독립에 대한 의지. 총독부에는 보천교가 아주 힘센 깡패 같은 존재였다. 사이비로 몰아붙이는 총독부의 와해 작전 속에 차경석은 1936년 죽었다. 이듬해 총독부는 유사 종교 해산령을 공포하고 보천교를 해산시켰다. 정읍 보천교촌은 철거됐다. 본전인 십일전은 경성에 창립된 불교 사찰 태고사가 매입해 1938년 서울로 옮겨갔다. 태고사는 훗날 이름을 조계사로 바꿨다. 지금 조계사 대웅전이 바로 그 보천교 본전이다. 외벽에는 불교 설화와 맞지 않는 민화가 그대로 남아 있다.

악마의, 악마를 위한 백백교

문제는 얼어 죽을 백백교白白教였다. 민족을 내세웠으되 전혀 민족을 위하지 않았고, 후천개벽을 내세웠으되 그들이 열어젖힌 문은 지옥문이었다. 1937년 4월 13일『조선일보』호외 기사 제목들을 일별해본다.

'흉폭의 극', '참학의 절', '마도魔道 백백교 죄상', '독수에 참살된 교도 판명자만 158명 - 추정 400여 명', '범죄사상 공전'. 도대체 무슨 집단인가. 호외를 그대로 인용해본다.

'지난 2월 16일 밤 10시를 기하여 검거에 착수한 사건으로 동대문서 고등계의 필사적 활동에 의하여 청천백일 아래 폭로된 백백교의 죄상은 (…) 부녀자 능욕, 강도, 살인 등을 거침없이 한 흉악무도한 결사로 우매한 지방농민들을 허무맹랑한 조건으로 낚아 재산을 몰수하고 정조를 유린한 후 비밀을 막기 위해 닥치는 대로 살육을 감행하여 피살된 자가 추정인 400여 명이요 판명된 숫자가 158명 (…) 그 본부를 최고검찰기관의 코앞인 경성 복판에 두고 강원 황해 충북 평안남북 함남 등에서 피해자를 (…)'

실로 형언할 수 없는 범죄 조직이었다.

백백교는 전용해라는 학식이 없는 사내가 창시한 종교였다. 1912년 아비 전정운이 강원도 김화에서 창시한 백도교白道教를 물려받았다. 1923년 7월 전용해는 경기도 가평에서 백백교 문을 열고 교리를 반포했다. "'백백백의의의적적적감응감감응' 따위 주문만 외면 돈을 벌고, 재산을 바치면 새 세상에서 벼슬을 할 수 있다"는 것이다. 단순하기 짝이 없는 이 교리에 농민들이 현혹됐다.

1935년 6월 전용해는 경기도 양주, 지금 동두천 마차산 기슭에 천원금광을 설립했다. 경성에서 순금을 사서 작은 동굴 곳곳에 박아놓고 신도들에게 금맥이 터진 것처럼 꾸몄다. 금광 열풍이 조선 반도에 불던 그 시절, 노다지에 미친 신도들은 금 조각을 들고 팔도로 나가 포교를 했다. 보천교가 득세한 호남 땅은 일부러

피했다.

또 다른 본부가 있던 경기도 양평 향소리도 마찬가지였다. "오래지 않아 큰 전쟁이 날 터이니 자산을 팔아 상경하라. 교주는 신통력을 가지고 계신 분이므로 반드시 그대들의 생명을 보장할 것이다."

2018년 일흔여덟 살인 향소리 주민 방좌현은 기억한다. "우리 삼촌이 늘 말했다. 서울에서 여자들이 아주 곱게 하고 와서, 그때로 말하면 좀 배운 신여성들, 그런데 오기는 하는데 가는 걸 못 봤다는 거야. 그래서 이상하다, 이상하다 했는데. 나중에 보니까," 방좌현이 말을 이었다. "나중에 보니까 다 땅에서 나온 거지, 죽어서." 전 재산 팔아서 백백교를 찾아온 사람들을 몽땅 죽여서 땅에 파묻은 것이다. 얼굴 예쁜 여자들은 모두 전용해가 농락했다. 그 어느 때도 전용해는 얼굴을 드러내지 않고 꼭꼭 숨었다.

그러다 1937년 2월 16일 황해도 해주 약종상의 아들 유곤용이 전용해를 찾았다. 경성 앵정정 1정목, 지금 인쇄소 거리로 변한 서울 중구 인현동 1가다. 집안 재산은 물론 아비 유인호와 여동생 유정전까지 백백교에 빼앗긴 사내였다. 어렵사리 전용해를 만난 유곤용은 칼로 덤벼드는 악마 무리를 뿌리치고 왕십리 파출소로 달려갔다. 악마의 꼬리가 밟히는 순간이었다.

양평과 가평을 비롯한 방방곡곡 은신처에서 시체가 314구가 나왔다. 한 가족이 서거나 앉은 채 묻힌 구덩이도 있었다. 경기도 동두천 상봉암마을 할머니 정병선이 말했다. 정병선은 2018년 현재 여든여덟 살이다. "일본 경찰이 와서 시체들을 파냈는데, 나중에는 개울물에 사람 기름이 둥둥 떠서 빨래도 못했다." 동두천에서 발굴한 시신들은 동네 공동묘지에 묻었다. 묘지는 사라지고 훗날 벨기에-룩셈부르크 참전기념탑이 섰다.

암울한 시대, 세상이 미쳐서 돌아갔다. 발각된 지 두 달 뒤인 4월 7일, 도망갔던 전용해는 양평 용문산 기슭 도일봉 중턱에서 죽은 채 발견됐다. 턱 아래는 짐승에게 뜯겨나가 얼굴을 알아볼 수 없었다. 아들 전종기가 시신에서 발견한 회중 시계를 보고 울었다. 그래서 전용해라 모두 확신했다. 그렇게 악마의 짓거리가 끝났다.

21세기 어느 날, 전용해의 머리가 국립과학수사연구소에 보관돼 있다는 소문이 돌았다. 실제로 국과수에는 포르말린병에 담긴 사내 머리가 있었다. 2011년 민간단체인 '문화재제자리찾기모임'이 이 머리를 인수받았다. 화장을 하고 분골을 한 뒤 머리는 경기도 포천에 있는 한 사찰에 묻었다. 아직 모른다. 화장한 그 머리가 전용해 머리인지, 아니면 당신 뒤에서 전용해가 주문을 외고 있는지. 여기까지 경성을 뒤흔들었던 민족종교 이야기다.

경기도 동두천 상봉암마을 마차산 기슭에 있는 동굴. 악마 집단 백백교가 학살극을 벌인 현장이다.

05 잊힐까 서러워 땅에 새겨둔다

동계 정온이 살았던 거창과 양민 학살 사건

6·25전쟁이 터진 이듬해, 1951년 2월 9일이다. 설날이 사흘 지난 아침이었다. 거창 토박이 김운섭은 그날을 절대로 잊지 않는다. 2018년 현재 김운섭은 일흔다섯 살이다. 운섭은 그날 엄마와 형과 여동생을 잃었다. 그때 그는 아홉 살이었다. 여동생 운자는 두 살이었다. 망각은 서럽다. 무관심은 두렵다. 그래서 오늘도 사람들은 일기를 쓰고 사서史書를 기록하고 맑은 가슴으로 옛일을 추억한다. 추억이 기억이 된다. 기억이 모여서 역사가 된다. 경상남도 거창에서 만난, 추억 혹은 역사 이야기다.

동계 고택 입춘방(立春榜)

동계桐溪 정온鄭蘊(1569~1641)은 거창 위천 사람이다. 당색을 따지자면 대북파였는데, 당색과 무관하게 바른말을 잘했다. 그래서 대북파가 여당이던 광해군 때도 제주도 귀양 생활을 했다. 광해군이 폐위되고 인조가 왕이 되었다. 서인을 등에 업은 반정인지라, 인조는 서인에 꼼짝 못했다. 1636년 병자호란이 터졌다. 경기도 광주에 있는 남한산성으로 도망간 인조는 결국 청나라에 항복했다.(1권 1장

경남 거창 박산합동묘지. 6·25전쟁 때 박산골에서 집단학살당한 양민들을 수습해 만든 묘역이다. 아이들로 추정되는 작은 뼈들은 국군이 암매장하고 비석만 세웠다.

〈7. 강화도 경징이풀의 비밀과 병자호란〉 참조) 현실주의 정당인 대북파 소속이지만, 서인 편을 들어 정온은 항복을 반대했다. 1637년 2월 24일 인조가 성문을 나서는 순간 정온이 칼로 자기 배를 찔렀다. 칼날은 2촌寸, 6㎝까지 들어갔다.

예순여덟 살이니, 기력이 충분치 못했다. 튀어나온 창자를 아들이 쑤셔 넣고 배를 꿰맸다. 기사회생한 정온은 아들 부축을 받고 집으로 돌아왔다. 그런데 꼬장꼬장한 집안에서 이리 말하는 것이었다. '칼을 꺼냈으면 죽어야지 어찌 살아왔는가.' 하여 정온은 피폐한 몸을 일으켜 뒷산으로 들어갔다. 어디 갔냐 물으면 '아무 데나 간다'고 했다. 비둘기 둥지 같은 움집을 짓고 살았는데, 그 집을 모리某里라 했다. '아무 데나'라는 뜻이다.

거창 동계 정온 고택에 있는 사당 문. 정온이 칼로 배를 찌른 그해를 기준으로 입춘방을 붙였다.

이러저러한 충절이 인정돼 훗날 1764년 영조는 정온 후손에게 불천위不遷位 제사를 허용했다. 5대가 지나도 위패를 사당에서 옮기지 않고 영원토록 제사를 지낼 수 있는 지위다. 불천위 사당은 위천마을 동계 고택 안채 뒤편에 있다.

해마다 봄이면 대문에는 입춘방立春榜이 붙는다. 입춘대길立春大吉이며 건양다경建陽多慶같은, 세상에 봄을 축하하는 문구다. 정온 사당 입춘방은 특이하다. 오른쪽 문에 '立春大吉'이라 붙어 있고 왼편에는 이렇게 적혀 있다. '敢告崇禎丁丑後三百七十九年立春(감고숭정정축후삼백칠십구년입춘).' "숭정 정축년 후 379년째 봄임을 감히 알리나이다."

숭정은 명나라 마지막 황제 의종 연호다. 사대事大에 몰두했던 노론당이, 사라지고 없는 나라를 그리워하며 사용했던 연호다. 대개 '숭정 기원 후'라 쓴다. 그런데 이 사당 대문에는 '숭정 정축 후'라 적혀 있다. 심상치 않다.

정온이 자기 배를 칼로 찌른 1637년이 숭정 정축년이다. 남들이 쓰니까 숭정 연호를 빌리되, 이 고택의 봄은 숭정 기원이 아니라 숭정 10년째 되는 1637년에 시작하겠다는 뜻이다. 해마다 입춘방을 쓰면서 사당 주인의 배짱과 기개를 잊지 않겠다는 뜻이니, 이 입춘방 하나만 읽어도 거창 여행은 뜻깊다.

거창 신씨, 은진 임씨 그리고 수승대

거창의 옛 이름은 거열居列이다. 넓은 땅이라는 뜻이다. 삼국 시대에는 백제 땅이었다. 서기 660년 백제가 망했다. 거열산성에서 항거하던 백제부흥군은 3년 만에 신라군에 전멸했다. 기록에는 '장수 700명 목을 베었다'라고 돼 있다. 싸우다 죽인 게 아니라 '목을 잘랐다'는 뜻이니, 처참하고 완벽한 패배였다. 백제 말기, 신라로 보내는 사신이 거창 위천渭川에 있는 큰 바위에서 출발하곤 했다. 나라가 흔들거리니 적국으로 가는 사신도, 보내는 이들도 기뻐했을 리가 만무했다. 하여 바위 이름은 수송대愁送臺다. 슬픔을 떠나보내는 바위다. 동계 고택에서 자동차로 10분 거리에 있다. 경치가 남도 제일이라 조선 선비들이 방문을 선망하던 곳이다.

그런데 1543년 어느 날 수송대였던 이름이 수승대搜勝臺로 바뀌었다. 바꾼 사람은 퇴계 이황이다. 바위가 있는 원학동 계곡이 워낙 명승인지라, 그 무렵 원학동 계곡을 찾아 유람 떠난 이황이었다. 하지만 이황이 바위를 찾을 즈음에 느닷없이 조정에서 그를 불렀다. 아쉬운 마음에 이황이 발길을 돌리는데, 그냥 떠나지 않았다. 거창 선비인 요수 신권에게 글을 보냈다. "수송대라는 이름은 슬픔(愁)이 담겨 있어 좋지 않으니, 수승대로 고칩시다그려." 수승대는 아름다움을 찾는다는, 승리를 찾는다는 뜻이다. 신권은 수송대 옆에 서재를 짓고 앞 반석에서 제자들을 가르치던 선비였다. 대학자가 보낸 시에 신권은 화답시를 짓고 바위에 수승대라 새겼다. '깊은 마음 귀한 가르침 보배로운데 서로 떨어져 그리움만 한스럽네

(深荷珍重敎殊絶恨望懷)'

그러나 신권의 처남인 갈천 임훈은 이황의 권유가 마음에 들지 않았다. 임훈은 이황보다 한 살 위였다. 퇴계면 퇴계지, 와보지도 않은 곳 이름을 멋대로? 임훈도 화답시를 지었다. 마지막 연은 이렇다. '봄을 보내는 시름만 아니라 그대를 보내는 시름도 있네(不濁愁春愁送君)' 이황이 없애라 했던 수송愁送을 포함해 슬플 수愁가 두 번이나 들어 있었다.

은진 임씨 임훈 가문이 거창 신씨 신권 가문보다 거창 입향이 100년 앞섰으니, 임씨 문중에게 수승대는 자기네 바위였다. 수승대 주변 황산마을에 살며 수승대

거창 신씨와 은진 임씨 가문의 갈등으로 누더기가 된 수승대

에서 문중 제자들을 길렀으니 거창 신씨 문중에도 수승대는 문중 땅이었다. 사돈지간 시대에 개칭된 바위에 두 문중 후손들은 자기네 이름을 하나씩 새겨 넣었다. 이후, 수승대는 신씨들과 임씨들 싸움으로 아수라장이 됐다.

신씨 문중은 바위에 '樂水藏修之臺(요수장수지대)'라 새겼다. 신권이 숨어서 수양하던 바위라는 뜻이다. 임씨 문중은 이황의 시와 임훈의 화답시를 새겼다. 이황의 시 옆에는 '退溪命名之臺(퇴계명명지대)'라 새겼다. 임훈 시 옆에는 '葛川杖屨之所(갈천장구지소)'라 새겼다. 갈천이 지팡이를 짚고 짚신 끌던 곳이라는 뜻이다. 퇴계(이황)가 개명했지만, 원래는 갈천(임훈)이 놀던 곳이라는 자부심이다.

수승대를 둘러싼 두 가문의 쟁탈전이 끝없이 이어졌다. 신씨 문중은 신권을 기리는 구연서원 앞 바위에 '樂水愼先生藏修洞(요수신선생장수동)'이라고 큰 글씨를 새겼다. 임씨 문중은 바위에 자기네 이름들을 차곡차곡 새겼다. 날이 새면 그 상하좌우에 신씨 이름이 새겨졌다. 1805년 신씨 가문은 홍수로 떠내려간 신권의 정자 요수정을 바위 건너에 세웠다. 사람 목숨이 오가는 싸움이 벌어졌다. 바위는 거대한 집단 묘비명처럼 신씨와 임씨 이름으로 도배되고 말았다.

일제 강점기인 1928년 1월 3일 『조선일보』는 "막대한 재산과 다수한 인명까지 희생하였으나 아모 해결을 엇지 못하며 지내"라고 보도했다. 바위 하나에 얽힌 집안 자존심이 수백 년 걸쳐 만들어낸 풍경이다. 구한말 문장가 이건창(1852~1898)은 이리 말했다. "아름다움은 빼어나지만 두 집안의 비루함은 민망하다."

일제 강점기 법원 판결이 나왔다. '국유지이며 하천부지임.' 그 사이 바위는 아수라장이 되었다. 지금 바위에는 여러 성씨 이름들이 자그마치 177개가 새겨져 있다. 그 가운데 신씨와 임씨 이름이 각각 34개, 33개다. 그 모든 이야기가 수승대 바위 사방에 새겨져 있다.

조선 중기 유학자 남명 조식이 1558년에 쓴 지리산 기행문 『유두류록遊頭流錄』에 나오는 글이다. "큰 바위가 있는데 이적경, 홍연이라 새겨져 있다 (…) 후세 사람들이 날아가 버린 새가 과연 무슨 새인지 어찌 알겠는가?" 세상에서 제일 재미난 구경이 불구경과 싸움 구경이라고 했다. 가보라. 수승대를 난장판으로 만든 싸움 구경에 해가 질 줄 모른다.

김운섭의 기억과 학살 사건

9·28 서울 수복과 함께 정부는 인민군 잔존 세력과 빨치산 토벌 작전을 세웠다. 잔존 세력은 덕유산과 지리산 일대를 여전히 장악하고 있었다. 9월 25일 토벌을 위해 육군 11사단이 창설됐다. 사단장은 중장 최덕신이다. 최덕신이 내건 작전은 '견벽청야堅壁淸野'. 주요 거점은 성벽을 쌓듯 견고하게 확보하고 적군 점령 가능성이 있는 타 지역은 들판 청소하듯 건물을 태우고 주민과 물자를 소개하는 작전이다. 거창과 산청, 함양 지역 담당 부대는 9연대 3대대였다. 연대장은 대령 오익경, 대대장은 소령 한동석이었다.

9연대장 오익경이 내린 작전 명령에는 이런 문구가 포함돼 있었다. '작전 중 미복구지대의 적 수중에 들은 주민은 총살하라.' 훗날 학살 사건이 국회에서 문제가 되자 이 작전 명령은 이렇게 슬며시 바뀐다. '이적행위자로 판결되는 자는 간이재판에 의거하여 현지 집행하라.'(1951년 4월 18일 제1거창집단학살 사건 국회특위 조사보고 전문·한인섭, 『1951년 거창 사건 형사재판의 검토』 재인용)

3대대 작전지역인 거창, 산청, 함양 지역에서 민간인 살해와 물자 징발, 이념 교육을 하고 있던 인민군과 빨치산 세력은 대부분 산속으로 들어간 상태였다. 2월 5일 한동석의 3대대가 거창군 남쪽 신원면으로 진입했다. 적을 발견하지 못한 부대는 산청으로 이동했다. 2월 8일 신원파출소를 공비부대가 습격했다. 경찰 10여 명이 죽거나 다쳤다. 이에 한동석 부대가 신원면으로 복귀했다. 모든 일의 시작이었다.

김운섭은 내동마을에 살았다. 설을 쇠는 둥 마는 둥 하고서 김운섭 가족은 피

박산합동묘지 위령비. 주민들이 세웠다가 5·16 쿠데타 이후 강제로 비문을 깨버렸다.

란을 가야 했다. 아버지는 국군에 징발돼 짐꾼으로 끌려갔다. 엄마 손을 잡고, 형 손을 잡고, 동생은 엄마 등에 업혀서 산 아래 있는 청연마을로 피란을 갔다. 눈이 흠뻑 내린 추운 날이었다. 그가 말했다. "아침이 됐는데, 군인들이 불방망이를 들고 들어와서 집을 불 지르고 안에 있는 사람 전부 나오라 이거야. 총을 막 팡팡 헛방을, 공포를 쏴아가면서. 옷을 입을, 신발을 신을 새도 없이 막 군인들이 그 에망총(M1)으로 막 때리면서 빨리빨리 나와서 바깥으로 나가라 이거야." 청연마을 주민 89명 전원이 산 아래 논으로 끌려갔다. 기억이 이어진다.

"발이 시리니까, 맨발로 끌려 나오니까 발만 오그리고 맨땅에 주저앉았어. 그러니까 그래서 산 것 같아. 사람이 총을 쏘니까 막 내 위로 막 엎어질 거 아니야. 그 사람들이 막아줬어. 어머니는 저쪽, 우리 형은 요쪽. 피만 위에서 내리 쏟아진 거 그것만 덮어 썼지. 그냥 위에서 막 뭐 넘어지니까 막 피가 입으로도 눈으로도 다 들어갈 거 아니냐. 그런 피가. 사람의 피가 참 냄새가 지독해. 어째 그런고. 그래도 거기서도 냄새가 지독하단 생각은 들어, 그래도." "아이들은요?" "엄마가 업은 데서 벗겨져 나와서 눈을 기어 다닐 거 아니냐. 그건 총알이 아까운가 군홧발로…."

그 아침, 얼어붙은 논에서 84명이 죽고 아이 다섯이 기적적으로 살아남았다. 1차 학살 사건이다. 왜 끌어내는지 알려주지도 않았고 이름과 나이를 묻지도 않았다고 했다.

견벽청야 작전은 완벽했다. 김운섭이 살던 내동마을에서 하루를 숙영한 부대는 다음 날 대현리, 와룡리, 중유리마을을 불태우고 가축과 식량을 징발했다. 그리고 끌고 가던 주민 100여 명을 탄량골 골짜기에 몰아넣고 총을 쏘았다. 100명이 죽고 1명이 살아남았다. 3대대는 시신을 나뭇가지로 덮고 기름을 끼얹어 불태웠다. 그리고 신원면 곳곳에서 끌고 온 주민 1000여 명을 신원국민학교 교실로 몰아넣었다. 생존자 증언에 따르면 군인들은 '인공가를 불러봐라, 애국가를 불러봐라' 요구하며 이적행위자를 분류했다. 이튿날인 11일 이들은 학교 뒷산 박산골 골짜기로 주민들을 모아놓고 소총과 기관총 사격을 가했다. 517명이 죽고 3명이 살아남았다.

사건 한 달 뒤인 3월 29일 민주당 소속 국회의원 신중목이 국회에서 거창 사건을 폭로했다. 실체가 조금씩 드러나면서 국회 진상조사단이 파견됐다. 군에서는 인민군과 공비로 변장한 부대원들을 동원해 이들에게 총격을 가했다. 조사는 무산됐다. 외신으로 보도되고, 국회가 지속적으로 문제 삼자 11사단장 중장 최덕신이 사건을 인정했다. 관계자들은 1951년 12월 15일 법원에서 유죄 판결을 받았다. 연대장 오익경 무기징역(구형 사형), 대대장 한동석 징역 10년(구형 사형), 경남계엄민사부장 김종원 징역 3년(구형 징역 7년), 정보장교 이종대 무죄(구형 징역 10년). 1년 뒤 이들은 전원 특사로 풀려났다. 견벽청야 작전을 지시한 최덕신은 천도교 교령을 지내고 박정희 대통령 밑에서 두루 요직을 거쳤다. 방향성 없이 갈 지之 자로 살던 최덕신은 1986년 월북해 평양 애국렬사릉에 잠들었다.

그때 밝혀진 사망자가 모두 719명이었다. 열다섯 살 이하 어린이가 절반이 넘는 364명이었다. 517명이 희생된 박산골은 3년 동안 출입이 통제됐다. 그 사이 3대대장 한동석은 유골 가운데 작은 유골 100여 구를 추려 홍동골에 암매장했다. 발각될까 두려운 탓이었다.

1954년 통제가 풀리고 거창 주민들은 박산골을 발굴했다. 녹아서 형체가 사라진 시신들이 드러났다. 큰 유골은 남자, 작은 유골은 여자로 분류해 집단 분묘를 만들었다. 암매장된 어린이들은 유골 없이 비석을 세웠다. 비석에는 이렇게 새겼다. '小兒合同之地(소아합동지지)'. 묘가 아니라, 아이들의 '땅'이다. 손도장이 함께 발견된 1명을 빼고는 모두 신원 불명이다.

1960년 도비道費 50만 환으로 유족들은 분묘 앞에 위령비를 세웠다. 1961년 5·16 군사 쿠데타 이틀 뒤 유족회가 반국가단체로 규정됐다. 회원들은 전원 구속됐다. 이들이 세운 위령비는 곤봉을 든 경찰들이 지켜보는 가운데 유족들 스스로 글귀를 정으로 쪼아내고 땅에 파묻었다. 1988년 유족들은 위령비를 다시 땅에서 끄집어냈다. 정으로 글자가 파진 그 상태 그대로 뉘어놓았다. 청연마을 학살에서 살아남은 김운섭이 말했다. "나라에서 파묻었으니, 나라에서 다시 세워라."

1996년 김영삼 정부 때 거창 사건 명예회복 특별법이 제정됐다. 2004년 김대중 정부 때 거창 사건 추모공원이 건립됐다. 그해 2월 5일 거창에서 빠져나간 한동석의 3대대가 산청에서 벌인 학살극은 아직 진상 규명이 끝나지 않았다. 이 또한 희생자가 700명이 넘었다. 300년 전 정온이 자기 배를 찌른 날을 후손들은 명징하게 기억한다. 거창 하늘을 날고 있는 저 영혼들이 서럽지 않도록, 이 또한 똑똑히 기억해둔다. 땅의 역사

06 황금광 시대

30년대 골드러시와 친일파 박춘금

러시아 소설가 도스토옙스키는 평생 행복을 좇다가 죽었다고 했다. 행복한 적이 없었다는 이야기다. 그 행복, 어찌 보면 허무맹랑한 행복을 찾던 사람들 이야기다. 흔적은 강원도 정선에 있다.

개마고원에서 정선 단임골까지 - 리영광

1967년 9월 18일 밤 리영광은 강원도 금강군 이포리 용산골 제1집단군 입대 석 달 만에 철책을 넘었다. 한가위 달빛이 배신자 등을 하얗게 비췄다. 동료들은 그를 저격하지 않고, 다른 쪽으로만 AK소총을 갈기며 리영광을 놔줬다. 대신 지뢰에 연결된 피아노선이 이마에 딱 걸려 죽을 뻔했다. 리영광은 그렇게 휴전선을 넘어 귀순했다. 2016년 남쪽에서 그는 고희를 넘겼다.

수사기관에 밝힌 탈북 동기가 허무맹랑했다. "세계 일주하려고." 그가 말했다. "귀순 전 도서관에서 본 『왕오천축국전』과 조총련계 잡지에 실린 배낭여행족 이야기가 동기요, 군 생활 10년이면 청춘 없어지고 어차피 인생 죽은 거라 생각하고 목 내놓고 왔다."

도시를 전전하며 살다가 1989년 그가 정착한 곳이 강원도 정선 북평면 단임골이다. 세계 일주 꿈은 접었다. 개마고원을 닮은 그 자연 속에 살기로 마음을 바꿔먹었다. 100년 먹은 화전민 집에서 노인은 철철이 피는 작약꽃과 놀고 고추를 심어서 노루와 토끼와 나눠먹고 가끔씩 그들과 구들방에서 동침도 했다. 1998년 그를 주인공으로 한 TV 다큐멘터리를 보고 그를 찾아온 네 살 어린 부산 여자 박안자와 정화수 떠놓고 혼인도 했다. 그리하여 노루와 토끼와 두 호모 사피엔스가 동거하는 단임골 인생이 열렸다.

화암동굴 관광지. 금광과 종유굴이 결합한 이색 동굴이다. 바로 이곳에 일제 강점기 황금 광풍이 불었다.

주인 사라진 단임골 빈집. 세계 일주를 꿈꾸던 탈북 노인 리영광은 간 곳 없다.

그런데 그가 사라졌다. 2016년 4월 어느 날이다. 이웃집엔 "아무에게도 알리지 말아 달라" 신신당부하며 전북 진안 어드메로 총총히 떠났다. 연유도 알 수 없다. 어이하여 진안 땅을 택했는지, 만일 또 인연이 되어 그와 재회하면 물어볼 참이다. 단임골 계곡, 자유인 리영광이 살던 화전민 집에는 먼지가 가득하다.

황금 광풍(狂風)과 정선 - 김정숙

1929년 미국 뉴욕 증시가 폭락했다. 세계는 경제 불황의 늪에 빠졌다. 돈값은 똥값이 됐고 금값은 치솟았다. 군수물자를 수입하던 제국주의 일본은 식민 조선에 대대적인 금광 개발을 허가했다. 대풍작을 거둔 1930년, 조선 농민들은 팔 곳 없는 쌀을 버리고 금광으로 들어갔다. 이름하여 황금광黃金狂 시대가 도래했다.

노다지만 캐내면 팔자를 고치니 신분 고하 직업 불문이었다. 좌익계 작가 팔봉 김기진, 「봄봄」을 쓴 김유정, 풍자 작가 채만식과 학자 조병옥에 시인 모윤숙까지 광풍에 휩쓸려갔다. 가산을 탕진한 김유정은 「금 따는 콩밭」을 썼고 채만식은 「금의 열정」을 썼다. 김유정은 이렇게 썼다. "광부는 말이여, 빛날 광이 아니라 미칠 광에 광부, 광쟁이라니까." 금광 주인들은 광부들 똥구멍까지 뒤집어가며 금도둑을 감시했고 대낮에 신혼부부 손가락을 잘라간 금가락지 강도도 나왔다. 잡지 『삼천리』는 이렇게 보도했다. '금광 아니하는 사람을 미친놈으로 부르리만치 되었다.'(『삼천리』, 1934년 8월)

김정숙은 그 광풍을 제대로 탄 여자였다. 1896년 평북 평원에서 태어난 김정숙은 열다섯 살에 시집을 갔다. 남편은 금광꾼이었다. 금을 찾아 헤매는 남편을 따라 팔도를 헤매며 이리저리 땅속을 파내려갔다. 그러다 흘러 흘러 정선에 있는 천포광산으로 왔는데, 8년 만에 이곳에서 금맥이 터졌다. 1932년 일이다. 누구나 노다지 이야기를 하던 그 시절, 김정숙은 성공한 금광꾼으로 대화제가 되었다. 그리고 2년 뒤 김정숙은 이 갈리게 고생한 금광을 팔아치우고 금광사金鑛史에서 사라졌다. 매각 금액은 20만 원. 지금 돈으로 240억 원이다.

김정숙으로부터 천포광산을 매입한 회사는 소화광업昭和鑛業이다. 총독부가 펴낸 『광구일람』에는 소화광업 사주 이름이 '朴春琴(박춘금)'이라 적혀 있다. 박-춘-금. 1949년 혁신출판사에서 펴낸 저자 미상 『민족 정기의 심판』이라는 책에는 박춘금을 이렇게 소개하고 있다. '경남 1891년생. 동족 학살을 기도한 악귀惡鬼'.

오늘날 정선, 대한민국 이야기

그 천포광산이 지금 관광객으로 붐비는 정선 화암동굴이다. 1934년 금광 갱도 하나가 무너지며 어둠 속에서 종유굴이 발견됐다. 금맥 없는 종유굴은 무가치한 동굴이라 버림받았다. 천포광산은 해방과 함께 폐광됐다. 그래도 주민들은 1980년대까지 띄엄띄엄 개인적으로 금을 캐다 팔았다. 그러다 1990년대 들어 바로 그

광풍의 명과 암. 관광지로 변한 천포광산(위)과 광산 폭발 사고로 폐허가 된 함백탄광 자미갱(아래)

무관심했던 종유굴이 관광 상품으로 개발돼 정선에서 제일가는 볼거리가 되었다. 금광과 종유굴이 연결된 희귀한 본보기가 된 것이다.

정선에는 금광만 있는 게 아니었다. 전쟁이 끝나고 정선과 태백, 삼척에는 대규모 무연탄 탄광이 개발됐다. 가족을 위해 광부들은 지옥 같은 갱도로 들어갔다. 광부들이 캐낸 탄炭은 지금의 대한민국을 있게 만든 엔진이 되었다. 그리고 1980년대 석탄합리화정책에 따라 탄광들이 속속 폐광됐다. 개가 만 원짜리를 물고 다녔던 탄광촌은 순식간에 유령도시로 변했다. '산업 역군' 광부들은 용도 폐기된 폐병 환자로 전락했다.

1950년 전쟁 와중에 개발된 정선 신동읍 함백탄광은 그 직격탄을 맞았다. 비극적인 역사가 있는 탄광이다. 1979년 4월 14일 오전 7시 50분, 갱도로 들어가던 다이너마이트 광차가 폭발했다. 26명이 죽고 40명 넘게 다쳤다. 사고가 나고 자그마치 37년이 지난 2016년에야 그 사고 현장에 추모공원이 들어섰다. 사고가 난 자미갱 갱도는 입구가 아직 남아 있고 그 옆에 추모비가, 그 앞에는 석상이 서 있다.

정선군을 거미줄처럼 엮어놓은 철도는 모두 탄을 나르던 산업선이다. 폐선된 정선선 구간은 관광용으로 쓰인다. 구절리역에서 아우라지역까지 관광객들은 레일바이크를 타면서 가을을 즐긴다. 일제 강점기부터 고단한 삶이 이어졌던 천포광산은 기가 막힌 지하 궁전으로 변했다. 그 화려함과 찬란한 가을빛이 기실은 황금 광풍과 허탈함, 남정네들의 비극적인 죽음을 품어 안고 있다. 대한민국 역사도 거기에 숨어 있다.

박춘금 이야기

박춘금은 뼛속까지 친일파였다. 경남 밀양 사람인 그는 어릴 적 일본으로 건너가 주점 심부름꾼을 하면서 일본말을 배웠다. 조선인 노동자 취업을 알선하고 통제하는 '상애회相愛會'를 운영했다. 출신이 불명확한 이기동이라는 다른 친일파와 함께였다. 모토는 '민족적 차별 관념 철폐와 일선 융화'였다.

박춘금은 1923년 관동대지진 때 조선인 시체 더미를 청소하면서 일본인 눈에 들었다. 이후 그는 제대로 된 친일 행각을 벌여나갔다. 1924년에 『동아일보』가 반일 사상범 박멸을 주장한 박춘금을 맹비난했다. 박춘금은 『동아일보』 사장 김성수와 편집국장 송진우를 명월관으로 불러 두드려 패고 감금했다. 1928년에는 농민 폭행 사건을 비판한 『조선일보』 편집국에 권총을 들고 들어가 편집국장 한기악을 협박했다.

총독부 『광구일람』에 나와 있는 천포광산 대표 이름.
친일파 박춘금(朴春琴)이다.

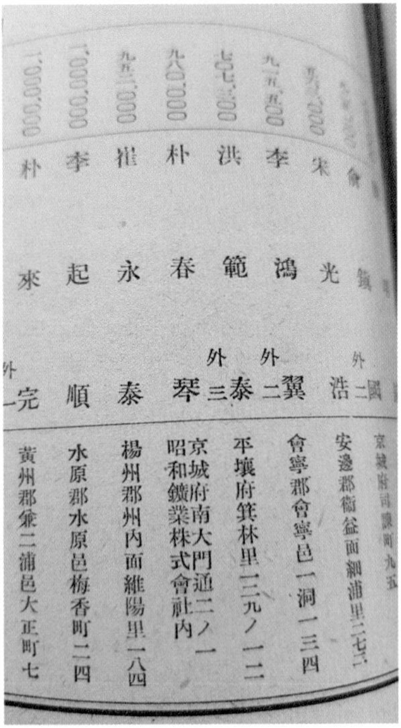

1930년 그가 쓴 책 『우리의 국가 신일본』 머리말은 "일본인들 호의에 감사"로 시작했다. 박춘금은 1932년 조선인 최초로 일본 중의원에 당선됐다.

일본의 태평양전쟁 패전이 명확하던 1945년 7월 24일 박춘금은 서울 부민관(현 서울시의회 별관)에서 아세아민족분격대회를 개최했다. 일본에 충성을 맹세하고 전쟁 동참을 격려하는 집회였다. 박춘금이 단상에 오를 때 대한애국청년단원 조문기, 유만수, 강윤국이 다이너마이트를 터뜨렸다. 부민관 의거다. 박춘금은 8월 8일을 기해 전국 반일·항일 인사 30만 명을 처형할 계획을 세우고 있었다. 20일 뒤 해방이 되었다. 계획은 무산됐다. 박춘금은 일본으로 달아났다.

일본으로 도망갔던 박춘금이 1963년 잠시 귀국했을 때 한다는 말이 "독립국이 된 조국에 돌아와 떳떳하다"였다. 1973년 박춘금이 죽었다. 유족이 몰래 고향 밀양에 묻었다. 1992년 그가 묻힌 밀양 무덤에 '일한문화협회'라는 단체가 송덕비를 세웠다. 2002년 밀양 시민들이 비석을 파괴했다. 2006년 무덤 위로 도로가 나고 무덤도 사라졌다.

그 박춘금이 스쳐간 발자국이 정선 지하 동굴에 있다. 그 자유인 리영광이 숨쉬던 공기가 정선 골짜기에 흐른다. 일개 아녀자를 거부巨富로 만든 1930년대 조선 황금 광풍이 정선 계곡에 맴돈다. 대한민국을 이끌어온 남정네들 피땀이 단풍만큼이나 붉다. 정선에 가면 이제 잊히고만 기억들을 끌어내 볼 일이다. 모두 대한민국이니까.

07 오복동에 가보니 탄광 시대 잿빛 추억만

태백 구문소의 비밀과 오복동(五福洞)

삶의 목적은 행복이다. 플라톤도 그랬고 아리스토텔레스도 그랬다. 맹자도 그랬고 공자도 그랬다. 항산恒産에 항심恒心이 있다고, 등 뜨습고 배불러야 정치도 잘 된다고 했다(無恒産者因無恒心). (『맹자』,「양혜왕장구梁惠王章句」) 공자가 말한 행복이 다섯 가지니, 오래 살고(壽) 부유하고(富) 심신이 건강하고(康寧) 덕이 있을 것이며(攸好德) 천수를 누림(考終命)이다. (『서경書經』,「홍범편洪範篇」)

2500년 전 공자가 규정한 행복 기준이 21세기에도 정확하기 짝이 없다. 우리네 소시민들이 꿈꾸는 행복이 공자님이 설파한 그 행복 아닌가. '밤새 안녕하셨느냐'고 묻고, '맛있는 거 자시라'고 권하고, '건강하시라'고 건네는 덕담에 행복이 있다.

조선 시대 비결서인 『정감록鄭鑑錄』은 환란을 피해 소시민적 행복을 누릴 수 있는 곳을 피장처避藏處라고 불렀다. 주로 한강 남쪽 어느 산중 마을인데, 전쟁도 정쟁도 없이 살 수 있다는 공간 열 곳이다. 『정감록』이라 주장하는 비결이 하도 많아서, 이 십승지十勝地를 헤아리면 스무 군데가 넘는다. 여러 판본 『정감록』에 대개 들어가 있는 곳 중 하나가 강원도 태백이다. 그 태백, 어쩌면 잘못 알고 있는, 행복한 태백 이야기.

물이 산을 뚫은 태백 구문소. 화려한 탄광 시대, 구문소는 오복동으로 가는 문이었다.

신비한 관광지, 태백

태백은 피서지다. 태백을 둘러싼 금대봉, 매봉산, 백병산, 함백산은 모두 1000m가 넘는다. 연평균 기온이 워낙 낮아서 도시 곳곳에 온도계가 서 있다. '모기 없고 더위 없는 태백에서 여름 나시라'는 시위다. 태백시청에서 1530m를 걸어가면 시내 한가운데에 황지黃池가 있다. 탁발하러 온 스님에게 쌀 대신 똥을 퍼준 노랑이 황 부자 집이 뇌성벽력과 함께 무너지고 못이 됐다는 연못이다. 못 돼먹은 시아버지 몰래 쌀을 퍼준 며느리는 살아남았다. 대신 스님과 함께 도망가다가 "무슨 소리가 나도 절대 뒤돌아보지 말라"던 스님 말을 어기고 뒤돌아보는 바람에 바위로 변해버리긴 했지만. 황지는 낙동강 발원지다. 그 어떤 맹추위에도 황지는 얻지 않는다.

황지에서 자동차와 도보로 15.49㎞ 북상하면 검룡소儉龍沼가 나온다. 한강 발원지다. 용으로 변신해 승천을 눈앞에 둔 이무기가 검룡소에 살았다. 주민들이 방목한 소들을 야금야금 잡아먹으며 살았다. 그러다 주민들에게 작살나서 승천은커녕 목숨도 달아나고 자기 살던 검룡소도 주민들이 메워버렸다는 전설. 그래서 이름이 검소할 검儉에 용 룡龍, 못 소沼 검룡소다. 검은 샘에서 솟은 물이 암반을 이리저리 부딪치며 암반을 몸부림치는 이무기처럼 깎아놓았다.

황지에서 다시 13.68㎞ 남쪽으로 가면 구문소求門沼가 나온다. '산은 물을 건널 수 없고 물은 산을 뚫을 수 없다'는 자연 법칙을 파괴한 지형이다. 조선 시대에는 이를 천천穿川(구멍 뚫린 개울)이라 불렀다. '황지는 (…) 산 바위를 뚫고 남쪽으로 흐른다. 낙동강의 근원이다. 천천이라 한다. 옛날에 제전祭田을 두어 홍수나 가뭄이 들 때 제사를 지냈다(黃池 (…) 穿山石南流爲洛東源曰穿川前古置祭田水旱祀之).'(허목, 『태백산기』, 「기언」) 당대 명필에 명 정치가였던 허목은 삼척 부사를 지내며 삼척군지인 『척주지』를 쓰기도 했다. 구문소는 무엇인가.

지질학적으로는 황지천과 철암천이 양쪽에서 석회암 절벽을 때려대다가 1억 년 만에 구멍을 뚫어버린 석문石門이다. 높이는 30m다. 전설에 따르면 황지천과 철암천에 사는 백룡과 청룡이 서로 다투다가 뚫었다. 또 다른 전설에 따르면 이 석문은 이상향으로 들어가는 문이다.

'기이한 돌이 있으니 이름하여 지부석이라 한다. 형상은 활 같고 양쪽 기둥이 서 있다. 석문이다. 자시에 열리고 축시에 닫힌다. 그때 얼른 석문을 들어가면 마을이 있다. 궁해염지지라 한다 (…) 비석에는 삼도공허지지라 새겨져 있다(有奇異石號曰地負石 其形如弓 兩莖立 此是石門也 子時開 丑時闔 乘其時入其門 則有村曰弓海鹽之地 (…) 碑頭大銘曰 三道空虛之地).'

여러 『정감록』 가운데 『삼척국기노정기三陟局基路程記』라는 이본에 나오는 글이

한강 발원지 검룡소. 온갖 전설이 난무하지만 검룡소는 1984년 젊은 사학자 김강산이 발견하고 명명한 샘물이다.

다. 『정감록』은 팔도에 숱하게 이본이 돌아다닌다. 누구 한 사람이 쓴 예언서가 아니라 당대 민중들이 여기저기 긁어모은 자기네 희망 사항을 집대성한 도참서다. 삼척 쪽에도 여러 이본이 있다.

궁해염지는 이렇게 생겼다. '안으로 들어가면 산천이 밝고 수려하다. 곡식을 한 되 심으면 한 섬을 거둔다. 꽃나무가 들판에 가득 피었다(環其內則周回山明水麗 土壤則升種石出 花木勝於野).'

이 이상향이 있다는 삼도공허지지, 그러니까 무주공산인 강원, 충청, 경상 삼도 접경지가 바로 태백이라고 사람들은 믿고 있다. 구문소 아래에는 이렇게 새겨져 있다. '五福洞天子開門(오복동천자개문. 자시에 열리는 오복동의 문).'

반경 15㎞ 안에 두 강줄기 발원지와 낙원으로 가는 석문이 있는 도시. 신비하지 않은가.

오복동의 진실과 김강산

결론 먼저. 검룡소 이름은 1984년 향토사학자 김강산이 지었다. 김강산은 2018년 예순여덟 살이다. 이름 지을 때 김강산은 서른네 살짜리 패기만만한 청년이었다. 검룡소는 그전에는 그냥 '물구뎅이'였다. 욕심쟁이 이무기는 당연히 없었다. 구문소에 있는 오복동 글귀는 88올림픽이 열린 1988년 1월에 새겼다. 새긴 이는 또한 김강산이다. 김강산은 지금 태백에서 한국문화역사연구원이라는 단체를 꾸리고 있다.

검룡소는 나이 서른넷인 젊은 향토사학자 김강산이 지도를 뒤지고 발로 뛰면서 찾아낸 샘물인 셈이다. 그가 말한다. "일제 강점기 때 이 샘물을 흙으로 메우고

구문소 문 안쪽에 새겨진 오복동 글귀. 1988년 사학자 김강산이 새긴 글귀다. 태백의 전설과 역사는 지금도 진행형이다.

임도를 만들었다. 해방이 되고 버려졌던 길이 망가지면서 샘이 다시 나타났다."

1981년 태백이 삼척에서 분리돼 시로 승격됐다. 살림은 커졌는데, 역사가 없는 것이다. 태백 문화해설사 김상구가 말했다. "그때 자료와 지역을 샅샅이 뒤지고 노인들 증언을 채록해 태백 지명을 다시 쓴 사람이 김강산이다."

물구뎅이와 검룡소

김강산이 말했다. "5만분의1 지도를 들고 돌아다녔다. 그런데 어느 날 한강 발원지라는 오대산 우통수에서 나오는 물과 금대봉 '물구뎅이'에서 나오는 개천을 비교하니까 '물구뎅이' 쪽이 더 길더라. 그래서 곡선자를 들고 두 개천 합류점인 정선 나전리까지 길이를 쟀다." 32㎞가 더 길었다. "일주일 동안 샘에 쌓인 흙을 퍼내고 이름을 '금용소'라고 지었다. 금대봉의 금金이고 내 성이 김金이니까. 그런데 아랫마을 경상도 노인이 금용소를 '검용소'라고 부르길래 내친김에 단군 왕검王儉의 '儉'과 '龍'으로 바꿔버렸지."

1984년 국립지리원(현 국토지리정보원)이 실측을 통해 검룡소를 한강 발원지로 공인했다. '검용소'라 불리던 샘물은 '검룡소'로 개명됐다. 이후 이무기 전설이 추가됐다. 검룡소 주변에 돌아다니는 온갖 전설은, 창작이다.

구정물 흐르던 구문소

그리고 김강산은 『정감록』을 뒤졌다. 태백은 웬만한 『정감록』 판본에 피장처 십승지로 나온 곳이다. 그리하여 위에 언급된 『삼척국기노정기』 석문을 찾아냈다. 게다가 『정감록』에 나오는 피장처는 '우복동牛腹洞', 그러니까 소가 마음 놓고 되새김질할 수 있는 안전한 땅으로 표현된다. 태백 사람들이 구문소 주변을 '오복동'이라 부르는 사실도 기억했다. 김강산이 말했다. "『정감록』에는 석문 얘기만 있지 태백과 구문소는 없다. 그런데 구문소가 경상도 봉화에서 들어오는 입구고 궁벽한 곳이라 이미지가 맞았다." 그래서 김강산은 무진년인 1988년 정초, 구문소 절벽에 '오복동천자개문'이라 새겨넣었다.

그리되었다. 강원도와 태백시는 물론 숱한 21세기 언론 매체까지 구문소 석벽에 새겨진 글자를 태고 때부터 있던 신비로 치부하고 포장하고 소개하여, 태백을 찾는 외지인은 물론 태백 주민들까지 자기네가 엄청난 공간에 살고 있다고 믿게 된 것이다. 그 석벽 왼편 끝에 적힌 '무진년 김강산 쓰다'라는 글만 눈여겨봤다면 됐을 일인데, 이 글을 쓰는 나 또한 무지하고 무관심하고 게을렀으니 이게 어인 일인가.

글을 새기던 그 무렵 구문소 아래는 시커먼 탄천炭川이었다. 하수처리종말시설도 없던 탓에 폐수도 함께 흘렀다. 이제 늙어버린 김강산이 회상한다. "내가 말했다. 언젠가 여기 맑은 물이 흐를지 어찌 아는가, 그때가 되면 여기가 보물이 될 거라고."

보물은 되었는데 조금은 잘못된 보물이 되어버렸다. 김강산이 잘못한 게 아니라 이후 행정이 잘못된 것이다. 검룡소에 있는 안내판, 구문소에 있는 안내판 어디에도 김강산 이름 석 자 찾아볼 수 없고, 명명된 내력 또한 없으니 잘못이 심하다.

검은 오복동 시대

『정감록』에는 이런 말이 나온다. '(십승지에) 먼저 들어가면 도로 나오고 중간에 들어가면 살고 나중에 들어가면 죽는다(先入者還中入者生後入者死).'(『정감록』, 「감결」) 요컨대 시기를 맞춰야 한다는 뜻이다.

문득 태백에 탄광 시대가 도래했다. 궁벽한 산중에 석탄이 발견되고 무주공산이요 삼도공허지지였던 태백에 사람들이 몰려들었다. 궁벽함을 벗어나 오복을 찾는 무리들이 태백에 마을을 만들었다. 일제 강점기 시작된 검은 오복동 시대는 영원무궁할 것 같았다. 그리고 김강산이 구문소에 자개문을 만든 1988년 12월 21

태백 철암역 앞에 조성된 문화거리. 광부와 광부 아내가 만나는 풍경이다.

일, 그 오복동 문이 닫혔다. 에너지합리화정책이 전격 시행됐다. 전국 탄광 347개 가운데 1989년 한 해에만 125개가 문을 닫았다. 1999년까지 모두 336개가 폐쇄됐다. 잿빛만 남고, 오복동은 사라졌다.

과연 영영 사라졌는가.

태백을 가보라. 철암역을 가보고 황지를 가보고, 상장동을 가보라. 그 잿빛 추억이 고스란히 부활했다. 사람들은 오복동 시대를 그리며 그 흔적들을 아름답게 되살려놓았다. 사라지게 놔두지 않고, 그 꽁무니를 붙잡고 상점과 사택촌과 주점을 부활시켜 외지인에게 자랑을 한다. 우리들의 잿빛 오복동, 우리는 그렇게 행복했었다고 자랑스럽게 이야기한다. 그곳이 바로 자시에 열리는 문, 오복동 입구다. 당신에게, 우리에게 오복동은 어디인가. 이제 어느 땅에서 우리 역사가 시작하는가. 땅의 역사, 여기까지다. 땅의 역사

답사 안내

다음은 각 장 내용과 관련된 국내의 유적과 흔적 주소다.
지번 주소로 기재했으며 내비게이션에서 검색하면 쉽게 답사할 수 있다.

1장 나쁜 놈들

1. 오지랖 넓은 친일파 이두황의 행로

- 이두황 묘: 전라북도 전주시 완산구 중노송동 산1-3
- 민비 시해지: 경복궁 건청전
- 우금치 전적지: 충남 공주시 금학동 327-2
- 장흥서초등학교(장흥 동학군 화형 장소): 전남 장흥군 장흥읍 예양리 120-2

2. 정미년 군대해산: 육군 참령 박승환과 군부대신 이병무

- 남대문: 서울 남대문
- 시위대 병영터(정미의병 발원지) 표석: 서울 중구 서소문동 120-23 부영빌딩 화단
- 중명전: 서울시 중구 정동 1-11
- 흥복헌(대한제국 마지막 어전회의장): 창덕궁 대조전 옆

3. 남산 통감 관저와 경성 도시 계획

- 통감 관저터(일본 위안부 기억의 터): 서울시 중구 예장동 2-1
- 일본헌병대 사령부터(남산골한옥마을): 서울시 중구 필동2가 84-1

4. 이완용 종묘 배향 작전과 친일 귀족 권력투쟁기

- 종묘: 서울시 종로구 훈정동 11. 월요일 휴관 ☐ 02-765-0195 ⊕ jm.cha.go.kr

2장 여자, 그녀들

1. 바람 부는 제주도와 강한 그녀, 제주 여자

- 금릉석물원: 제주시 한림읍 금능리 1245 ☐ 064-796-3360
- 김정희 유배지: 서귀포시 대정읍 안성리 1661-1. 제주추사관은 월요일 휴관
- 모진다리 불턱: 제주시 구좌읍 하도리
- 해녀박물관: 제주시 구좌읍 하도리 3204-1 ⊕ www.haenyeo.go.kr

2. 의성 조문국의 비밀과 잊힌 그녀들

- 사촌마을: 경북 의성군 점곡면 사촌리 184-1
- 조문국박물관(의성 조문국 고분군): 경북 의성군 금성면 초전리 223-7
  박물관은 신정·설·추석, 월요일 휴관 ☐ 054-830-6909 ⊕ jmgmuseum.usc.go.kr
- 탑리리 오층석탑: 경북 의성군 금성면 탑리리 1383-1
- 고운사: 경북 의성군 단촌면 구계리 116 ☐ 054-833-2324

3. 사위들이 만든 양동마을과 조선 왕조 처가살이 청산 작전

- 양동마을: 경북 경주시 강동면 양동리 92 ⊕ yangdong.invil.org
- 옥산서원: 경북 경주시 안강읍 옥산리 7

4. 봉선사 부도밭의 비밀과 남양주 사릉

- 사릉: 경기도 남양주시 진건읍 사능리 108. 월요일 휴무
- 광릉: 경기도 남양주시 진접읍 부평리 247. 월요일 휴무
- 봉선사: 경기도 남양주시 진접읍 부평리 255
- 춘원 이광수 집터: 경기도 남양주시 진건읍 사능리 143-2

5. 황제가 된 이징옥과 어느 이름 없는 여자의 무덤

- 천성산 홍룡사: 경남 양산시 상북면 대석리 1
- 이징옥 아들과 유모가 살았던 경주 이징옥 사당(상신사): 경북 경주시 외동읍 신계리 339 상신마을 (유모 무덤 위치는 마을 주민에게 물어볼 것)
- 통도사: 경남 양산시 하북면 지산리 583
- 삼수리마을(이징옥 형제 종가): 경남 양산시 하북면 삼수리 427
- 이징석 장군묘: 경남 양산시 명곡동 83-1

6. 진주 기생 산홍과 을사오적 이지용

- 촉석루: 경남 진주시 본성동 500-1
- 봉알자리: 경상남도 진주시 상봉동 911-11

7. 망우리 집단 무연고 분묘와 유관순

- 망우동공원: 서울시 중랑구 망우동 산56. 관리사무소에 문의하면 묘역에 묻힌 역사적 인물 묘 위치를 알 수 있다.
- 이태원 집단 무연고 분묘는 공원 입구로 들어가 왼쪽 길섶에 김해 김씨 묘 옆 오솔길로 내려가면 나온다.
- 서대문형무소역사: 서울시 서대문구 현저동 101. 신정·설, 월요일 휴관

8. 매국노 배정자와 독립군의 어머니 남자현

- 안양암: 서울시 종로구 창신동 130-1 ☐ 02-744-6923
- 영양 남자현 지사 생가: 경북 영양군 석보면 지경리 393-6

3장 남자, 그들

1. 강직한 내시 김처선과 청도 내시 고택

- 청도 운림고택 : 경북 청도군 금천면 임당리 631
- 연산군 묘: 서울시 도봉구 방학동 562-3
- 초안산 승극철 부부 묘: 초안산근린체육공원(서울시 노원구 월계동 산63-1)에서 등산로로 녹천정 가는 길목 오른편
- 초안산 분묘군: 서울시 도봉구 창동 초안산 일대
- 비석골공원: 서울 노원구 월계동 779. 초안산 분묘군에서 발굴한 각종 석물을 모아놓았다.

2. 성주 북비공 이석문과 사도세자 뒤주에 갇히던 날

- 한개마을: 경북 성주군 월항면 대산리 124-1
- 성주 세종대왕자태실: 경북 성주군 월항면 인촌리 산30

3. 혁명가 김옥균을 암살한 지식인 홍종우

- 제주 용연계곡: 제주시 용담2동 2581. 구름다리 건너기 전 오른쪽 전망대에서 건너편 정자 아래를 보면 홍종우 글씨가 보인다.
- 김옥균 묘(김옥균 유허): 충남 아산시 영인면 아산리 494-2

4. 파락호 김용환과 학봉 김성일 종택이 있는 안동

- 학봉종택(김용환 생가): 경북 안동시 서후면 금계리 856-1
- 병산서원: 경북 안동시 풍천면 병산리 30

5. 화순을 스쳐간 김삿갓과 조광조, 정율성

- 김삿갓 종명지: 전남 화순군 동복면 구암리 647
- 김삿갓 초장지는 종명지인 구암마을 뒷산. 종명지에서 걸어서 갈 수 있다.
- 화순 적벽: 전남 화순군 이서면 월산리 ☐ 061-379-3501(방문 예약 요망)
- 운주사: 전남 화순군 도암면 대초리 20-1
- 조광조 유배지(조광조적려유허비): 전남 화순군 능주면 남정리 174
- 능주초등학교(정율성 모교): 전남 화순군 능주면 잠정리 333. 정율성기념교실 방문은 전화로 문의할 것. ☐ 061-372-4586

6. 봄이 흐르는 구례와 매천 황현

- 매천사: 전남 구례군 광의면 수월리 672
- 석주관 칠의사 묘: 전남 구례군 토지면 송정리 산172-1
- 황현 생가와 묘: 전남 광양시 봉강면 석사리 758. 묘와 사당도 같은 마을에 있다.
- 산동마을: 구례 '지리산온천랜드' 검색 후 주민에게 문의할 것.

4장 왕조 스캔들

1. 세 왕조 흥망사가 있는 삼척

- 준경묘(주차장): 강원도 삼척시 미로면 활기리 산149. 주차장에서 준경묘까지 길이 급하다. 주차장에서 마을 쪽으로 더 들어가면 이양무 아내 묘인 영경묘와 집터가 나온다.
- 월천마을 솔섬: 강원도 삼척시 원덕읍 월천리 657 월천해수욕장
- 봉평신라비 홍보관: 경북 울진군 죽변면 봉평리 475
- 실직군왕릉: 강원도 삼척시 성북동 213-5
- 공양왕릉: 강원도 삼척시 근덕면 궁촌리 178. 공식 공양왕릉은 경기도 고양시에 있다.
- 사래재(살해재): 공양왕릉에서 나와서 '삼척로'로 바다 반대쪽 언덕길. 근처에 '살해골'이라는 지명도 있음.

2. 의정부 '함흥차사'의 진실과 불우한 철학자 박세당

- 박세당 고택: 경기도 의정부시 장암동 197 🌐 서계문화재단 www.seogye.com
- 회암사지: 경기도 양주시 회암동 18
- 건원릉(동구릉): 경기도 구리시 동구동 66. 월요일 휴무
- 의정부 석굴암: 경기도 의정부시 호원동 산89-1

3. 태종 이방원의 아들들, 권력 투쟁 전말기

- 관악산 연주대: 경기도 과천시 중앙동 산12-1. 등산 코스가 다양하다.
- 지덕사: 서울시 동작구 상도동 산65-42
- 광통교: 서울시 종로구 서린동 43-3
- 이천 양녕대군기념관(자채방아마을): 경기도 이천시 대월면 군량리 419
- 영릉: 경기도 여주시 능서면 왕대리 901-3
- 헌인릉: 서울시 서초구 내곡동 1-1476

4. 세종 며느리 잔혹사와 둘째 며느리 윤씨

- 월정사: 평창군 진부면 동산리 63-1
- 광릉: 경기도 남양주시 진접읍 부평리 247. 월요일 휴무

5. 세종대왕릉 영릉과 성주 왕자 태실의 비밀

- 영릉: 경기도 여주시 능서면 왕대리 901-3
- 성주 세종대왕자태실: 경북 성주군 월항면 인촌리 산30
- 이계전 묘: 경기도 여주시 점동면 사곡리 371
- 이인손 묘: 경기도 여주시 능서면 신지리 237-1

6. 고양 칠공자 묘와 연산군 금표비

- 칠공자 묘: 경기도 고양시 덕양구 대자동 789
- 연산군 금표비: 경기도 고양시 덕양구 대자동 산10-2

5장 식민 시대

1. 경악한 기자 로버트 던과 인천 미두취인소

- 인천광역시역사자료관: 인천시 중구 송학동1가 2-2
- 제물포구락부: 역사자료관 위편, 자유공원 아래
- 미두취인소 자리: 인천시 중구 해안동3가 1-1 KB국민은행 신포동지점
- 조계지: 인천시 중구 관동1가 9-1 중구청을 중심으로 언덕 위 중국 조계지까지.
- 인천개항박물관: 인천 중구 중앙동1가 9-2. 월요일 휴관

2. 재동 헌법재판소의 비밀과 경술국치

- 헌법재판소: 서울 종로구 재동 83
- 탑골공원(원각사탑): 서울 종로구 탑골공원
- 독립문: 서대문형무소역사관 옆

3. 1894년 정읍과 의인 박잉걸

- 걸치기마을(박잉걸 마을): 전북 정읍시 태인면 태남리 540-7 걸치기휴게소(박잉걸 후손)
- 자지바우: 걸치기휴게소에서 백암초등학교 지나 원백마을.
  전북 정읍시 칠보면 백암리 1095 할머니당산
- 고창 선운사: 전북 고창군 아산면 삼인리 500
- 피향정(조병갑 아비 선정비): 전북 정읍시 태인면 태성리 102
- 화호리 구마모토농장: 전북 정읍시 신태인읍 화호리 766-30

4. 식민 흔적이 남은 목포와 현대판 문익점 와카마쓰

- 구 일본영사관(목포 근대역사관): 전남 목포시 대의동2가 1-5
- 구 동양척식주식회사(목포 근대역사관 2관): 전남 목포시 중앙동2가 6

- 고하도 이충무공유적지(모충각): 전남 목포시 달동 산230
- 고하도 육지면 시배지: 모충각 가는 길목 왼쪽 언덕 무화과밭 가운데
- 유달산 부동명왕상: 유달산 정상 오르는 등산로. 등산로 중간에 오른쪽 길로 내려가면 옛 신사(神社)와 홍법대사상도 나온다.

5. 중앙박물관 석물의 비밀과 장물아비 와다 쓰네이치

- 원주 거돈사지: 강원도 원주시 부론면 정산리 157
- 국립중앙박물관: 서울시 용산구 용산동6가 168-6 ☐ 02-2077-9000 🌐 www.museum.go.kr

6장 민초, 우리들

1. 항왜(降倭) 김성인과 임진왜란

- 울산왜성: 울산시 중구 학성동 100 학성공원
- 충의사(울산왜성 전투 희생자 사당): 울산시 중구 학성동 45-1
- 녹동서원(항왜 김충선)과 한일우호관: 대구시 달성군 가창면 우록리 581-5
- 김성인-김귀성 묘: 경북 청도군 각남면 사리 산282-8. 산으로 난 임도로 올라야 한다.
- 함박골: 경북 청도군 함박2길 6 함박 경로회관. 김성인 며느리 무덤은 삼거리에서 회관 앞쪽 대숲 속에 있다.

2. 문경새재 강도 사건과 혁명가 허균

- 문경새재: 경북 문경 쪽 1관문과 충북 괴산 쪽 3관문 양쪽으로 갈 수 있다. 3관문에서 내려오면 편하다.
- 허균 묘: 경기도 용인시 원산면 맹리 산61. 아버지 엽과 두 형 성과 봉, 허균 허묘 그리고 누나 난설헌 등 허씨 5문장의 흔적이 있다.
- 허난설헌 묘: 광주시 초월읍 지월리 산29-5 안동김씨 서운관정공파 묘역
- 허균-허난설헌기념관(생가): 강원도 강릉시 초당동 477-8
- 사천진해변 교문암: 강원도 강릉시 사천진리

3. 소록도 이야기

- 국립소록도병원: 전라남도 고흥군 도양읍 소록리 212. 병원 외곽에 주차하고 들어갈 것.

4. 종교 도시 경성과 악마 집단 백백교(白白教)

- 천도교 중앙대교당: 서울시 종로구 경운동 88

5. 동계 정온이 살았던 거창과 양민 학살 사건

- 동계 고택: 경남 거창군 위천면 강천리 50-1
- 거창 양민 학살 사건 추모공원: '거창 사건 추모공원' 검색
- 박산합동묘역: 경남 거창군 신원면 대현리 산63-9
- 수승대: 경남 거창군 위천면 황산리 890
- 양민 학살 현장: 청연마을과 박산골. 박산골 현장은 신원중학교 뒷산이다. 이곳에도 추모공간이 조성돼 있다. 두 곳 모두 안내판이 있다. 추모공원에서 안내를 받을 것.

6. 30년대 골드러시와 친일파 박춘금

- 화암동굴: 강원도 정선군 화암면 화암리 539-2
- 자미갱기념공원: 함백역(정선군 신동읍 방제리 196-13)에서 '타임캡슐공원' 방향으로 '안경다리' 지나 5분 거리 오른편 언덕

7. 태백 구문소의 비밀과 오복동(五福洞)

- 구문소(주차장): 강원도 태백시 동점동 산6-3
- 검룡소(주차장): 강원도 태백시 창죽동 146-4
- 철암역(철암탄광역사촌): 강원도 태백시 철암동 403-59